JN103838

サステナブルな住まいを目指して

プロフェッショナルからの提言Part2

住まいと環境 東北フォーラム 編

技報堂出版

まえがき

「住まいと環境 東北フォーラム」は、１９９2年に発足し、今年で30周年となりました。東北フォーラムの活動の目的は、できるだけ少ない化石エネルギーで健康・快適な住宅を実現するための各種の情報を、シンポジウム、セミナーなどを通して、住宅建設に関わる設計者、技術者、施工者、建材・設備メーカー、エネルギー関連会社、そして住まい手などに提供することです。その一環として、住宅建設に関連する最新の情報を共有しようという目的で、定期的に「Ｈ＆Ｅレター」という2ページの論考を会員の方に依頼し発信してきました。２０２１年までに発行した数は82回となります。これらの情報は貴重なものなので、一般の方にも知っていただこうということになり、初回から59回までのＨ＆Ｅレターについては、取捨選択し編集したうえで、『住まいと人と環境―プロフェッショナルからの提言』（技報堂出版）として２０１５年11月に刊行いたしました。今回の出版は、その第2弾であり、60回以降のＨ＆Ｅレターの中から選択・編集し、ここに刊行するものです。

２０２０年10月に菅義偉前首相が２０５０年カーボンニュートラル宣言を発して以来、にわかに脱炭素化の動きが産学官で活発となってきております。「住まいと環境東北フォーラム」はこの動きを支援するに相応しい団体であり、その役割も今まで以上に大事になってきていると認識しています。今回の刊行物では、ゼロエネルギー住宅、健康快適性、脳卒中予防、新型コロナ感染防止の換気設計、断熱改修などに関して、興味深い論考が含まれています。是非、日常の業務や生活に役立てていただければ幸いです。

住まいと環境 東北フォーラム
理事長　吉野　博

2022年5月

目次

01 脱炭素と健康快適性を両立させた住宅づくりを目指して

キーワード
脱炭素、エネルギー消費、ZEH、LCCM住宅

●温暖化問題にかかわる世界の動き・日本の動き

２０２１年11月にグラスゴーで開催された国連気候変動枠組条約第26回締約国会議（ＣＯＰ26）では、「産業革命前からの気温上昇を１．５度に抑えるための努力を追及すること」などが成果文書に盛り込まれました。これは、２０１６年にパリで開催されたＣＯＰ21において、パリ協定が締結され、「地球の気温上昇を産業革命前に比べ2度未満とし、１．５度に抑える努力もする」と宣言されましたが、それよりもさらに踏み込んだ表現となっています。また、２０２１年８月にＩＰＣＣ（気候変動に関する政府間パネル）が、第1作業部会による第６次評価報告書を公表しましたが、その中で「人間活動が20世紀半ば以降に観測された温暖化の支配的な要因であった可能性は疑う余地がない」と述べたことも背景にあります。

我が国では、２０２０年10月に菅義偉前首相が所信表明演説の中で、２０５０年カーボンニュートラルについて宣言し、２０２１年４月に開催された米国主催の気候サミットでは、日本の２０３０年度の温室効果ガス削減目標を「２０１３年度から

46％削減し、さらに50％の高みに向け挑戦を続けていく」と宣言しました。これを受けて、２０２１年７月の地球温暖化対策計画案では、家庭部門で２０１３年度比66％削減が目標として掲げられ、10月に閣議決定されました。関連して、「新たな住生活基本法」が、３月に閣議決定していますが、その中で、目標６の「脱炭素社会に向けた住宅循環システムの構築と良質な住宅ストックの形成」では、「CO_2排出量の少ない長期優良住宅、ＺＥＨ*ストックの拡充、ＬＣＣＭ*住宅の普及、省エネ基準の義務付け等」を謳っています。

さらに、国土交通省の審議会「脱炭素社会に向けた住宅・建築物の省エネ対策等のあり方検討会」の８月の報告には、２０５０年カーボンニュートラルの実現に向けた取り組みの基本的な考え方が示され、２０５０年に目指すべき住宅・建築物の姿として、「ストック平均でＺＥＨ・ＺＥＢ*基準の水準の省エネ性能が確保される。導入が合理的な住宅・建築物における太陽光発電設備等の再生可能エネルギー導入が一般的となる」こと、２０３０年に目指すべき姿として、「新築される住宅・建築物についてはＺＥＨ・ＺＥＢ基準の水準の省エネ性能が確保される。新築戸建住宅の６割において太陽光発電設備が導入される」こと、それとともに、「国民・事業者の意識改革・行動変容の必要性」についても述べています。これを受けて、エネルギー基本計画では、「２０２５年に住宅に対する省エネルギー適合義務化、２０３０年度以降に新築される住宅・建築物についてＺＥＨ・ＺＥＢ基準の水準の省エネ性能の確保を目指すこと」などを謳っています。

*ZEH
ネット・ゼロ・エネルギー・ハウス：室内環境の質を維持しつつ大幅な省エネルギーを実現したうえで、再生可能エネルギーを導入することにより、年間のエネルギー消費量の収支をゼロにすることを目指した住宅

*LCCM
ライフ・サイクル・カーボン・マイナス住宅：建設時、運用時、廃棄時においてできるだけ省CO_2に取り組み、さらに太陽光発電などを利用した再生可能エネルギーの創出により、ライフサイクルを通じてのCO_2の収支をマイナスにする住宅。一般財団法人建築環境・省エネルギー機構で２０１２年より認定制度開始。

*ZEB
ネット・ゼロ・エネルギー・ビル：先進的な建築設計によるエネルギー負荷の抑制やパッシブ技術の採用による自然エネルギーの積極的な活用、高効率な設備システムの導入などにより、室内環境の質を維持しつつ大幅な省エネルギー化を実現したうえで、再生可能エネルギーを導入することにより、エネルギー自立度を極力高め、年間の一次エネルギー消費量の収支をゼロと

以上のように、脱炭素化への世界の動き、日本の動きは、これまでになく、加速しております。

●我が国の住宅エネルギー消費と暖房環境の現状

さて、我が国における住宅のエネルギー消費量（1）についてみますと、２０１９年度では全国平均で一戸当たり30．２ＧＪ（ギガジュール）であり、その中の構成は、暖房22％、冷房２％、給湯33％、台所コンロ７％、照明・家電製品など35％となっています。ただし寒冷気候にある北海道、東北、北陸地方の場合には全体で40％ほど多く、暖房の割合も東北では40％（16．５ＧＪ）となっています。先進国について（2）みますと、アメリカの一戸当たりの消費量は82ＧＪ、イギリス54ＧＪ、フランス48ＧＪ、ドイツ58ＧＪで、暖房用は４か国での差は小さく約35ＧＪとなっています。これらと比べますと日本のエネルギー消費量は、全体ではヨーロッパの半分と少なく、暖房用ついては全国平均で20％と極端に少なくなっています。

このように暖房用が少ない理由は、暖房の方法がアメリカ・ヨーロッパとは大きく異なるためです。すなわち日本全体としてみた場合、家全体を連続的に暖房している住宅の割合は小さく、多くの住宅では居間だけを朝食や団らん時のみに暖房しているというのが実態です。室温の調査によれば、居間の団らん時の温度は20℃を超えていますが、暖房していない部屋の温度や居間の明け方の温度は外気温度近くまで下がっていることや、暖房している居間でも床近傍の温度が低いことなどが明らかとなって

することを目指した建築物。

おります。低温な室内の環境が血圧の上昇を招き、床近傍の室温が低い住宅では、高血圧、糖尿病など、さまざまな疾病・症状を有する人が有意に多いことが国土交通省スマートウェルネス住宅等推進調査事業の調査結果（3）で明らかになってきております。

●断熱の省エネルギー効果とコベネフィット

住宅断熱の目的は言うまでもなく暖房時の熱損失を少なくすることです。しかしながら、断熱改修する場合に、暖房が団らん時のみで居間だけを中心に暖房するような間欠部分暖房のケースでは、断熱したとしても暖房エネルギー消費量が少なくなるとは限らず、住宅全体を連続暖房する場合には、逆に増加してしまうということも出てきてしまいます。もちろん、これは断熱の水準に依存するわけですが、例えば、断熱の水準をＨＥＡＴ20（20年先を見据えた日本の高断熱住宅研究会）が推奨するＧ２クラスに高めれば、エネルギーを少なくすることが期待（4）できます。

一方で、断熱することにより室内温度は、それまでよりも上昇しますので、先に述べたように健康・快適性の面ではメリットが大いにあるといえます。

●ＺＥＨ、ＬＣＣＭ住宅の建設促進

２０２０年度のハウスメーカによる新築注文住宅戸数のＺＥＨ化率は50％を超えましたが、一般工務店では10％未満となっています。２０３０年の新築住宅をＺＥＨ水準にするという目標に向けた積極的な取り組みが期待されます。また、注意する必要があるのは、ZEHとはいうものの、コンセントを通して使用する冷蔵庫、テレビ、洗濯機などの機器のエネルギー消費量は30%ぐらい（5）ですが、それは含まれていないということです。

LCCM住宅は、化石燃料の使用の伴うCO_2排出量の収支を建設、運用、廃棄のライフサイクルを通じてマイナスにする住宅でありZEHのさらに上を目指したものであり、まさにカーボンニュートラルにつながる住宅です。これからはこれを最終の目標とすべきでしょう。

一方既設住宅については、現行の断熱基準を満たす割合が約10%（2018年）（6）と低くなっており、課題を抱えています。住宅の寿命を勘案しつつ、改修か改築のどちらかを適切に判断し、改修の場合にはやはりZEHレベルを目指すべきであると思います。

●CSBEEとSDGsによる住宅評価

住宅の質の良し悪しは、以上に述べた温熱環境やエネルギー消費量だけではありません。光環境・音環境、設備の機能・効率、材料の耐久性、維持管理、空間の機能性、緑化、景観への配慮、廃棄物の抑制など、多くの事柄が関係します。これらの環境性能を総合的に評価する指標として、建築環境・省エネルギー機構（IBEC）のCASBEE（建築物の環境性能効率に基づく総合評価システム）があります。詳細

（7）は省きますが、このＣＡＳＢＥＥによる評価認証制度は自治体などにも広く利用されています。

また、ＳＤＧｓ（Sustainable Development Goals）については、最近では新聞・テレビでもよく見るようになりました。２０１５年9月の国連本部で「国連持続可能な開発サミット」が開催されましたが、ＳＤＧｓとは、人間、地球および繁栄のための行動計画として２０３０年までに実現すべき17の目標と１６９のターゲットのことです。「だれも取り残さない」という標語のもとに多くの団体、企業が宣言を行い、建設業界、ハウスメーカでもこれを設計・建設に生かす取り組みを始めてきています。また、ＣＡＳＢＥＥとＳＤＧｓを連携させて評価する方法が一般社団法人日本サステナブル建築協会から公開（8）されています。

これらの新しい評価の方法も取り入れながら、総合的な見地から設計、建設を進めていくことが重要であると考えます。

（吉野　博）

《参考文献》

（1）環境省「平成31年度　家庭部門のＣＯ$_2$排出実態統計調査」

（2）環境省『令和２年版環境白書・循環型社会白書・生物多様性白書』

（3）国土交通省報道・広報「断熱改修等による居住者の健康への影響調査　中間報告（第３回）」２０１９年

（4）一般社団法人20年先を見据えた日本の高断熱住宅研究会『ＨＥＡＴ20設計ガイドブック２０２

1』建築技術、２０２１年6月

（5）経済産業省 資源エネルギー庁（主催）、一般社団法人環境共創イニシアチブ（執行団体）「ネット・ゼロ・エネルギー・ハウス支援事業 調査発表会 資料」２０２１年

（6）グリーン建築フォーラム「第28回月例セミナー　国土交通省住宅局政策の最新動向」２０２１年

（7）一般財団法人建築環境・省エネルギー機構「ＣＡＳＢＥＥ評価認証制度」

（8）一般社団法人日本サステナブル建築協会「ＣＡＳＢＥＥに関する研究開発」

02 暑さ寒さと人間の体温調節反応

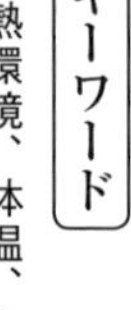

温熱環境、体温、血流量、熱中症、ヒートショック

●はじめに

近年、熱中症や入浴時の死亡事故の増加が報告されています（図1、図2）。これらは暑熱環境への曝露やヒートショックといった人体に加わる熱に起因する健康被害であり、どちらも高齢者に被害が多発しています。なお、熱中症は屋外・屋内を問わず発生することがわかっており、ヒートショックはトイレや室内外の移動などでも発生します。このような熱的健康被害は、高齢者以外の身体的弱者（乳幼児・障がい者・病人など）にとっても深刻な問題です。また、熱環境は透析治療時の低血圧症などにも影響を及ぼします。

熱的健康被害の発生メカニズムには、体温のみならず血流量や血圧が深く関わっています。暑熱環境においては、皮膚血流量の増加は体温上昇を防ぐために不可欠である一方、脳虚血を招いたり、発汗脱水の影響も加わって循環不全を引き起こしたりもします(1)。また、温熱環境の急激な変化により、血圧が急変して脳卒中や心筋梗塞を招いたりするのがヒートショックです(3)。熱的健康被害の要因は温熱環境だけでなく、個人の行動（姿勢・運動負荷）や体格（サイズ・組織構成）、体質（年齢・性

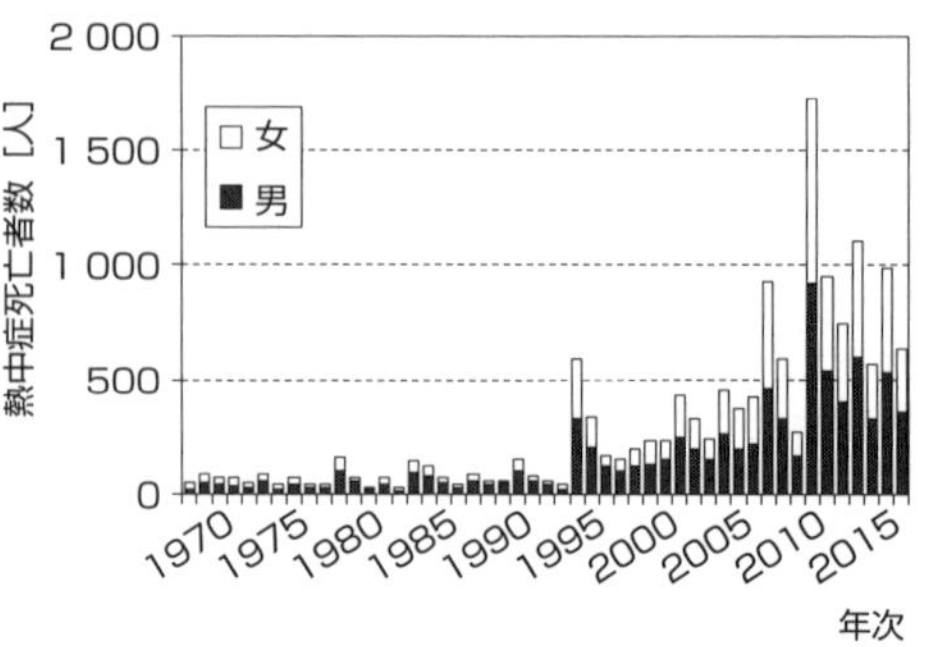

図1　熱中症死亡者数[1]

浴室内での推定死亡者数［人］
18 000
16 000
14 000
12 000
10 000
8 000
6 000
4 000
2 000
0
2001年
2011年

図2　浴室内死亡者数[2]

別・遺伝・既存疾患）も影響しており、これらの複合影響により健康被害は生じています（図３）。このような熱的健康被害の危険度を予測するツールとして、現在、私たちは体温のみならず血圧・血流量を予測可能な人体モデルの開発を目指して研究を行っています（4）～（7）。本稿では、人体モデルそのものについては深く立ち入りませんが、モデル開発を行う過程で気が付いた幾つかの興味深い事象について紹介します。

●暑さ寒さに対する体温調節能力

私たちは、新たな人体モデルの開発を行うにあたり、比較検証用のデータを収集するための被験者実験を行いました。実験は人工気候室内で実施し、実験条件は表１のとおりでした。図４に被験者の代謝量（産熱量）と放熱量の比較を示します。代謝量は呼吸による酸素消費量から算出しており、放熱量は皮膚表面で測定した熱流束から算出した顕熱損失量と体重減少量から算出した潜熱損失量の合計です。これらの値はすべて、被験者を30分以上一定環境下においた後に測定されたものです。代謝量と放熱量を比較すると、高温条件では比較的一致しているものの、低温条件では放熱量のほうが明らかに大きいことがわかります。同じような結果は、ＳＥＴ＊（空間の快適性を評価する指標の一つ）を開発したＧａｇｇｅら（8）によっても報告されています。この事実は、暑さに対する人間の体温調節（血流調節、発汗）の能力は高く、産熱量と同じ

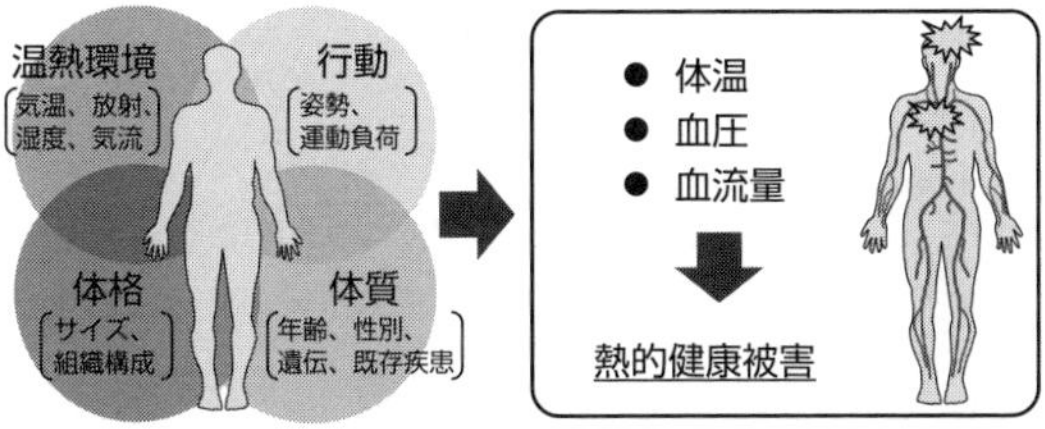

図３　熱的健康被害のメカニズムと要因

表１　実験条件

室温	温度	風速	着衣量	姿勢
18℃	成り行き	0.1 m/s 以下	0.06 clo（パンツと短パンのみ）	仰臥位
23℃				
28℃				
35℃				
40℃				

だけの放熱量を確保することが比較的容易であるが、寒さに対する人間の体温調節（血流調節、ふるえ・非ふるえの熱産生）の能力は低く、放熱量の抑制も産熱量の増大も十分になされないことを意味していると考えられます。さらに、この事実は、人間が火・衣服・住居などを発明しながら寒さに対峙してきたことと無関係ではないと想像されます。なお、本研究とは別の研究(9)、(10)において、人の温熱感覚は、暑い側への温度変化よりも、寒い側への温度変化に対するほうが敏感であることが報告されており、この事実も人間が暑さよりも寒さに弱いことを示唆していると思われます。

●暑さに対する血流調節の効果

私たちの被験者実験では、血流調節の実態を把握するため、超音波画像診断装置（図5）を用いた動脈・静脈の血流量測定を行っています。図6に、動脈血流量の測定結果から割り出した心拍出量（心臓から単位時間あたりに送り出される血液量）と身体の各部位への血流量を示します。この図より、心臓から拍出された血液の大部分は頭部と胴体へ流れ、四肢への分配は相対的に小さいことがわかります。一方で、室温の上昇に伴って心拍出量は増加しますが、頭部と胴体への血流量はあまり変化せず、四肢への血流量が大きく増加していることもわかります。図7に、静脈血流量の測定結果を示します。静脈は血流速度が小さく、測定できる箇所が限られているため、上腕の静脈2本と下肢の静脈3本のみの測定です。なお、四肢の静脈には、太い動脈に

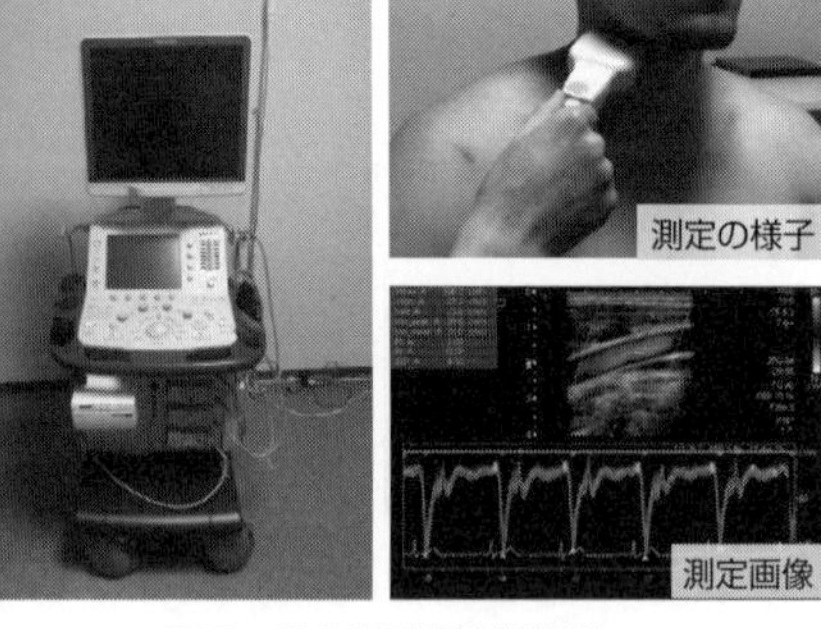

図5　超音波画像診断装置

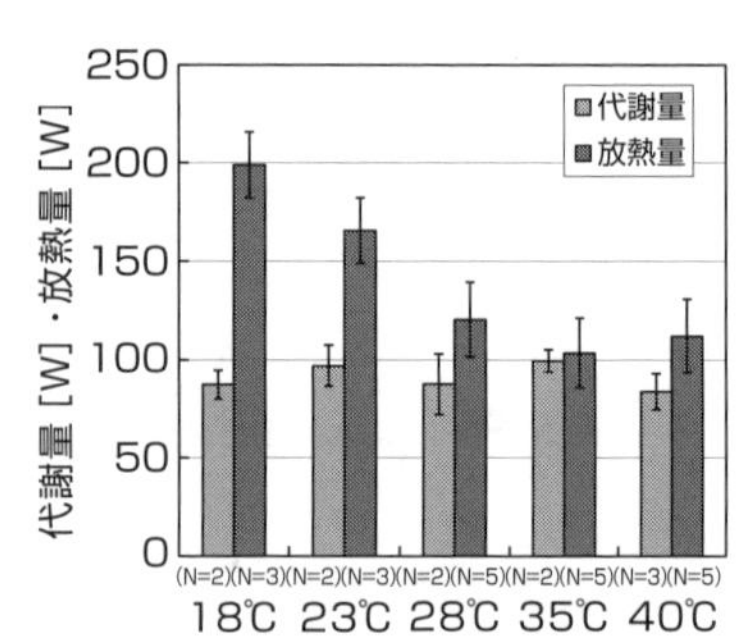

図4　代謝量と放熱量の比較

沿って走る深部静脈と皮膚の近くを走る表在静脈の二種類があります。図中の上腕の２本の静脈はともに深部静脈ですが、室温の上昇に対して血流量がほとんど変化していません。一方、図中の下肢の３本の静脈はすべて表在静脈ですが、室温の上昇とともに血流量が大きく増加しています（28．5℃条件における下肢の２本の静脈は血流量が少なくて測定不能でした）。これらのことより、室温上昇に伴って増加した四肢へ流れる動脈血は、そのほとんどが表在静脈を通って還流していると考えられます。以上の結果を踏まえて、体温についての３種類の数値シミュレーションを行いました。

１つ目は室温上昇があっても血流量が変化しないケース、２つ目は実験どおりに血流量が変化するものの、心臓と身体各部位の間にある動脈・静脈での熱交換を無視したケース、３つ目は実験どおりに血流量が変化し、動脈・深部静脈・表在静脈での熱交換を考慮したケースとしました。図８のシミュレーション結果をみると、どのケースも皮膚温度は実験値に近い値となっています。これは、全ケースにおいて皮膚表面からの放熱量を実験値で与えたためです。一方で、深部温度を代表する鼓膜（耳内）温度は、ケースによって大きく異なっています。１つ目と３つ目のケースの鼓膜温度の比較から、四肢の血流量は血流量の総量に対して比較的少ない（図６）ですが、深部温度の調節に非常に重要な役割を果たしていることがわかります。また、２つ目と３つ目のケースの鼓膜温度の比較から、体温調節にとって血流経路も非常に重要であることがわかります。

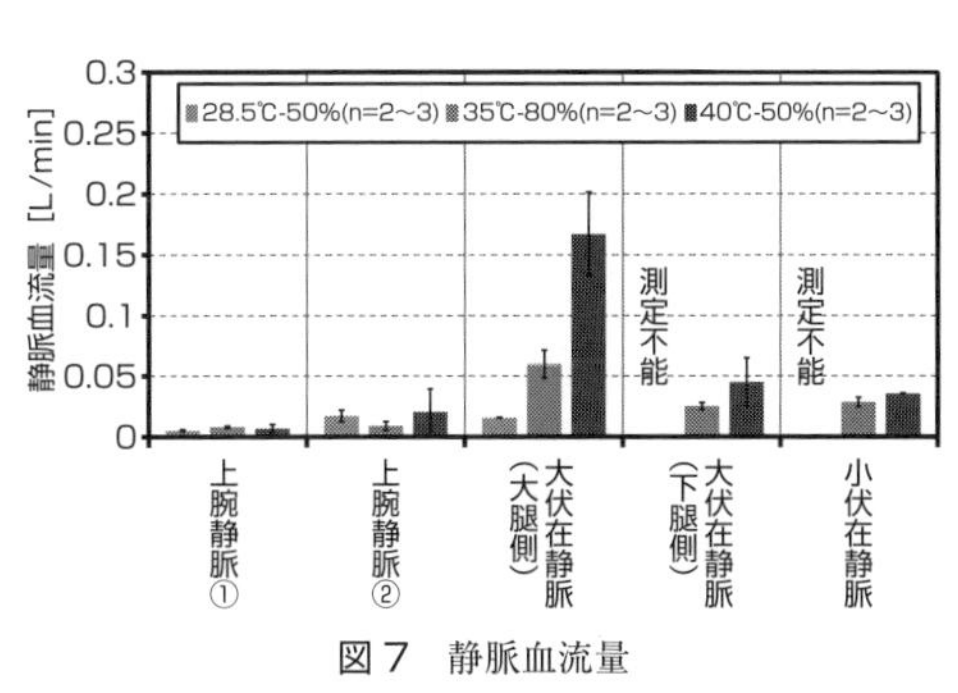

図７　静脈血流量

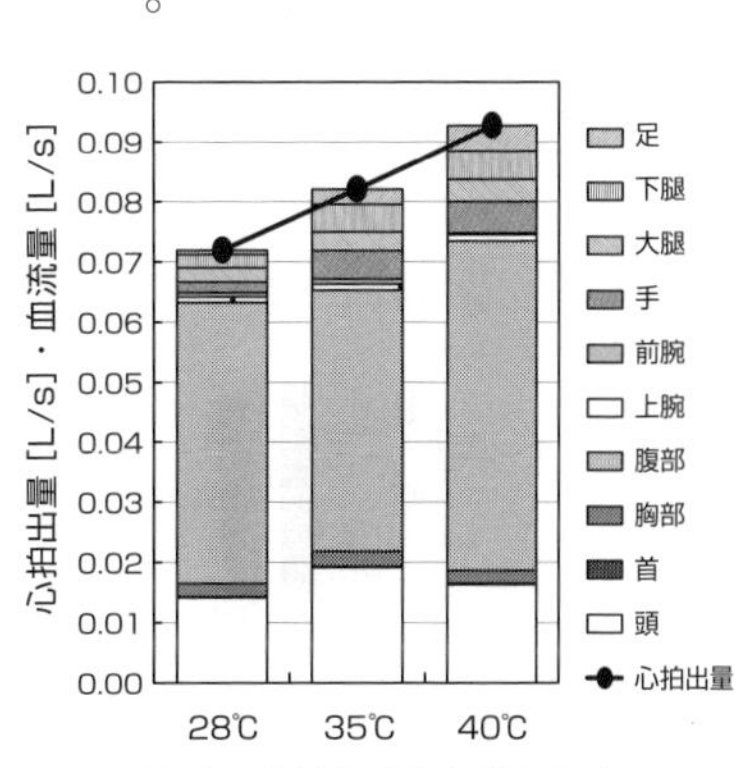

図６　心拍出量と人体各部位

●おわりに

人体モデル開発のために血流量をはじめとする種々の生理量の測定を行うなかで、人間の寒さに対する体温調節能力の低さを実感しました。寒さに対して人間は、体温を一定に維持するほどの能力は持たず、身体の熱容量と四肢への血流の抑制によって体温の低下速度を緩和することしかできないのだと想像されます。冬季において人が熱い風呂や過度な暖房を好んだりするのも、寒さによって低下した体温を回復しようとするためだと考えられます。一方、暑さに対して人間は非常に優秀な体温調節機能を有していることがわかりました。特に、四肢への血流は、総血流量に対してわずかな量でしかないにも関わらず、深部体温の維持に非常に効率的に作用しているようです。裏を返すと、この血流調節が十分でなかったり、失われてしまったりした場合、深部体温の維持は非常に困難になることが予想されます。

（後藤伴延）

《参考文献》

（1）環境省『熱中症環境保健マニュアル』２０１８年

（2）高橋龍太郎「東日本における入浴中心臓機能停止者（ＣＰＡ状態）の発生状況―東日本23都道県の救急搬送事例４２６４件の分析報告書―」２０１３年

（3）栃原裕「浴室のヒートショック問題」『日本雪工学会誌』第28巻第1号、37・40頁、２０１

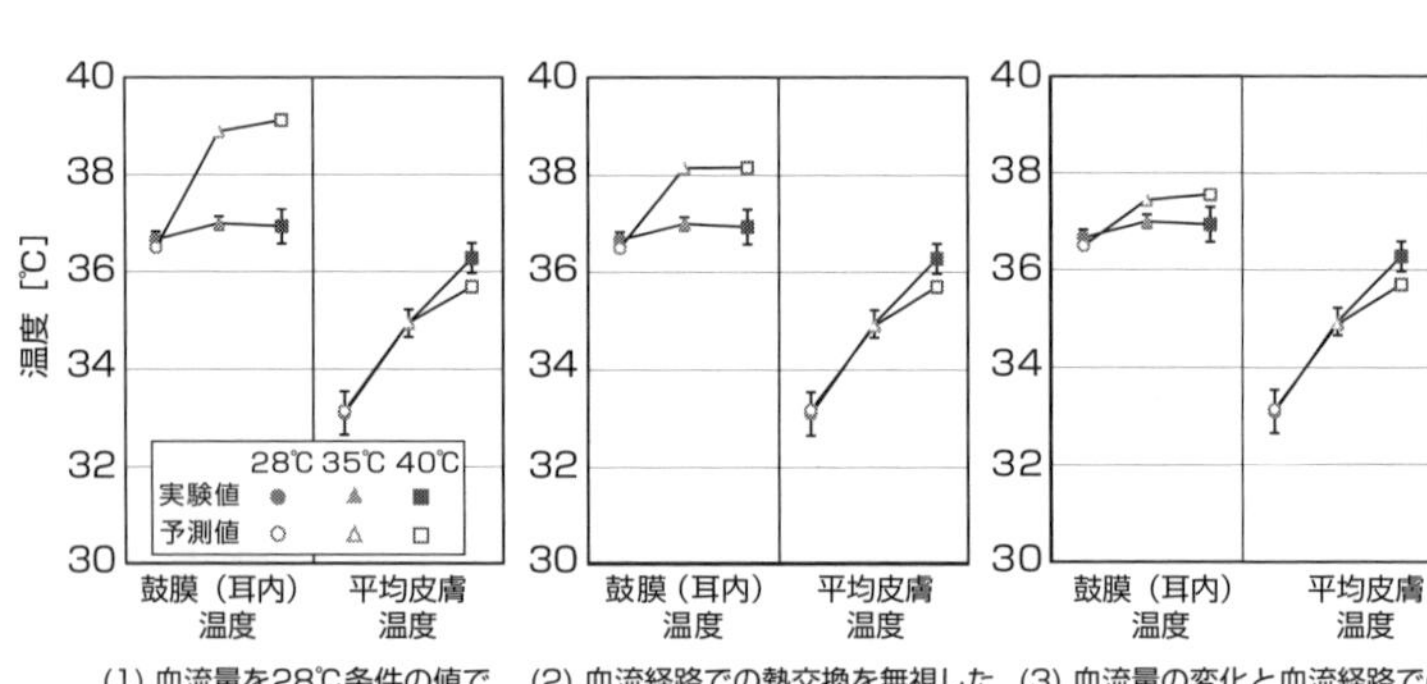

図８　体温シミュレーション

２年
（４）坂本寛人・千葉友樹・後藤伴延「室温及び姿勢の違いが血流量・血圧に及ぼす影響の実験的検討（その１～２）」日本建築学会大会、３７３－３７６頁、２０１４年
（５）後藤伴延・千葉友樹・坂本寛人・寺山大喜・菅原涼太・宇都宮淳志「熱的健康被害防止のための人体シミュレーションに関する研究（その１～９）」日本建築学会大会、２０１５～２０１８年
（６）Sakamoto, Goto et al.: Measurements of blood flow and blood pressure under different indoor temperature and body postural conditions, and development of a new human simulation model, Healthy Buildings Europe 2015, Paper ID 437, 2015.
（７）Goto et al.: Development of new human thermal model based on blood flow rate measurements under different temperature conditions, Indoor Air 2018, Paper ID 202, 2018.
（８）Gagge et al.: American Journal of Physiology, Vol.124, No.1, pp.30-50, 1938.
（９）Kunudsen et al.: Thermal comfort in passive solar buildings, Final report CEC research project, 1989.
（10）Goto et al.: International Journal of Biometeorology, Vol.50, No.5, pp.323-332, 2006.

03 鳥の目と虫の目で見たヒートショックの実態

キーワード
住宅、ヒートショック、標準化死亡比、高齢者、室温、室間温度差、自覚症状

●はじめに

住宅で起こるヒートショック*（以下、ＨＳと略）は、高齢社会が進むなかで健康寿命の延伸を目指している日本社会の重要な課題といえます。ここでは、日本の高齢化の先進地である秋田県（高齢化率37.5％、２０２０年国勢調査で3回連続全国最高）を例にして、鳥の目（公的な統計調査データの分析によるマクロな社会的な視点）と虫の目（筆者の研究室で行ったアンケートと実測による事例調査の分析によるミクロな生活者の視点）の双方の視点からＨＳと住まいの実態を把握して、今後の対策のヒントを得たいと思います。

●鳥の目（統計調査の分析）から見たＨＳと住まい（1）

秋田県の死因の内訳は、1位は悪性新生物（癌）の28％ですが、2位と3位はＨＳ関連死因の代表的な心疾患14％と脳血管疾患11％で2つ合わせると癌と同程度の25％に上ります。そして、それらＨＳ関連死因の死亡数の季節変化を見ると、心疾患や脳血管疾患の各月の死亡数は冬季に年平均の1.2～1.3倍多くなり、外気温が低下す

*ヒートショックと高齢者の特性
温度変化に曝されることで血圧や心拍数の急激な上昇・下降などの生理反応が引き起こされる現象で、特に冬季の住宅内の低温や暖房室と非暖房室の大きな温度差が一因となって脳血管疾患・心疾患や入浴中の事故が発生する。入浴中の事故は、高温浴による熱中症が多いという見解があるが、高温浴が好まれるのも住宅内が寒いことが原因。高齢者は生理的にＨＳが起こりやすくなるとともに、暑さ寒さの温度感覚が鈍感になり防暑や防寒の対処行動が取りにくくなるため、特に注意が必要。

ると有意に増加しています（図1）。しかし、都道府県別のＨＳ関連死因の年齢調整死亡率（高齢化による死亡率への影響を除外するため人口の年齢構成の差異を調整した死亡率）では、秋田県などの本州の寒冷な地域より冬の寒さが厳しくても住宅の断熱性能と暖房環境が優れる北海道の脳血管疾患の死亡率が全国平均並みの水準であることから、北海道以外の地域でも冬季の住宅の温熱環境の改善によりＨＳ関連死亡数の低下が期待されます。

ここで、同じ県内でも沿岸部・内陸部や標高の違いによる気候の寒さの違いや都市と郊外の住宅環境の違いがあるので、秋田県内の市町村単位の気候と住宅環境とＨＳ関連死亡率との関係を、国や自治体の観測や統計調査のデータを使って見てみましょう。表1は、ＨＳ関連の標準化死亡比（以下、ＳＭＲ*と略）と気象要因、住宅の熱環境や質的な指標になる主な項目の県内16市町の基本統計量で、表中のＳＭＲと年平均外気温の16市町の値を外気温の高い順に示したものが図2です。ＳＭＲの値の範囲は、心疾患は80～１３０、脳血管疾患は１１０～１９０です。同一県内でも心疾患

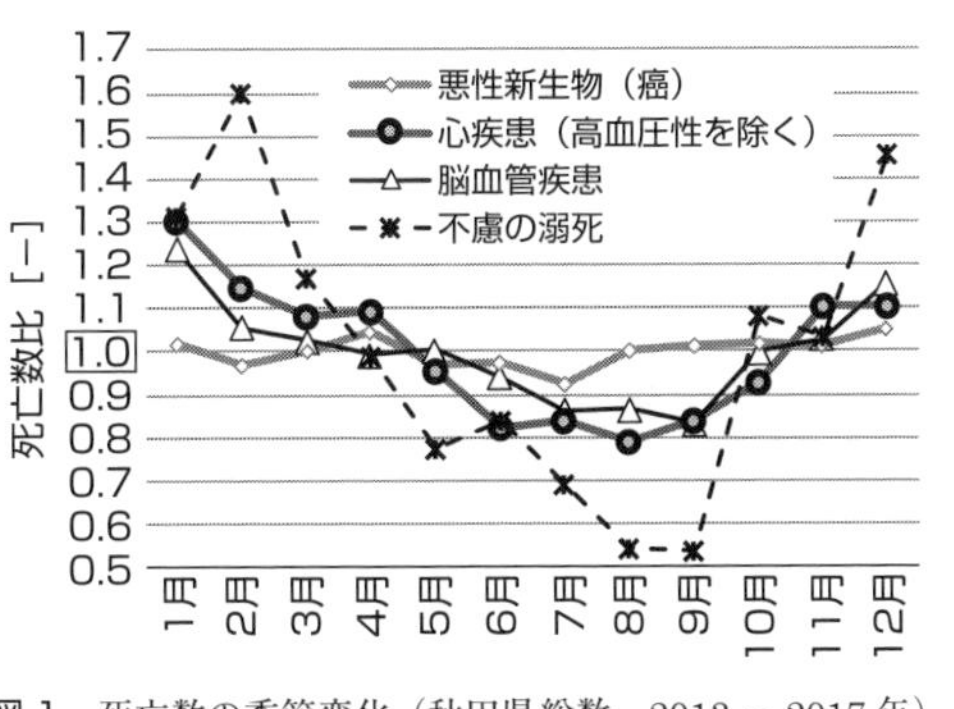

図１　死亡数の季節変化（秋田県総数、2013 ～ 2017 年）
※死亡数比＝「各月１日当たりの平均死亡数」
÷「年間１日当たりの平均死亡数」

*標準化死亡比　ＳＭＲ
(Standardized morality ratio)
地域の死亡率に影響する高齢化などの年齢構成の違いを取り除いて対象地域の死亡率が基準集団（全国水準＝１００）の何倍かを表わす指標。ＳＭＲ＝「検討期間に対象地域で実際に観察された死亡数」／「対象地域の年齢階級別人口に全国の年齢階級別死亡率を乗じて総計した期待死亡数」×１００。

のＳＭＲは県全体の値では男女とも98で全国並みですが、市町単位では全国よりマイナス20ポイント低いところから30ポイント高いところまで幅があり、県全体で見た値とは大きく異なることがわかります。脳血管疾患のＳＭＲも県全体の値では約１３０ですが、市町単位では全国より最大で１．９倍も高くなっています。そこで、市町単位の実態の把握と分析が必要といえます。これら、16市町のＨＳ関連の各ＳＭＲと気象と住宅要因のそれぞれの関係性の統計解析の結果の一覧表（単回帰分析の相関係数行列）が表2になります。この結果では、心疾患（男）、脳血管疾患（女）、不慮の事故（男）のＳＭＲと気象や住宅要因の幾つかの間に統計的に有意な（偶然ではない）相関がありました。心疾患（女）のＳＭＲには統計的な有意差はないものの、男性と同様の傾向が見られました。例えば、有意な相関関係（相関係数r=0.790　P<0.01）が見られた心疾患ＳＭＲ

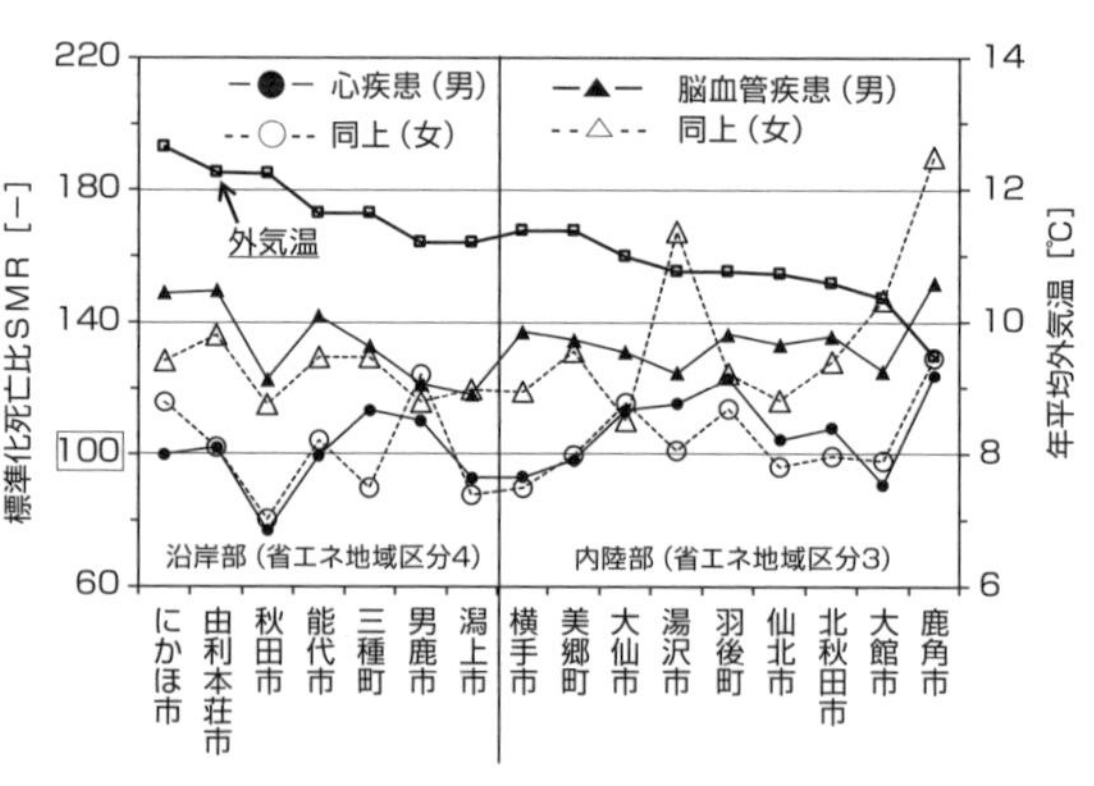

図２　16市町の心疾患・脳血管疾患SMR

表1　秋田県内16市町のSMRと主な気象・住宅統計データの基本統計量

16市町の基本統計量	SMR						気象		住宅（面積以外の単位は割合%）							
	心疾患（男）	心疾患（女）	脳血管疾患（男）	脳血管疾患（女）	不慮の事故（男）	不慮の事故（女）	年平均外気温［℃］	暖房デグリーデーD18-18［℃・日］	持ち家	一戸建	木造	延べ床面積［m²］	1980年以前の建築	2001年以降の建築	全ての窓が複層	全てまたは一部の窓が複層
平均値	104	103	134	132	134	120	11.2	2968	85	89	93	156	43	18	29	68
標準偏差	12	13	10	20	16	18	0.8	233	7	7	6	19	7	3	5	5
中央値	103	100	134	128	134	118	11.2	2984	85	89	94	160	43	18	28	69
最高値	124	129	152	190	158	161	12.6	3463	94	98	100	186	52	26	40	75
最低値	77	80	118	110	98	90	9.5	2517	65	66	75	106	24	11	19	54
秋田県全体	98	98	133	129	129	116	−	−	78	81	87	137	38	22	33	69
全国	100	100	100	100	100	100	−	−	62	55	58	94	27	25	13	25

※1　全25市町村だが住宅統計は市区および人口1.5万人以上の町村が集計単位で16市町が該当
※2　SMRの値は、厚労省・人口動態統計調査のデータによる2013～2017年の期間の値
※3　気象の項目は、気象庁アメダス観測データの2013～2017年の日ごとの値より算出
※4　住宅の項目は、総務省・住宅・土地統計調査の2013年のデータより算出

（男）と1980年以前に建設された住宅の割合の関係を抜き出すと図3になり、1980年以前の築年数の経った住宅割合（「住宅の旧省エネルギー基準」の概ね施行前）が高い市町ほど心疾患SMR（男）が高くなっています。表2に戻ると、心疾患SMR（男）は、平均外気温が高いほうが低く、持家率・一戸建て割合・延べ床面積・1980年以前の住宅割合が大きいほど高くなり、その逆に2001年以降の建設・すべての窓ガラスが二重サッシまたは複層化された住宅の割合が高いほど心疾患SMR（男）は低くなっています。建設時期が古い木造一戸建ての住宅は断熱性能が低い場合が多く、住宅が広いほど住宅全体の断熱や暖房が難しく室間温度差が付きやすいので、HS関連死因のSMRが高くなると推察されます。窓は、主要な居室だけを断熱化した場合はその部屋の快適性・省エネ性は改善しますが、暖かい部屋と低温な非居室との室間温度差が大きくなりやすいので、住宅の冬季のHS対策にはすべての部屋の窓の断熱強化が重要であることを示唆していると考えます。

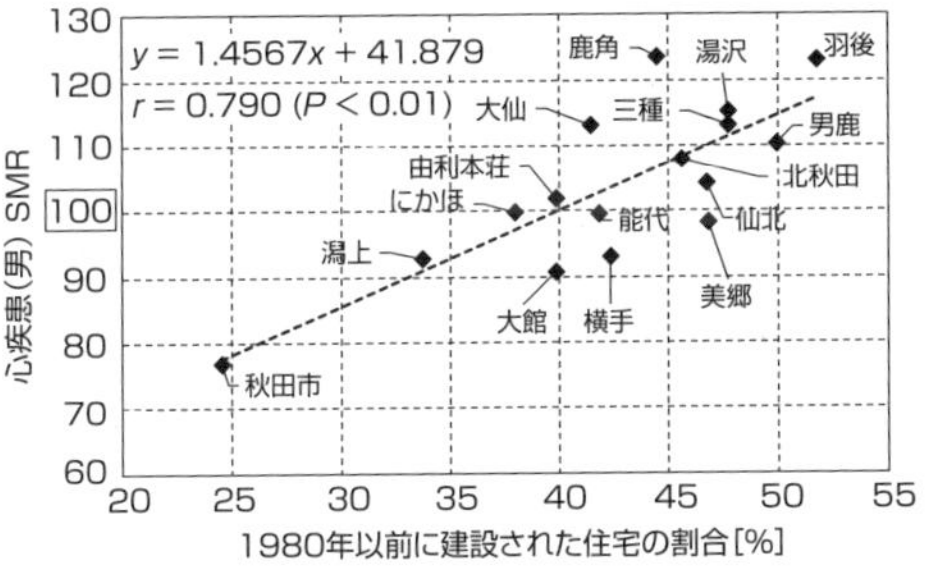

図３　心疾患（男）のSMRと1980年以前に建設された住宅の割合の関係

表２　秋田県内16市町のSMRと気象・住宅要因の相関（相関係数行列）

	指標（説明変数）	心疾患（高血圧性を除く）（男）	心疾患（高血圧性を除く）（女）	脳血管疾患（男）	脳血管疾患（女）	不慮の事故（男）	不慮の事故（女）
気象	年平均外気温［℃］	**-0.524**	-0.344	0.074	**-0.534**	0.180	0.189
	暖房デグリーデー D18-18［℃・日］	0.474	0.289	-0.064	**0.505**	-0.201	-0.220
所有	持ち家率	0.640	0.358	0.183	0.003	**0.515**	0.390
種類	一戸建の割合	0.649	0.409	0.215	0.067	**0.534**	0.374
構造	木造の割合	0.592	0.326	0.128	-0.004	0.497	0.356
広さ	1住宅当たり延べ床面積［m^2］	0.682	0.355	0.361	0.096	0.409	0.361
	最低居住水準未満の世帯の割合	-0.427	-0.377	0.011	0.070	-0.485	-0.283
	誘導居住水準以上の世帯の割合	0.718	0.426	0.240	0.144	**0.509**	0.261
建築時期	1980年以前の割合　（旧省エネ基準以前）	0.790	0.480	0.159	0.195	0.361	0.181
	2001年以降の割合　（次世代省エネ基準以降）	-0.636	-0.221	-0.035	-0.310	-0.131	0.027
断熱化	全ての窓が複層化の割合	-0.659	-0.406	-0.242	-0.037	-0.364	-0.380
	全てまたは一部の窓が複層化の割合	-0.442	-0.281	-0.113	0.013	0.014	-0.253

無相関の検定（＝統計的に有意な相関あり）：白抜き　P<0.01　太字　P<0.05

●虫の目（事例調査の分析）から見たＨＳと住まい（2）

秋田市内の住居系の旧市街地にある一つの町内会のご協力を得て、２０１５年の冬季に住宅のＨＳの実態調査を行いました。71世帯からアンケートの有効回答をいただき、うち39世帯で室温測定も行いました。その結果を、特に高齢居住者の住宅熱環境の実態とＨＳ対策に注目して見てみましょう。

アンケート回答者の世帯構成は、高齢者居住世帯が71.8％と秋田県の54.7％（２０１３年住宅・土地統計）より高く、高齢者単身世帯が13％、高齢者夫婦のみ世帯が27％、高齢者同居世帯が34％、高齢者のいない世帯は27％でした。住宅の種類は99％が持家の木造一戸建てで、築年数は30年以上（１９８５年以前）が6割と最多で、高齢者世帯ほど築年数が古い住宅に住んでいる傾向が見られました。主要な居室である団らん室の窓ガラスは、単板ガラスの二重サッシまたは複層ガラスが6割と最多で、最も断熱性能が劣る単板ガラスの一重サッシも約2割あり、住宅の省エネ基準以上は約1割のみでした（調査時点の秋田市の属す地域の住宅の省エネルギー基準では、ｌｏｗ‐Ｅ複層ガラスまたは三重ガラス以上が適合）。

各室での日常的な暖房の使用（暖房の設備機器や使用時間は不問）は、回答者全体では、団らん室は１００％でしたが、寝室は6割台で、非居室も1割台から4割台にとどまっていました（表3）。それと対応して、寒さを感じる場所と状況は、回答者全体では、団らん室からの移動時で8割以上、便所で約7割、脱衣所で4割以上、浴室で2割が感じていました（**表4**）。そして、HSの生理反応の自覚症状は、全体の35%が身体がぶるっと震えることがあり、6%が心臓がドキンとすることがあると回答しました（**表5**）。加えて、HS以外にも冬季になると起こりやすい身体の症状があるかは、特に感じていないのは3割弱にとどまり、7割はあると答えていました。いずれの症状も生活を不活発にし、心身の健康状態の低下を助長する心配があります（**表6**）。

表3　各室の暖房使用状況

場所		30～64歳		前期高齢者		後期高齢者	全体
団らん室		100%	=	100%	=	100%	100%
寝室		68%	<	71%	>	59%	65%
非居室	脱衣所	32%	<	50%	<	53%	45%
非居室	便所	20%	≒	21%	<	50%	34%
非居室	浴室	12%	<	21%	<	44%	28%
非居室	廊下	8%	≒	7%	<	22%	14%

※30～64歳（*n*=25）、前期高齢者（*n*=14）、後期高齢者（*n*=32）、全体（*n*=71）
※暖房・採暖の種類や使用時間は不問
※全体の値の降順、塗りつぶし：50%以上

表4　寒さを感じる場所と状況

場所・状況	30～64歳		前期高齢者		後期高齢者	全体
団らん室から廊下や他室へ移動時	92%	>	86%	>	78%	85%
便所	88%	>	36%	<	66%	68%
脱衣所	56%	>	50%	>	38%	46%
浴室	32%	>	14%	<	16%	21%
団らん室で暖房時	36%	>	21%	>	9%	21%
寝室が寒く眠れない	36%	>	0%	<	19%	21%

表5　HSの自覚症状

症状	30～64歳		前期高齢者		後期高齢者	全体
身体がぶるっと震えた	48%	>	29%	>	28%	35%
心臓がドキンとした	12%	>	0%	<	3%	6%

表6　冬季に起こりやすい症状（複数回答）

症状	30～64歳		前期高齢者		後期高齢者	全体
手足が冷える	28%	<	36%	>	28%	30%
乾燥で肌がかゆい	40%	>	14%	<	19%	25%
風邪をひきやすい	28%	>	7%	<	13%	17%
関節が痛む	12%	>	7%	<	25%	17%
住宅内で室内や室間の移動がおっくうで減る	20%	>	14%	>	9%	14%
十分な睡眠がとれない	16%	>	0%	<	6%	8%
アレルギー症状	12%	>	7%	>	3%	7%
特にない	16%	<	36%	>	34%	28%

表3～6の64歳未満と高齢者の回答を比較して見ると、高齢者のほうが非居室での暖房使用率が高くHSへの対策が伺えました。そして高齢者のほうが寒さを感じる人・HSの自覚症状のある人・冬季に起こりやすい症状のある人の訴え率が低い傾向が見られました。しかしその一方で、図4の住宅の室温と室間温度差の測定結果を併せて見ると、団らん時間帯の団らん室の温度はどの世帯も推奨温度以上を確保できていましたが、それ以外の非居室（便所と脱衣所）の室温と団らん室と非居室の室間温度差も早朝の最低室温も健康・安全な温熱環境の推奨範囲を満たしておらず、高齢者の住宅のほうが温熱環境が悪いことがわかります。このことから、高齢者の方は築年数の経った住宅の非居室で電気ストーブなどの簡易的な採暖器具で部屋を温める工夫が伺えるものの室温の上昇効果は小さく、温度感覚の低下と寒冷な生活環境への慣れ（心理的適応）も合わさって寒さなどの自覚症状の訴え率が少なくなっていて、無自覚でHSの危険性が高い住環境にいる可能性もあると推察されます。

●おわりに

鳥の目からは、市町村ごとでのHS関連死亡率と住宅の築年数や断熱性能の現状を把握し、築年数が古く断熱性能の低い既存住宅において主な居室だけでなく便所・脱衣所・浴室などのHSが起きやすい非居室を含んだ断熱性能向上の必要性が示唆されました。

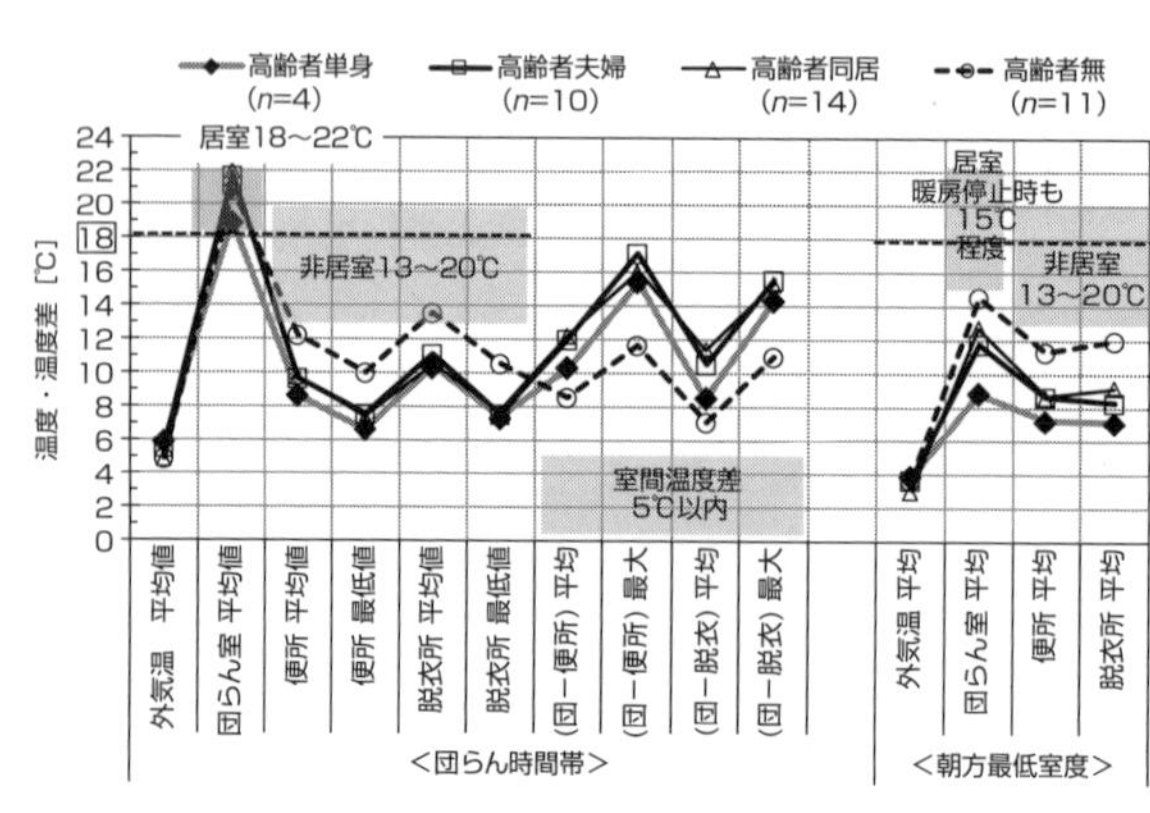

図4　高齢者居住による世帯区分別の冬季の室温と室間温度差の測定結果（団らん時間帯、朝方最低室温、$n=39$）
※網掛けの温度範囲は、「健康で快適な温熱環境を保つための提案水準（建設省住宅局、1991）」[3]
※18℃以上は、WHO（国際保健機構）による温暖な国々の冬季の室温の推奨値[4]。

虫の目からは、築年数の経った断熱性能の低い住宅の補助的な暖房（採暖）の室温上昇の効果は限定的であること、実際にはＨＳのリスクのある温熱環境でも高齢による暑さ寒さの温度感覚の低下および生活環境への慣れにより寒さや温度差を過小評価している危険性が示唆されました。冬季に安全な室温の周知と、暑さ寒さを自分の温度感覚だけで判断せずに、住宅内の各場所の温度と温度差を温度計で見える化して確認することが推奨されます。

（西川竜二）

《参考文献》

（1）西川竜二「秋田県内の市町村単位でみたヒートショック関連死因の死亡率と住宅熱環境に関する統計分析（その3）」『日本建築学会大会学術講演梗概集』２０２１年9月
（2）西川竜二「秋田市の高齢者居住世帯を対象にした冬季のヒートショックに関するアンケート及び室温測定調査」『日本建築学会大会学術講演梗概』２０１７年9月
（3）建設省住宅局住宅生産課監修『健康快適住宅宣言』ケイブン出版、１９９１年
（4）World Health Organization: WHO Housing and health guidelines, 2018.

04 就寝中の寝室環境にも目を向けよう

キーワード
脳卒中死亡、高齢者、家庭内血圧、温熱環境、就寝時の曝露温度、フィールド調査

脳血管疾患と虚血性心疾患を含む循環器疾患は日本の主要な死因の1つであり、特に高齢者の発症率が高いと言われています。循環器疾患の危険因子として、「高血圧」「高脂血症」「喫煙」「糖尿病」の4つが挙げられ、中でも「高血圧」は循環器疾患の発症やそれに伴う死亡に対して、ほかの危険因子より高い発症率を示しています。また、これらの死亡は、起床時前後や午前中に発生することが多いことがわかっており(1)(2)、早朝時における高血圧を抑制することが住環境の面から見た予防において重要といえます。そこで、脳卒中死亡率が高い地域において被験者(65歳以上の高齢者)を対象に、日々の温熱環境や家庭内血圧を計測する訪問調査を実施しました。ここでは、家庭内血圧と居間と寝室で曝露される温度との関連の分析結果を紹介します。

●調査概要

調査対象地域は、山形県郡部の3地域(A町、B町、C町)です。暖房時の温熱環境を把握するため、55世帯(A町20世帯、B町15世帯、C町20世帯)を対象として、2015年1月~2月のうちの一週間、訪問調査を実施しました。

測定項目は、居間の床上１．１ｍ・床上10cm、寝室・脱衣所・便所・外気の温度、居間の床上１．１ｍのグローブ温度（空気の温度に輻射の影響が加わった温度）です。また、起床時と就寝前の血圧を、血圧計により被験者自ら測定し記録することを依頼しました。血圧測定は、測定ガイドライン（3）に準じています。

被験者は、Ｃ町では比較的女性が多かったものの、全体としては男性39名、女性16名と男性が多く、年齢は65歳～88歳の範囲にあります。高血圧の薬を服用している被験者は25名、通院歴を有する被験者も散見されます。

病院での血圧測定にて、収縮期血圧が１４０ｍｍＨｇ以上または拡張期血圧が90ｍｍＨｇ以上の場合、高血圧と診断されます。高血圧に該当する被験者は13名であり、多くの方は服薬していました。最高血圧が１５０ｍｍＨｇ以上で服薬なしの被験者がＣ町に2名いました。

●温熱環境のグレード

各点の時刻別平均温度より温熱環境を総合的に評価するために吉野の評価法（4）を用い、**表1**にならって1（劣）～5（優）の5段階で評価しました。グレード4．0以上も数件見られますが、大半が3．0前後です。各地域のグレードの平均値はＣ町3．2、Ａ町2．9、Ｂ町2．8であり、30年前に実施している同様の調査時（5）の平均値（2．7）とほぼ同程度でした。

表１　吉野のグレード表（4）

グレード			1	2	3	4	5
居間温度	団らん時	床上1.1 mの温度	12	15	18	21	24
		上下温度差[*1]	10	8	6	3	0
		グローブ温度差[*2]	-3	-2	-1	0	1
	明け方の最低温度[*3]		2	6	10	14	18
寝室の温度（団らん時）[*4]			4	8	12	16	20
便所・廊下の温度（団らん時）[*4]			2	5	8	11	14

山形県郡部　　高断熱・床暖房

＊1　床上1 mの温度が20℃、外気温が0℃のときの値
＊2　グローブ温度と床上1 m温度との差
＊3　外気温が0℃のときの値
＊4　団らん時に、居間の床上1 mの温度が20℃、外気温が0℃のときの値

住宅の温熱環境グレードに地域差があるかを検討するため、Kruskal-Wallis検定により分布が同一か否かを検定しましたが、有意な差は確認できません。また、検診時血圧にも地域性は認めらないため、以降の分析では地域を分類せずに55名の被験者のデータを扱いました。

●積算曝露温度と起床時の収縮期血圧

王ら(6)伊香賀ら(7)は、起床時の血圧は就寝時の寝室温度に影響することを示唆しています。睡眠中は副交感神経が優位な状態に移行し、拡張期血圧や心拍数が最低値（基底血圧）を示すと言われています。早朝に血圧が上昇する程度は、基底血圧からの上昇分で測ることができるとされ、おおよそ、この基底血圧は覚醒前4時間から2時間程度の時間帯に見られます。**図1**に示すような王らの20歳代の被験者実験では、就寝時の曝露温度が異なる（10℃と25℃）と、起床後の血圧に20mmHg程度の有意な差があります。実際の住宅においても、温度が低い環境に曝露されて就寝することが、早朝高血圧に関連する可能性があり、興味深い知見です。

そこで、筆者らは、就寝時の寝室温度に着目し、寝室温度の午前2時から6時までの時間積分を積算暴露温度と定義しました。**図2**に例として、2名の被験者の測定期間すべての寝室の温度変化を示します。積算曝露温度が低いことは、就寝時に低温に曝されていることを意味します。

図2左では、積算曝露温度が低いですが、血圧測定時の居間温度は20℃程度の日が

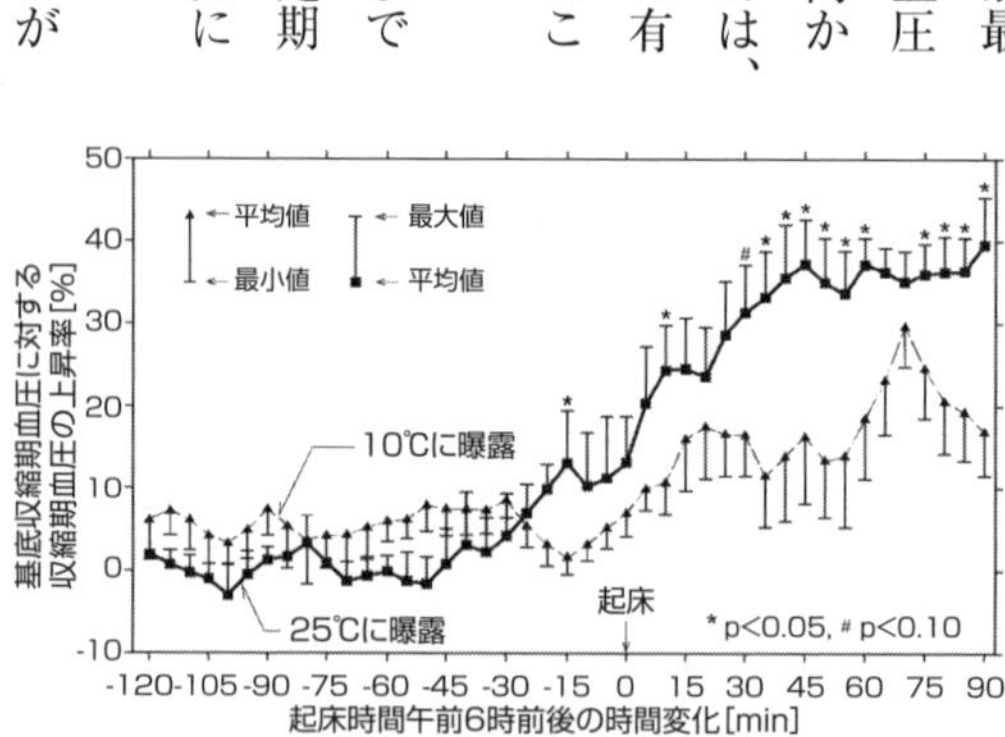

図1　収縮期血圧の上昇率の時間変化(6)

含まれています。起床時の血圧は全体的に高く、測定時の温度よりも寝室の温度との関連が示唆されます。一方、図2右では、積算曝露温度、居間温度ともに極端に低く、血圧が極めて高くなっています。いずれの被験者においても、室内温度のみで起床時の血圧上昇を説明できる訳ではありませんが、温熱環境との関連性が窺える結果といえます。

●積算曝露温度と居間温度

図3に積算曝露温度と居間温度（血圧測定時）、居間の明け方最低温度の関係を示します。各点はデータに欠落のないすべての被験者宅の計測データであり、測定期間の平均値を用いています。図を見ると、積算曝露温度は居間の測定期間中の温度や明け方の最低温度との関連が強いことがわかります。この調査の範囲ではありますが、関係性の強さを示す決定係数（R^2）は明け方最低温度のほうが大きく、積算曝露温度との関連が相対的に強くなっています。

また、積算曝露温度が20℃h程度付近で、居間温度の幅が大きくなっています。これは、寝室で曝露温度が低い環境で就寝し、起床後の血圧測定時にはある程度高い温度で過ごす場合があることを示しています。血圧測定時の居間温度がある程度高くとも、寝室温度が低ければ、血圧が高くなる可能性は図2左の被験者で確認されており、寝室温度を低くしない配慮が必要ということになります。

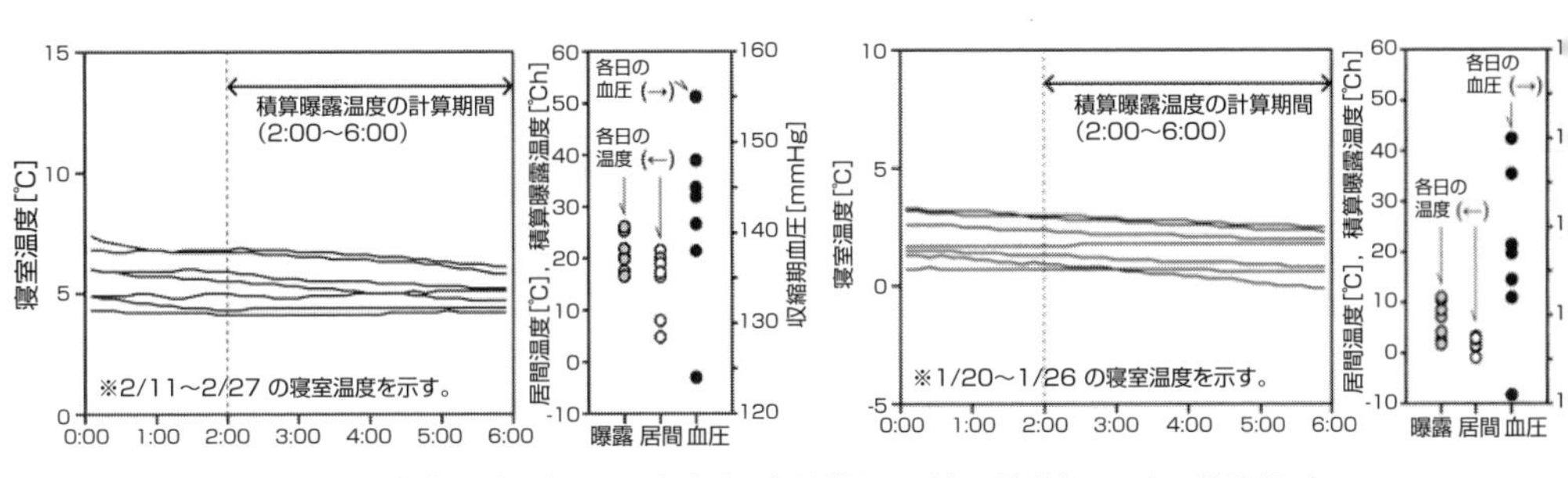

図2　積算曝露温度などと起床時の収縮期血圧（左：被験者A、右：被験者B）

起床時の収縮期血圧と居間・寝室の曝露温度

収縮期血圧を、年齢と居間温度（血圧測定時）、寝室の積算曝露温度によってどの程度、説明することができるのか（重回帰分析）について分析を行いました。血圧値と温度は7日間の値を用い、降圧剤の服薬がなく糖尿病や不整脈などの疾患を有さず、かつ飲酒歴がない被験者10名を対象としました。表2に結果を示します。居間温度と積算曝露温度の偏回帰係数は、それぞれマイナス0.833、マイナス0.788となり、それらの値が大きくなると収縮期血圧が有意（p値が0.01以下）に低くなる、逆に言えば、低下するほど収縮期血圧が上昇する傾向が確認できます。影響度の強さを示す標準化回帰係数は居間温度よりも積算曝露温度のほうが大きいため、血圧変動に対して積算曝露温度の影響が相対的に大きいと判断できます。

まとめ

収縮期血圧の大少と関連する住宅の温熱環境の特徴を分析した結果、起床時の血圧上昇は、血圧測定時の曝露温度のみならず、就寝中の寝室温度も影響する可能性が確認されました。この結果から判断すると、今後の住環境整備に際して、居間だけではなく寝室についても温熱環境を改善することが望ましいと言えます。

（長谷川兼一）

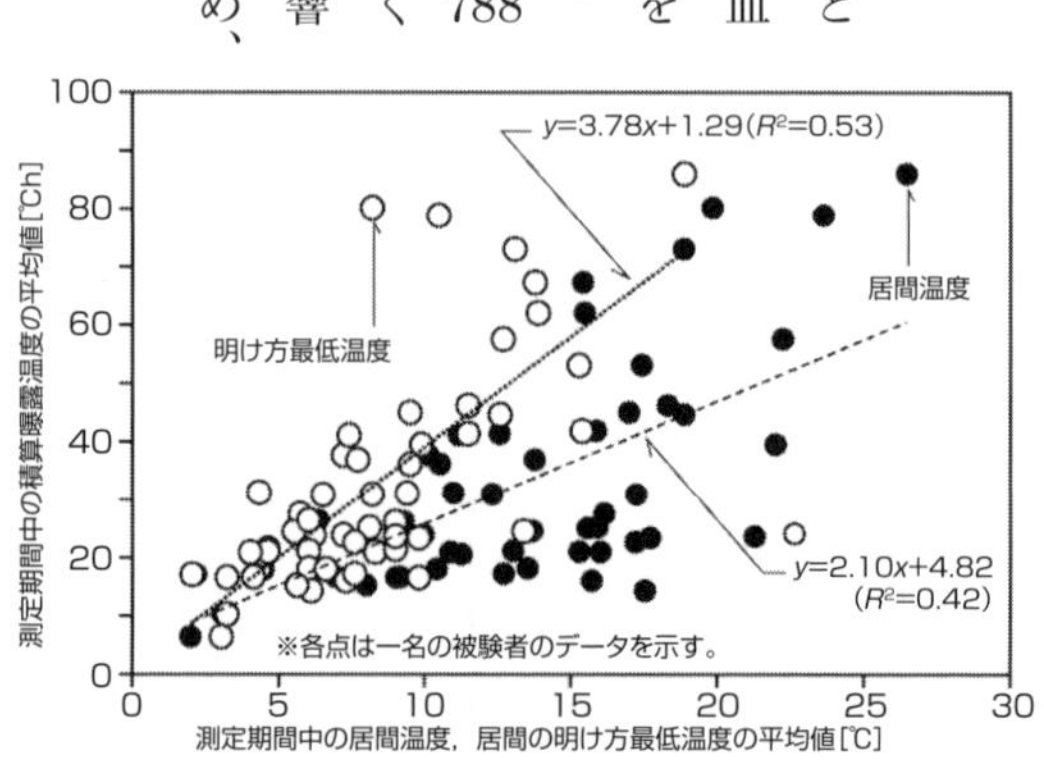

図３　居間温度と積算曝露温度との関係

《参考文献》

（1）鈴木康子・桑島巌・三谷健一・宮尾益理子・宇野彩子・松下哲・蔵本築「早朝高血圧における血圧変動と活動度」『日本老年医学会雑誌』第30巻第10号、841-848頁、1993年10月

（2）James E. Muller, M. D., Paul L. Ludmer, M. D., Stefan N. Willith, M. D., Geoffrey H. Tofler, M. B., Gail Aylmer, Irene Klangos, And Peter H. Stone, M. D.: Circadian variation in the frequency of sudden cardiac death, Vol.75, No.1, 1987.1.

（3）日本高血圧学会学術委員会家庭血圧部会『家庭内血圧測定の指針（第2版）』ライフサイエンス出版、29頁、2011年9月

（4）長谷川房雄・吉野博「東北地方の各種住宅における冬期の室温に関する調査研究」『日本建築学会計画系報告集』第371号、18-26頁、1987年

（5）長谷川房雄・吉野博ほか「脳卒中の発症と住環境との関係についての山形県郡部を対象とした調査研究」『日本公衆衛生雑誌』第32巻第4号、181-193頁、1985年

（6）王紅兵・関根道和・許凰浩・金山ひとみ・立瀬剛志・上馬場和夫・鏡森定信「寝室温度の早朝血圧上昇に対する影響」『日本温泉気候物理医学会雑誌』第69巻第4号、234-244頁、2006年

（7）海塩渉・伊香賀俊治・大塚邦明・安藤真太郎「自由行動下血圧測定に基づく寝室室温の早期血圧変動への影響」『日本建築学会環境系論文集』第80巻第716号、867-875頁、2015年

表２　重回帰分析の結果

	偏回帰係数	標準偏回帰係数	p値	95%信頼区間	
				上限	下限
年齢	0.641	0.213	0.021	0.101	1.18
居間温度	−0.833	−0.276	0.026	−1.563	−0.103
積算曝露温度	−0.788	−0.407	0.002	−1.264	−0.313
定数	112.3	−	0.000	68.78	155.9

R^2=0.52、ANOVA $p<0.001$

05

環境過敏症としての電磁過敏症の実態

キーワード
住環境、環境過敏症、アレルギー疾患、シックハウス症候群、化学物質過敏症、電磁過敏症

●はじめに

現代社会における急速な生活環境の変化が、生活習慣病、アレルギー疾患、シックハウス症候群（ＳＨＳ）などの慢性疾患急増の要因と考えられています。一般的に病気は、①遺伝要因、②身体要因、③環境要因の３つの輪が重なると発症します（図１）。遺伝要因は変えられませんが、身体要因と環境要因は、本人が自覚することで変えることが可能です。すなわち、健康の障害と推定される環境要因や身体要因を取り除くことで病気の治癒や発症予防が可能となります。特に、一日の大半を室内で過ごす現代人にとって、住環境中の有害要因対策は健康保全に重要です。そのよい事例が１９９０年代からなされてきたＳＨＳ対策で、複数の学会（日本建築学会、日本臨床環境医学会など）が協力して研究を進め、13の主要な室内空気汚染物質の規制と、建築基準法の改正などの対策を取った結果、ＳＨＳ発症は大幅に減少しました。しかし、その後、新たな化学物質の登場、ＩＴ技術の進化、情報網の発展により、人々の生活環境や社会環境は急速に変化し、健康に影響を与える環境要因も複雑化・多様化しており、感受性の高い集団で新たな健康障害が顕在化しています。その代表例が、

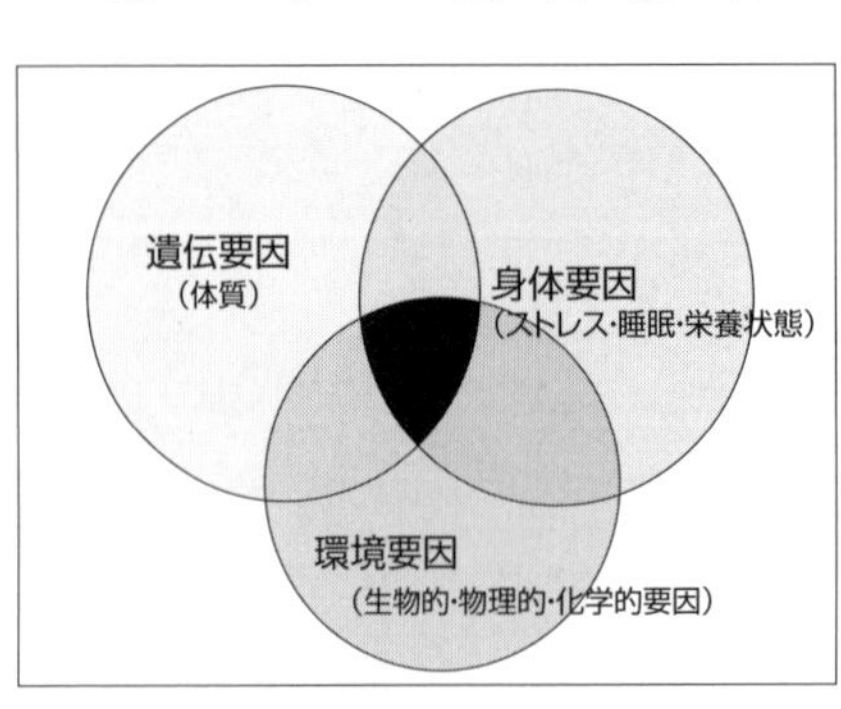

図１　病気発症の３つの輪

先進国を中心に患者の急増が報告されている環境過敏症です。環境過敏症は子どもの発達障害や精神障害と関係があるとの報告が増えており、その予防対策が急がれます。

●環境過敏症とは？

環境過敏症とは、生活環境中のさまざまな要因と関連して生じる健康障害の総称で、その代表例としてシックハウス症候群（ＳＨＳ）、化学物質過敏症（ＭＣＳ）、電磁過敏症（ＥＨＳ）が挙げられます。３者は密接な関係があり、アレルギー疾患とも密接な関係があることはよく知られています。

本症との関連が想定される環境要因としては、化学的要因（塗料、農薬・殺虫剤、芳香剤、柔軟剤、ニコチンなど）、生物的要因（カビ、ダニ、花粉、細菌、ウィルス・ワクチンなど）、物理的要因（気象、振動、パソコン・スマホ・携帯基地局などからの電磁場など）があります。その症状は、睡眠障害、呼吸困難、咳、動悸、吐気、腹痛、下痢、失神、全身倦怠感、思考力・集中力低下、うつ気分、頭痛、めまい、痛み、四肢脱力などさまざまな全身症状を特徴とします。しかし、現段階では、有効な他覚的検査法がなく、発症メカニズムや診断方法、治療法・予防法などは未解明な状態です。殊に、ＥＨＳは、患者が症状発現要因と訴える電磁場発生源の波長・周波数・電磁強度はさまざまであり、発症要因との因果関係が証明しにくく、また、精神症状を示す患者が多いため医療関係者や研究者の中でも、肯定派と否定派が混在しており、世界的にも研究はスタートラインについた段階です。

●環境過敏症の有病率

MCS患者の有病率は0.3~33.0%、自己申告EHS患者の割合は1.2~13.3%と報告されており、調査方法、調査年度、国や地域で大きな幅があります。例えば、2018年に、カーバラらは、スウェーデンとノルウェーの患者の割合を比較した結果、MCS(12.2%対15.2%)、建材過敏(4.8%対7.2%)、EHS(2.7%対1.6%)、音過敏(9.2%対5.4%)と、両国間で共通点と相違点が見られました。また、ステイマンらは、「米国で、医師診断MCS患者は12.8%、自己申告MCS患者は25.9%存在し、その割合は、10年前と比べて、それぞれ、約3倍、約2倍に急増している」と報告しています。日本でも、東と内山らが、2012年に、**表1**に示したQEESIを用いて、

表1 QEESI (Quick Environmental Exposure Sensitivity Inventory)

米国のMillerとPrihodaが、MCS患者のスクリーニング・診断補助・研究用問診票として開発し、現在、16か語(例:日本、台湾、オーストリア、デンマーク、フィンランド、ドイツ、スウェーデン、イタリア、スペイン、ウルグアイ、USAなど)に翻訳され、世界40以上の国で使用使用されている問診票。その日本語訳版は、石川と宮田が日本語訳し、北條らはその信頼性と妥当性を確認後、日本独自のMCSスクリーニング基準値を設定して、種々の調査に使用されている。

Q1 化学物質不耐性	Q2 その他の不耐性	Q3 症　状
q1_1　車の排気ガス	q2_1　水道カルキ臭	q3_1　筋肉・関節
q1_2　タバコの煙	q2_2　特定食物	q3_2　粘膜・呼吸器
q1_3　殺虫剤・除草剤	q2_3　習慣性食物	q3_3　心臓・胸部
q1_4　ガソリン臭	q2_4　食後の不快感	q3_4　腹部・消化器
q1_5　ペンキシンナー	q2_5　カフェイン摂取反応	q3_5　思考能力
q1_6　消毒剤・クリーナー	q2_6　カフェイン中毒反応	q3_6　情緒
q1_7　香料	q2_7　アルコール	q3_7　神経・感覚
q1_8　コールタール・アスファルト	q2_8　皮膚接触品	q3_8　頭部
q1_9　化粧品類	q2_9　医薬品	q3_9　皮膚
q1_10　新車・室内装飾品臭	q2_10　生物的アレルゲン	q3_10　泌尿性器

Q4 マスキング	Q5 日常生活障害
q4_1　喫煙	q5_1　食事
q4_2　飲酒	q5_2　仕事・学校
q4_3　カフェイン摂取	q5_3　新家具・調度品
q4_4　香料入り化粧品使用	q5_4　衣類
q4_5　殺虫防カビ使用	q5_5　旅行・ドライブ
q4_6　仕事・趣味の化学物質使用	q5_6　化粧品・防臭剤
q4_7　受動喫煙	q5_7　社会活動
q4_8　開放型燃焼器使用	q5_8　趣味
q4_9　柔軟剤使用	q5_9　家族関係
q4_10　服薬	q5_10　家事

Q1、Q2、Q3、Q5

各項目0～10点(合計100点満点)

Q4　常時曝露微量化学物質の有無

Yes／No 形式(合計10点満点)

無作為抽出した日本人（7425名）を対象とした疫学調査を行い、「ミラーとプリホダが設定したMCS基準値超過者」は4．4％存在しました。これは2000年に内山と村山が、同様な方法で4000人を対象として実施した調査時の超過者の割合（0．74％）と比べると約6倍に増えています。北條らが、2012～2015年に、QEESIを用いて、実施した調査では、健常者1313名の中に、北條設定の「日本独自のMCS基準値」の超過者は6．1％存在しました。これは東らの結果とほぼ一致してます。また、「北條設定EHS基準値」を超過した人は3～5％、MCSとEHS両基準値超過者は（重症者）0．9％存在しました（表2）。これら基準超過者は潜在患者または患者予備群だと思います。そこで、筆者は日本でも、「MCSの疑いがある人」は約6％、「EHSの疑いがある人」は約3～5％、「MCSとEHS合併した重症患者」は約1％存在すると推定しています（1）。

●EHSに対する予防原則的対策を講じている欧米諸国

EHSに関しては、患者の急増を予測する研究者も多く、科学的未解明な段階で、予防原則的対応をとっている国があります。例えば、スイス、イタリア、ロシア、ポーランド、ブルガリア、ベルギー、ギリシャでは、子どもの健康被害予防のため、国際非電離放射線防護委員会のガイドラインより厳格なガイドラインを設定しています。スイスでは、携帯電話基地局の設置や運用に関して周辺住民の健康に配慮し

表2　MCSおよびEHSスクーリング基準値超過者の割合比率

スクリーニング基準		基準値超過割合（%）			
		MCS	EHS	喘息	一般人
MCS（Hojo et al. 2017）	Q1（化学物質不耐性）≧30 Q3（症状）≧13 Q5（日常生活障害）≧17 の3条件をすべて満たす	85.9	61.3	18.8	6.1
EHS*（Hojo et al. 2016）	症状57項目合計≧47 q67 電磁過敏性≧1 q68 詳細記述＝1 の3条件をすべて満たす	43.8	69.0	29.5	3.8

＊ q67 電磁波発生源に過敏反応あり、かつ q68 具体的製品名と症状を2つ以上記載

た厳しい規制を設け、無秩序な電磁波曝露から住民を保護しています。また、2011年5月には欧州評議会議員会議は「電磁場の潜在的危険性に関する決議」を採択し、加盟国に対して、「EHS者に特別な注意を払うこと、無線LANがない電磁場フリーエリアを設けること、EHS発症者を守るための予防的対策を講じること」などを勧告しています。

●北條実施の日本の環境過敏症に関する疫学調査

筆者は「シックハウス対策検討委員会（座長・吉野博）」の一員として、QEESI（表1）の日本語訳版の信頼性と妥当性の確認、「日本独自のMCS基準値」の設定を行い、さまざまな疫学研究を行ってきました。そのなかで、SHS患者は、パソコンや携帯電話などの電磁場にも過敏反応を示し、化学物質対策だけでは症状が緩和しないことを知り、EHSを評価できる問診票を探しました。当時、英国のエルティティらは電磁過敏を評価する問診票を開発し、無作為抽出した一般人2万人を対象とした大規模疫学調査を行い、「英国では人口の約4%がEHS症状を示す」と報告していました。そこで、筆者は、開発者の許可を得て、日本人の生活スタイルに合わせた日本語訳版（EHS問診票）を作成し。「日本独自のEHS基準値」を設定

表3　EHS問診票の症状57項目の主成分分析結果

主成分名		症状	寄与率（%）	累積寄り率（%）
第1	中枢神経症状（10項目）	ゆううつ、集中困難、注意欠如、心身疲労、ストレス、頭ぼんやり、極度疲労、不安、物忘れ、睡眠障害	28.77	28.77
第2	皮膚症状（8項目）	皮膚過敏、皮膚発赤、皮膚腫脹、皮膚チク、皮膚痛、皮膚灼熱、吹き出物、皮膚水ぶくれ	4.85	33.62
第3	頭部症状（6項目）	頭痛、鈍い頭痛、片頭痛、頭重感、頭きり痛、目の症状	3.90	37.52
第4	筋肉・関節症状（7項目）	筋こわばり、筋脱力、関節痛、しびれ、病気、腰背部痛、見えにくさ	3.64	41.16
第5	耳・消化器症状（9項目）	耳痛む、耳圧迫感、耳鳴り、吐気、顔ちく感、耳温かい、食欲不振、消化不良、のぼせる	2.76	43.92
第6	アレルギー症状（6項目）	アレルギー、鼻詰まり、皮膚乾燥、喘息、空咳、口違和感	2.68	46.60
第7	感覚症状（4項目）	におい、味覚異常、声枯れ、見当識障害	2.67	49.27
第8	心・循環器症状（7項目）	心臓の痛み、胸の痛み、息苦しさ、動悸、めまい、冷や汗、高血圧	2.32	51.59

しました。そしてその後は、ＱＥＥＳＩとＥＨＳ問診票を併用した疫学調査を行っています。以下にその一部をご紹介します。

【調査の目的】日本の環境過敏症（ＳＨＳ／ＭＣＳ／ＥＨＳ）患者の実態を明らかにし、それらの診断基準や有効な治療法・予防法を確立する。そして、科学的知見に基づいた環境過敏症にならない住環境や生活スタイルを提案する。

【調査方法】①医師診断ＭＣＳ患者群（１１５名）、②喘息患者群（98名）、③自己申告ＥＨＳ患者（１２７名、患者互助会メンバー）、および、④一般人（１３１３名、環境過敏症と診断された人は除外）を対象に、ＱＥＥＳＩとＥＨＳ問診票を用いた調査を行い、その結果を統計解析した。

●調査結果のまとめ

解析結果をまとめると、①ＥＨＳ問診票の症状57項目の主成分分析を行った結果、日本のＥＨＳ患者の症状も英国と同様に８主成分で評価できることが確認されました（表3）。②自己申告ＥＨＳ患者群は、一般人群と比べ有意な高得点を示しましたが、「自己申告ＥＨＳ患者群対ＭＣＳ患者群」および「一般人群対喘息患者群」の間には有意差がありませんでした（図2）。③自己申告ＥＨＳ患者が自らの症状発現要因と推定する電磁場発生源（複数回答）をまとめた結果を図3左に示しました。最も多かったのが、家電製品、次いで、携帯電話、パソコン、

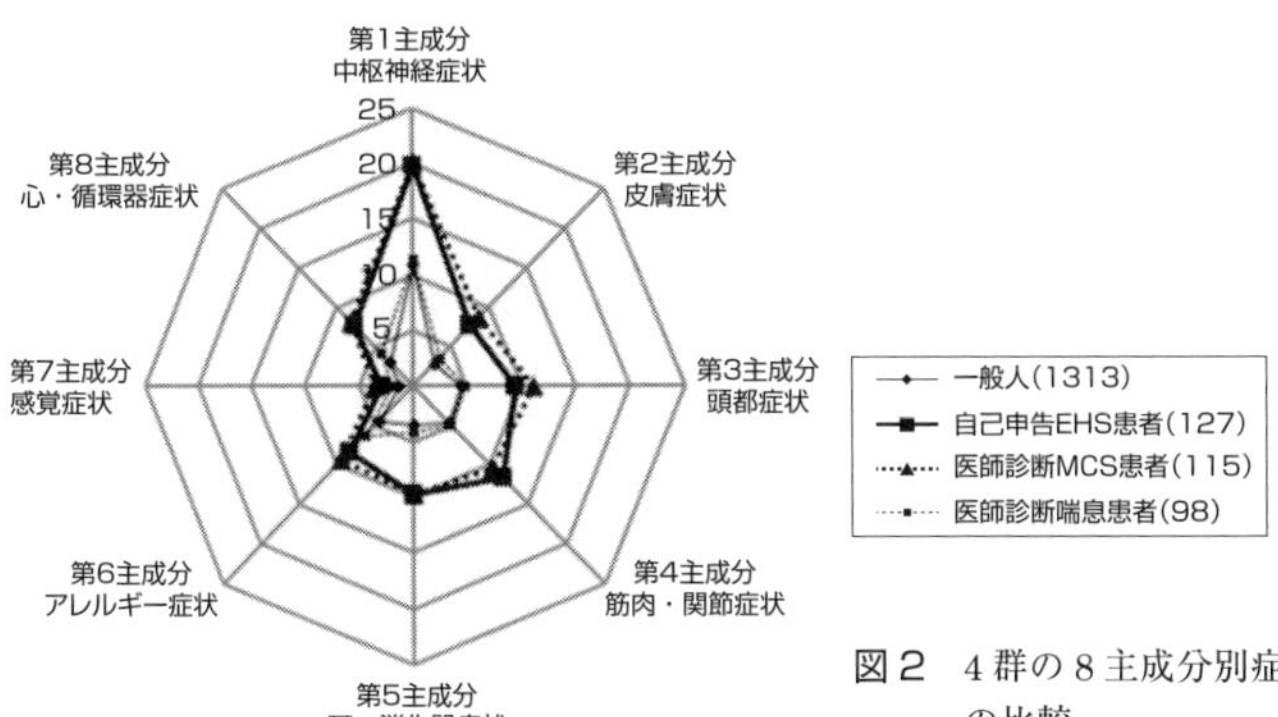

図２　４群の８主成分別症状の比較

携帯基地局、照明器具、送電線、電子レンジ、ラジオ・テレビの順でした。家電製品の内訳を図3右に示しましたが、冷蔵庫・冷凍庫、掃除機、エアコン、ドラーヤー、洗濯機・乾燥機、ホットカーペットなどの順で多く、多種多様でした。これらの結果は、英国の自己申告ＥＨＳ患者が反応する電磁場発生源と類似していました。④自己申告ＥＨＳ患者群は一般人群と比べ、自律神経失調症、食物アレルギーで治療中の人、また、気管支喘息、アレルギー性鼻炎、アレルギー性結膜炎、じんましん、花粉症、食物アレルギーの既往歴の持つ人が有意に多かった点も英国と同様でした。⑤自己申告ＥＨＳ患者の81.9％はＭＣＳ症状も有すると回答していました。⑥症状経過では、ＳＨＳ→ＭＣＳ→ＥＨＳ（32.4％）が最も多く、次いで、ＭＣＳ→ＥＨＳ（21.3％）、ＥＨＳ→ＭＣＳ（14.8％）、経過不明（13.0％）の順でした。これらの結果からも、環境過敏症にならないためには、良好な住環境を確立することが大事なことがわかります。

●おわりに

筆者は、約30年間、環境過敏症に関する疫学調査を実施してきて、以下のように考えます。

①環境過敏症は、アレルギー疾患や生活習慣病と同様に、現代人なら、誰がいつ発症してもおかしくない健康障害であり、今後、ますます患者が増

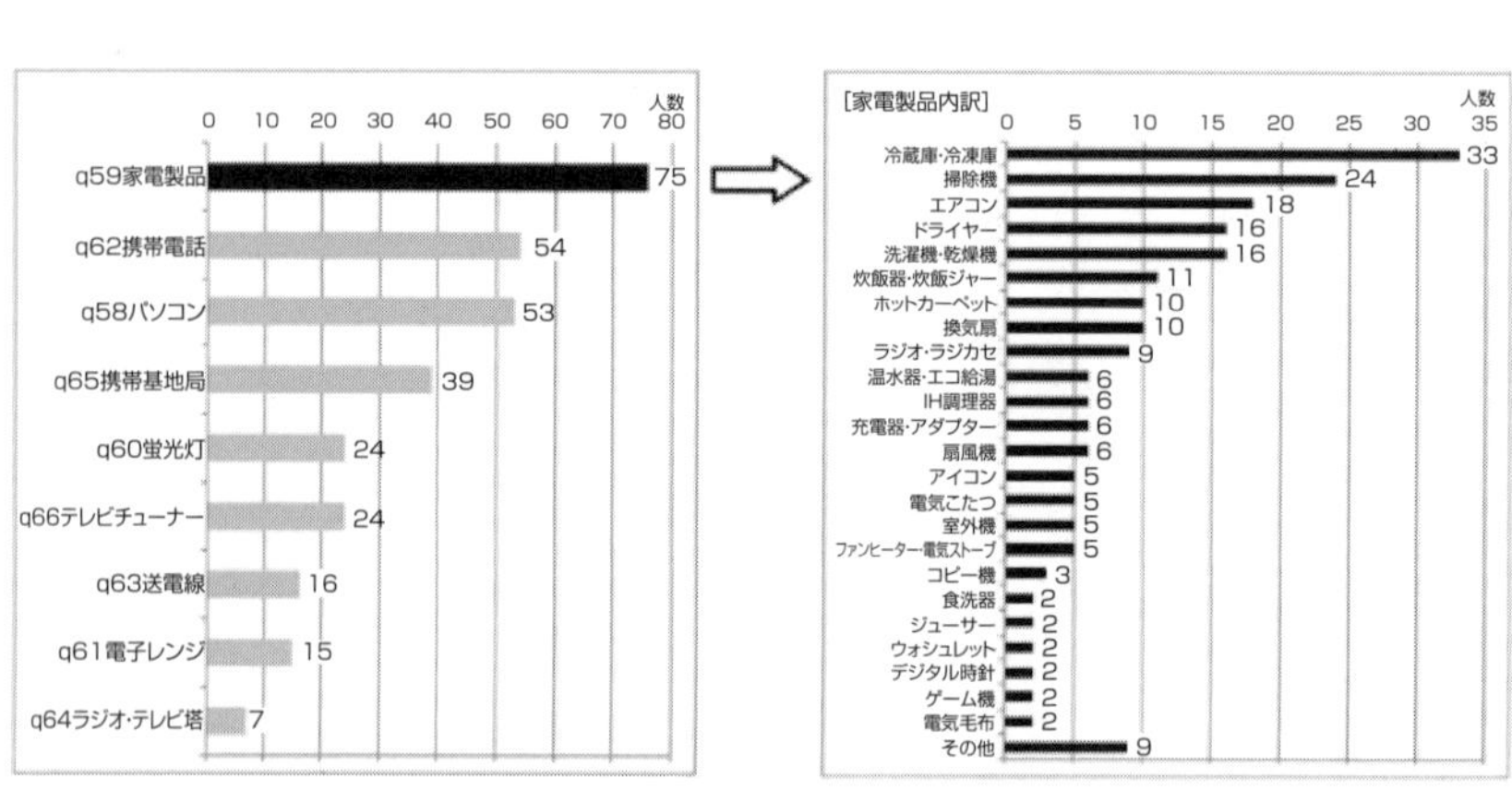

図3　自己申告EHS患者が自分の症状発現要因と推定している電磁場発生源（複数回答）

加する可能性が推定されます。特にＷｉｔｈコロナ時代は、消毒剤噴霧やテレワークなどで、化学物質や電磁場による室内環境曝露の機会が増えるため、患者の急増が予測されます。

②環境過敏症と小児の不登校、自閉症、学習障害との関係も指摘されはじめており、未来を担う子どもを守るためにも、室内環境の整備で環境過敏症を予防することは早急に取り組むべき社会的課題だと考えます。

③日本は欧米諸国と比べ、医療関係者も一般市民も環境過敏症に対する認知度が低いので、認知度を高める啓発活動が必要です。

④環境過敏症のような種々の要因が複雑に絡み合って発症すると推定される健康障害の発症メカニズム、発症予防・治療に関する研究は、幅広い研究分野の研究者が情報交換・情報共有・共同研究を行いながら、科学的に究明することが不可欠です。そこで、筆者らは、幅広い研究者（医学・薬学・看護学・疫学・遺伝学・脳神経内科学・心療内科学・建築学・化学・生物学・物理学・環境工学・理学・環境社会学、環境情報学など）で構成された研究グループを設立し、情報交換・情報共有・共同研究、および、啓発活動などを行いながら問題解決を目指しております。

（北條祥子）

《参考文献》

（1）北條祥子・水越厚史・黒岩義之「疫学的視点からみた環境過敏症の最新知見と今後の展望」『自律神経』第59巻第1号、37-50頁、２０２２年

06 空気清浄機のタバコ臭除去効果に及ぼすイオンの効果を調べる

キーワード
空気清浄機、タバコ臭、JEM1467、耐久性能、タバコ耐久本数

近年、シックハウス問題を契機に、より一層、空気質に対する関心が高まっています。とりわけ、室内の汚染物質の一要素である臭気に対する人々の関心は高く、空気清浄機、消臭剤や脱臭剤などの室内空気汚染対策品が種々開発、販売されているのが現状です。それに加えて、高齢化に伴う介護環境が注目され、この環境に特有な臭気問題が取り上げられるようになってきています。

空気清浄機の国内出荷台数・販売台数は、経済産業省公表によれば**図1**のようになっており、２０１４年の空気清浄機の国内出荷台数は２００万台以上、国内普及台数は約１５００万台に増加しています(1)。

また、空気清浄機の普及率・保有数量は、内閣府「消費動向調査」によれば、**表1**に示すとおりであり、２０１７年3月時点において、空気清浄機の普及率は、総世帯の37.2%になっています(2)。

市販空気清浄機は、汚染物質を活性炭など多孔質素材で吸着する方式、あるいは触媒、光触媒、電子装置から発生する活性種、オゾン、イオンなどで分解する方式、ＯＨラジカル（酸素と水素からなる酸化する能力のある分子）やオゾンなどの活性

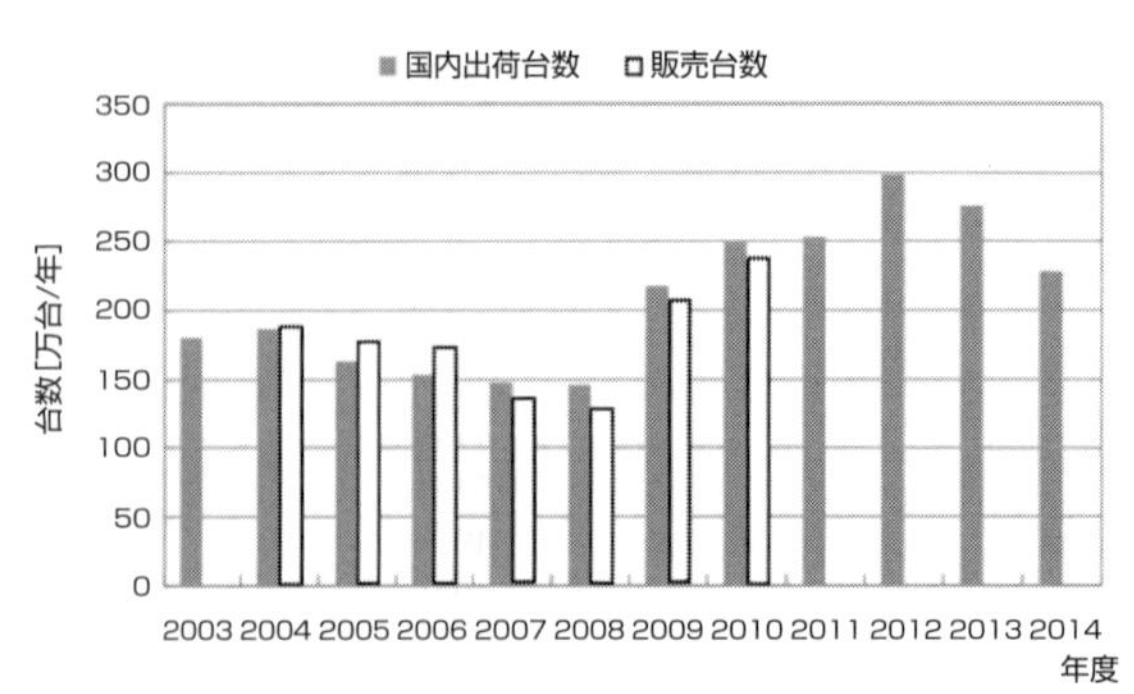

図１　空気清浄機の国内出荷台数・販売台数(1)

種やイオン粒子などを室内に放出することでガス状物質汚染を低減する方式などがありますが、機器のガス除去性能には解決すべき課題があります。以下に空気清浄方式の種類と課題について述べます。

●空気清浄方式

(1) 吸着方式

活性炭などの多孔質材料を用いる吸着方式には、ガス除去性能が早期に劣化するという問題があります。筆者らは空気清浄機の性能劣化を引き起こす実験装置を用いて、機器のホルムアルデヒド除去性能の劣化性を定量的に求めました。その結果、ホルムアルデヒド供給濃度を100μg/㎥とし、機器を連続運転すると、わずか1か月間の使用でホルムアルデヒド除去性能が59％も劣化しました(3)。一種類のガスによる汚染負荷であっても、このような早期劣化が起こりますので、一般の室内環境ではさまざまな汚染物質がありますから、さらに汚染負荷は高いと見積られ、劣化が促進される可能性があります。このような吸着方式におけるガス除去性能が早期に劣化する理由は、活性炭などの吸着材に使用される添着剤の特性に起因します。

(2) 分解方式

触媒、光触媒、電子装置などを用いる分解方式については、耐久性

表１　空気清浄機の普及率・保有数量(2)

普及率				保有数量			
単位：%	総世帯	一般世帯	単身世帯	単位：100世帯当たり台数	総世帯	一般世帯	単身世帯
2007年3月	31.4	35.8	17.2	2007年3月	39.8	46.1	19.6
2008年3月	31.7	37.1	17.7	2008年3月	39.4	46.7	20.7
2009年3月	31.6	35.7	21.2	2009年3月	39.7	45.4	24.9
2010年3月	31.8	36.6	19.4	2010年3月	41.4	48.4	23.2
2011年3月	33.8	38.8	21.1	2011年3月	44.2	51.9	24.6
2012年3月	34.7	40.0	21.0	2012年3月	45.4	53.7	24.1
2013年3月	37.8	43.5	23.4	2013年3月	49.6	57.8	28.4
2014年3月	36.9	42.3	24.9	2014年3月	47.8	56.8	27.9
2015年3月	38.7	44.4	26.0	2015年3月	51.1	60.5	30.4
2016年3月	38.0	44.3	24.0	2016年3月	49.4	59.3	27.7
2017年3月	37.2	42.6	25.1	2017年3月	49.9	59.3	29.1

内閣府「消費動向調査」（総世帯＝一般世帯＋単身世帯）

能の早期劣化に対して、有利であるという期待があるかもしれませんが、吸着方式に比較して、除去性能そのものが低い傾向があり、また、オゾンや有害な二次生成物質の発生が懸念されます。

(3) 活性種・イオン放出方式

ＯＨラジカルやオゾンなどの活性種やイオン粒子などを室内に放出することにより、汚染物質を分解除去したり無害化する方式ですが、ガス除去性能の持続性にその強さがあります。ただし、気中に拡散した汚染物質といかにして効率よく結合するかが課題となります。放出物質の安全性については分解方式と同様に有害な二次生成物質の発生が懸念されます。

(4) 併用方式

前述の(1)～(3)を組み合わせた方式です。

●耐久性能試験

いずれの方式についても、実際の耐久性能は機器ごとに異なり、個別の試験を行って初めて機器性能が判明します。

そのため、ＪＥＭＡ(日本電機工業会)では、世界に類のないタバコの煙に対する耐久性能試験法(ＪＥＭ１４６７)(4)を制定し、試験法を公開しています。

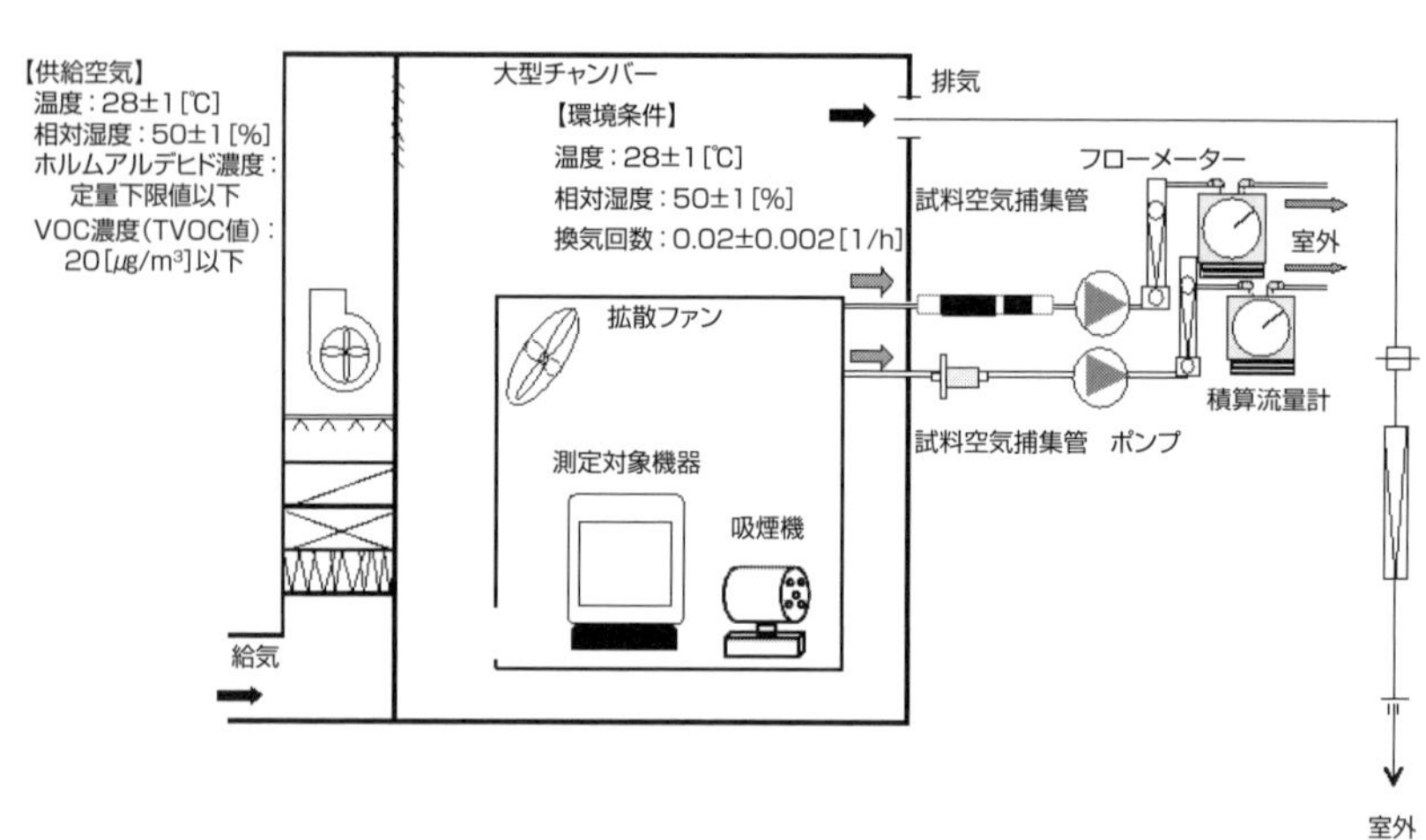

図２　試験室の概要

筆者らは、図2に示すように、温湿度などの環境条件を制御することができ、常時、清浄空気が供給されている大型実験室の中にアクリル製の1m³チャンバーを設置しました。チャンバー内の初期の環境条件は温度、20±0.5℃、相対湿度、50±1%とし、チャンバー内にはJEMAに準拠したタバコ吸煙機と攪拌ファンを設置しました。また、測定手順は以下のとおりです。

①タバコ（5本）をタバコ吸煙器に設置します。
②タバコ（5本）を6～8分間で同時燃焼させ、攪拌ファンの運転を開始します。
③タバコ燃焼後、5分間を安定期間としタバコ煙を攪拌させます。
④安定期間終了後、検知管により測定します。
⑤その後30分間機器を運転させ、機器の劣化を促します。
⑥機器運転を停止し、検知管により測定します。

●イオン発生の有無とアンモニア・アセトアルデヒド除去率との関係

（1）吸着方式と（3）活性種・イオン放出方式を組み合わせた（4）併用方式の空気清浄機にタバコ煙による汚染負荷を与えて、イオン発生有無の違いを検証しました。アンモニア除去率の試験結果を図3に示します。それによれば、アンモニアでは、イオン発生（有）の運転モードでは、イオン発生（無）の運転モードに比較して、アンモニア除去率が向上しました。

アセトアルデヒド除去率の試験結果を図4に示します。アンモニアと同様に、

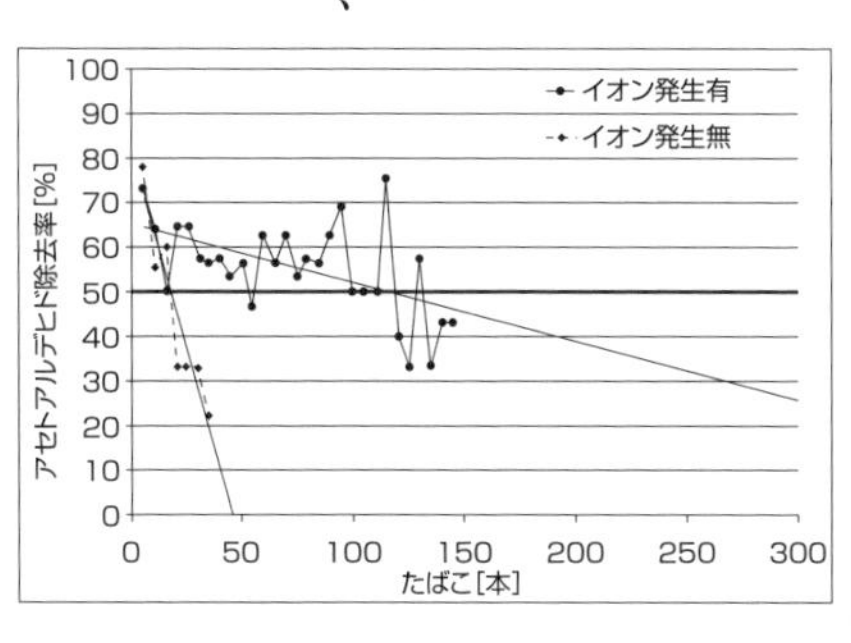

図4　空気清浄機運転に伴うアセトアルデヒド除去率の経時変化

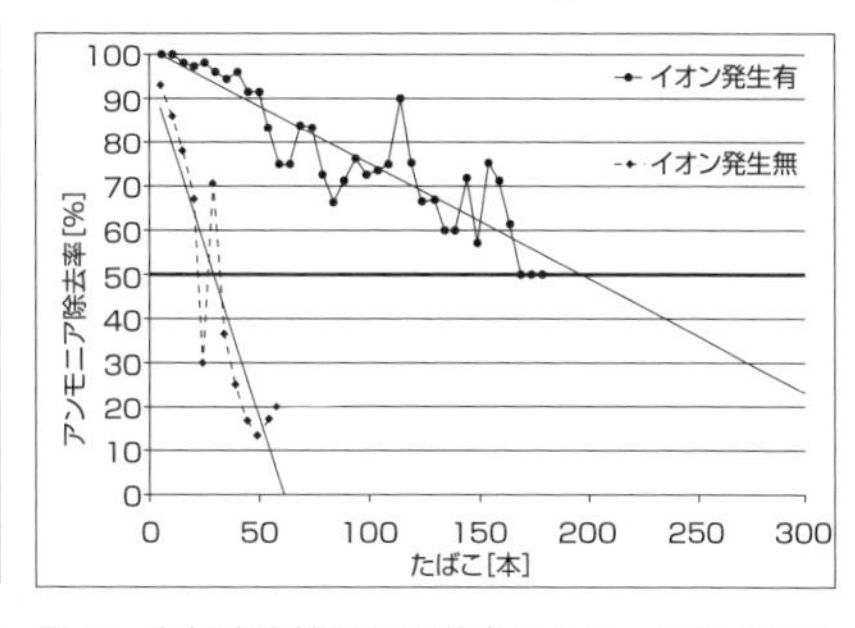

図3　空気清浄機運転に伴うアンモニア除去率の経時変化

（4）併用方式の空気清浄機にタバコ煙による汚染負荷を与え、イオン発生有無の違いを検証しました。図に示すように、アンモニアと同様に、イオン発生（有）の運転モードでは、イオン発生（無）の運転モードに比較して、アセトアルデヒド除去率が向上しました。

アンモニア、アセトアルデヒドと同様に、酢酸では、イオン発生（有）の運転モードでは、イオン発生（無）の運転モードに比較して、酢酸除去率が向上しました。

●耐久本数

除去率が50％に低下するまでのタバコの本数を耐久本数と定義します。表2には実験結果から得られた汚染物質ごとの耐久本数を示しています。アンモニアではイオン発生有りが、１６４本、イオン発生無しが29本となっており、アセトアルデヒドではそれぞれ、１２９本、15本、酢酸ではそれぞれ３４４本と、46本となりました。

以上のことから、イオン発生によりアンモニアでは１３５本、アセトアルデヒドでは１１４本、酢酸では98本分の耐久性能が向上したということになります。アンモニア、アセトアルデヒド、酢酸を対象とした実用耐久本数（実空間でタバコ燃焼を想定した場合の耐久本数）は、イオン発生により約２．５倍％増大しました。

表２　汚染物質ごとの耐久本数

	イオン発生（有）	イオン発生（無）
アンモニア	164（本）	29（本）
アセトアルデヒド	129（本）	15（本）
酢酸	344（本）	246（本）
総合耐久本数	192（本）	76（本）
実用耐久本数	7 680（本）	3 040（本）

●まとめ

空気清浄機のタバコ臭の除去効果についての劣化の度合いを調べることを目的として、大型実験室内に小型チャンバーを設置し、タバコ吸引機を使って実験しました。そしてタバコ煙から放出されるアンモニア、アセトアルデヒド、酢酸の除去率の時間的な変化をイオンの発生がある場合とない場合で測定しました。その結果、除去率が50％に低下するまでのタバコの本数を耐久本数とするとイオン発生により耐久本数はアンモニアでは１３５本、アセトアルデヒドでは１１４本、酢酸では98本多くなりました。また、アンモニア、アセトアルデヒド、酢酸を対象とした実用耐久本数は、イオン発生により約2．5倍増大しました。以上のように、イオンを発生させることにより、耐久性能が向上することが明らかとなりました。

（一條佑介）

《参考文献》

（1）株式会社三菱総合研究所「平成27年度エネルギー使用合理化促進基盤整備事業（機械機器等の省エネルギー対策の検討に係る調査）報告書」２０１６年2月
（2）総務省統計局「平成26年全国消費実態調査」２０１５年7月
（3）一條佑介・野﨑淳夫「家庭用空気清浄機のホルムアルデヒド除去性能の劣化性に関する研究」『室内環境』第13巻第1号、31～38頁、２０１０年6月
（4）「日本電気工業会規格ＪＥＭ‐１４６７家庭用空気清浄機」１９９５年

07 新型コロナウイルスにどう対応するか —感染予防のための換気—

キーワード
新型コロナウイルス感染症、飛沫感染、空気感染、建築物衛生法、感染クラスター

２０１９年11月22日に中国武漢市で「原因不明のウイルス性肺炎」が確認されました。世界保健機関（ＷＨＯ）は、２０２０年３月11日にパンデミック相当との認識を示しました。

日本では、２０２０年１月から感染者が確認されはじめ、屋形船、スポーツジム、病院など、さまざまな場所で感染クラスターが発生しました。２月25日に厚生労働省に「クラスター対策班」が設置され、３月１日に厚生労働省は、「新型コロナウイルスの集団感染を防ぐために」を公表しました。そして、クラスター感染の条件として、換気が悪く、人が密に集まって過ごすような空間、不特定多数の人が接触するおそれが高い場所を挙げました。

●室内環境と新型コロナウイルス感染症

従来、はしか、結核、水疱瘡、インフルエンザ、天然痘やＳＡＲＳ＊といった感染症の伝染や拡散と換気との間に関連が認められています。ＷＨＯは２０２０年７月に、広州のレストランなどの室内感染の事例調査を踏まえ、室内環境中の空気感染が否定

＊ＳＡＲＳ
２００３年の新型のコロナウイルスによる重症急性呼吸器症候群（SARS: severe acute respiratory syndrome）で、同年６月に指定感染症に指定されました。

できないとの見解を示しました。

図1に示すように、感染者から、呼吸、発声、咳、くしゃみなどによって、ウイルスを含む飛沫が放出されますが、飛沫の大きさによって挙動が異なります。空調などの気流によって被感染者に到達する場合の飛沫を、仮に「小飛沫」と記しています。さらに微小な飛沫「微小飛沫」は空間内に浮遊し、換気量が少ないほどウイルス濃度が高くなります。室内空気中に拡散したウイルスの感染力は、次第に低下すると考えられますが、その速度は明らかになっていません。ウイルス濃度が非常に高くなった場合、換気空調ダクト、ドアのアンダーカット、欄間などを通り、ほかの空間のウイルス濃度に影響を与える可能性があります。ほとんどの感染事例の換気・気流の状況が不明であるため、主な感染経路を特定するのは非常に難しいことです。

クラスター感染が発生した屋形船、レストラン、スポーツジムの室内環境の特徴として、人の密度が高いことに加え、換気が悪く、鍋料理や運動による水蒸気発生が多いことが挙げられました。人が多く運動や発声が多いと、水蒸気の発生が多くなり湿度が高くなります。換気量が少ないと水蒸気の外への排出が弱くなるために、やはり湿度がより高くなります。ウイルスや二酸化炭素も同様に、換気が悪いと濃度が高くなります。したがって、湿度や二酸化炭素濃度が高い室内環境は、ウイルス濃度が高くなる特性を持っています。また、運動や発声などで呼吸量が多くなると、ウイルスの吸引量が多くなり感染リスクが高まります。

湿度が感染に与える影響は複雑です。インフルエンザウイルスに関する実験による

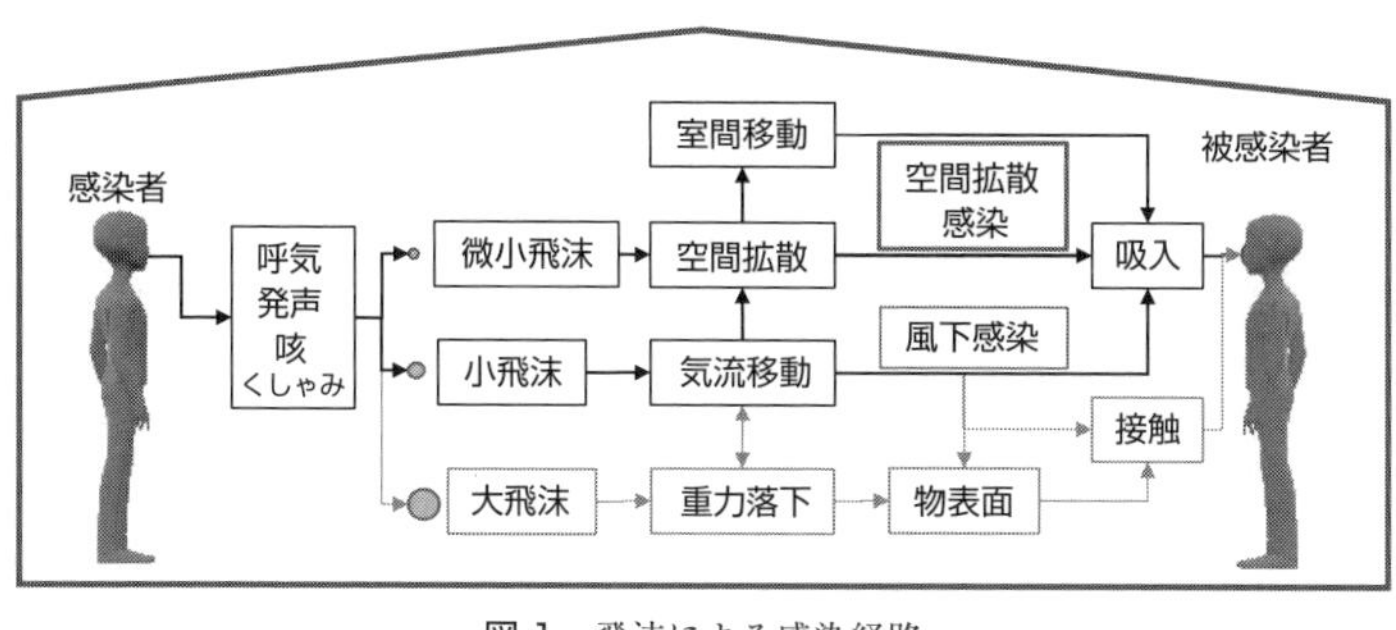

図1　飛沫による感染経路

と、湿度が低いとウイルスの生存時間が長くなります。また、湿度が高い場合にも生存時間が長くなります。従来のインフルエンザ対策では、冬期に換気量を確保し湿度を維持することが求められていますが、換気量を増やすと水蒸気排出量も増え加湿負荷が増大してしまいます。このため、換気量を適正に制御して湿度を維持することが必要となります(1)。

空気中のウイルス濃度を下げるために換気量は多いほどよいのですが、熱中症や冬期ヒートショックなどの健康リスク、エネルギー消費を考慮すると、換気量には一定の上限が必要です。

●室内環境の基準と実態

室内環境に起因する健康リスクは古くから指摘されており、ドイツの衛生学者ペッテンコーファー（１８１８‐１９０１）は、換気の必要性を説いています。特に人が密集すると感染症リスクが高くなるため、人の数に応じた空間容積の確保と換気は感染症対策の基本とされてきました。日本では、１９６０年代の建築物の大型化や高層化に伴って、建築物の衛生環境の悪化に伴う健康影響が指摘され(2)、１９７０年に「建築物における衛生環境の確保に関する法律（建築物衛生法）」が制定されました(3)。建築物衛生管理基準では、室内の浮遊粉じん、一酸化炭素、二酸化炭素、温度、相対湿度、気流、ホルムアルデヒドに関する基準値が設けられています。二酸化炭素の基準は、二酸化炭素とともに発生する、人体からの臭気、燃焼ガス中の汚染物質の影響を想定した総合指標として、１０００ｐｐｍとされています。空気調和・衛生工学規格では、人体から発生する二酸化炭素量に基づき、１人あたりの必要換気量を毎時約30㎥とし、居室の在室密度に応じた必要換気量を示しています。相対湿度の基準は、インフルエンザなどの感染症の対策、カビ、ダニの繁殖の予防などを踏まえ、40～70％となっています。相対湿度の下限値は、気道粘膜の維持、空気中のインフルエンザウイルスの生存時間等に基づいて40％となったと考えられています。

図2に、特定建築物における建築物衛生法の空気環境基準に対する不適率の推移Ｒｎｃを示します。湿度、温度、二酸化炭素濃度は不適率が高く１９９９年度以降に継続的な上昇が見られます。温度は２０１１～２０１４年に一時的な上昇が見られます。空気環境の不適率の上昇要因として、１９９９年の省エネルギー法改正に伴う換気量、設定温湿度の調整、個別空調の普及、２０１１年の東日本大震災後の節電に伴う設定温度の調整の影響が伺えます。

二酸化炭素の不適率の上昇は、換気が不足している建築物の増加を意味しています。また、相対湿度の不適率増加は、主に冬期の低湿度の増加によるものです。二酸化炭素の不適率増加は、ウイルス感染のリスクが上昇していることを示しています。また、相対湿度の不適率の増加は、インフルエンザの感染リスクが高まっていることを示しています。

このような変化が特定建築物だけではなく建築物一般で起きている可能性は否

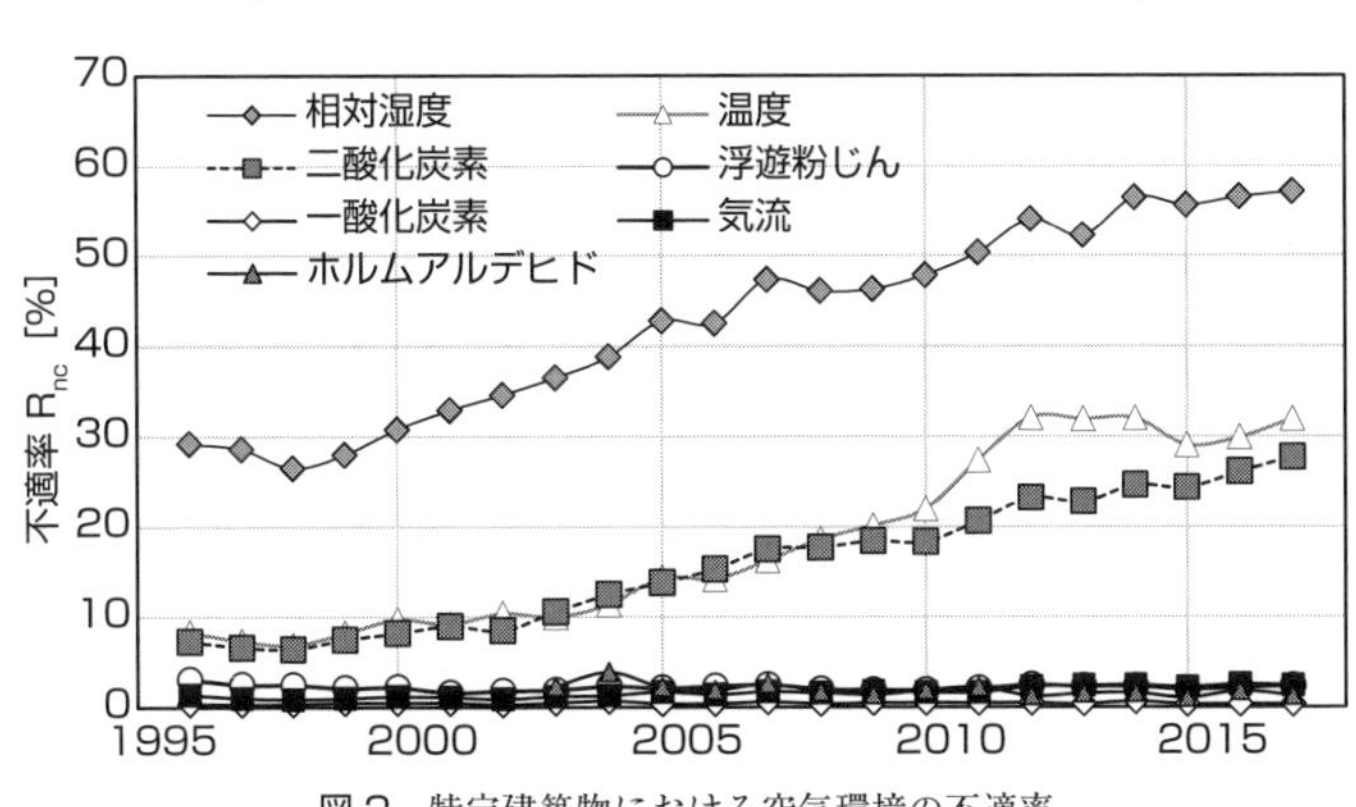

図２　特定建築物における空気環境の不適率

定できません。

●夏期の新型コロナウイルス感染に対する換気対策

建築物衛生分野の研究者ら（4）によって夏期に向けた換気対策の提言がまとめられました。この提言の結語では、以下のように示されています。

〈すべての室内空間について〉

新型コロナウイルスの感染防止のためには、換気の確保が必要である。窓などの開放は換気に有効であり、より大きくより長く開放することが望まれる。夏期には、熱中症対策など健康維持のために冷房が必要である。（冬期には、ヒートショック対策など健康維持のために暖房が必要である。）一般のエアコンでは換気が行えないため、機械換気および窓などの開放が必要である。窓などの開放時には、虫や鼠などの衛生動物に対する対策が必要である。

〈空調・換気設備を有する場合〉

設備の維持点検によって、設計換気量が得られることを確認する。１人当たりの換気量を確保するために、在室人数を制御する。また、在室時間を短くする。空調・換気設備の調整による換気効果の向上、空気清浄機の利用、冬期の加湿器の利用などの対策については、建物用途、空調・換気設備、使用状況に応じた検討が必要である。

●まとめ

クラスター感染が発生した空間の調査、温湿度などの環境要素の影響などさまざまな研究とそれに基づく対策が必要です。新型コロナウイルス感染症の感染拡大によって、感染症が建築設計、維持管理に与える影響は小さくないことが明らかになりました。新たなウイルス感染症の感染力と被害のレベルを多段階で想定して必要な投資を行う時代となったと考えられます。

（林　基哉）

《参考文献》

（1）林基哉ほか「寒冷地の高齢者施設における室内生活環境の年間特性　フィンランド・エスポー及び北海道・札幌における室内温熱空気環境の実態」『日本建築学会環境系論文集』第84巻第761号、６９９‐７０８頁、２０１９年
（2）古谷章介『ビル管理法』帝国地方行政学会、15‐19頁、１９７１年
（3）厚生労働省「建築物における衛生的環境の確保に関する法律（昭和45年法律第20号）」２０１５年3月20日
（4）Motoya Hayashi, U Yanagi, Kenichi Azuma, Naoki Kagi, Masayuki Ogata, Shoichi Morimoto, Hirofumi Hayama, Taro Mori, Koki Kikuta, Shin‐ichi Tanabe, Takashi Kurabuchi, Hiromi Yamada, Kenichi Kobayashi, Hoon Kim, Noriko Kaihara: Measures against COVID-19 concerning Summer Indoor Environment in Japan, JAPAN ARCHITECTURAL REVIEW, 2020.8.22.

08 湿度の適正範囲について考える

キーワード
湿度、乾燥感、ダンプネス、ウイルス

暖かいとか寒いとかの温熱快適性に影響を与える環境要素は、よく知られているように温度、相対湿度、輻射、気流速度です。この中で相対湿度は、温熱快適性に影響するだけではなく、乾燥感、知覚空気質（空気の臭い）、結露やカビの発生促進、ウイルスの活性度など、さまざまな面で影響を及ぼしています。すなわち、相対湿度が高ければ結露やカビの発生につながり、低ければ乾燥感をもたらすばかりでなく、インフルエンザウイルスが活性化し風邪を引きやすくなると言われています。事務所ビルにおける相対湿度の適正範囲は建築基準法、並びにビル管法*では40％から70％と定められています。この範囲の下限の40％については、冬期の多くの住宅では30％を下回る実態があり、もっと低くしてもよいのではないかという議論もされています。しかし、現段階ではその方向へと基準を変える動きは見られません。ここでは最近の知見も加えて、湿度と健康・快適性の関係などについて整理してみることとします。

●快適性と相対湿度

冒頭で述べたように相対湿度は、温熱快適性に影響する要素の一つです。日本の夏は、温度が高く湿度も高いためにジメジメして不快です。しかし湿度が低ければ、暑

*ビル管法
正式名称は「建築物における衛生的環境の確保に関する法律」である。住宅には適用されないが、快適範囲を議論する際には参考にされている。

くてもカラッとしていて不快さは緩和されます。インドのニューデリーを訪問したときに、温度が40℃を超えていましたが、湿度が低かったのでカラッとした暑さだったことを覚えています。

また、湿度が低い場合、乾燥感を感じるかもしれませんが、温度が22℃前後に維持されていれば、温熱的な意味での不快さは感じないでしょう。先にも述べたように最近の高断熱・高気密住宅では湿度が30％以下に下がることは珍しくありません。航空機の中の湿度は10％以下にもなりますが、温熱的に不快さを感じることはありません。

●乾燥感と相対湿度

湿度が低いことによる問題は、乾燥感や肌のカサカサ感、喉の渇きや痛みです。特に高断熱住宅に移った居住者からは、乾燥に関する問題が数多く指摘されています。この問題に対して高断熱高気密住宅２１０軒を対象として１９９４年冬期に実施した筆者らの調査によれば、「乾燥気味になった」と回答した割合は54％でした。また、２０１１年１月に実施した約４０００軒を対象とした全国調査によれば、**図1**に示すように61％の住宅で乾燥を感じており、健康に何らかの影響を受けていると回答した割合は22．8％で、具体的には、「皮膚の乾燥」（16．6％）、「目、鼻、喉の乾燥」（15．8％）、「風邪を引きやすい」（12．3％）などと申告しています。

さらに、１０２軒で温湿度を測定したところ、相対湿度が低いほど乾燥感が強まるという関係性は見られましたが、相対湿度が40％以下であっても、すべての居住者が

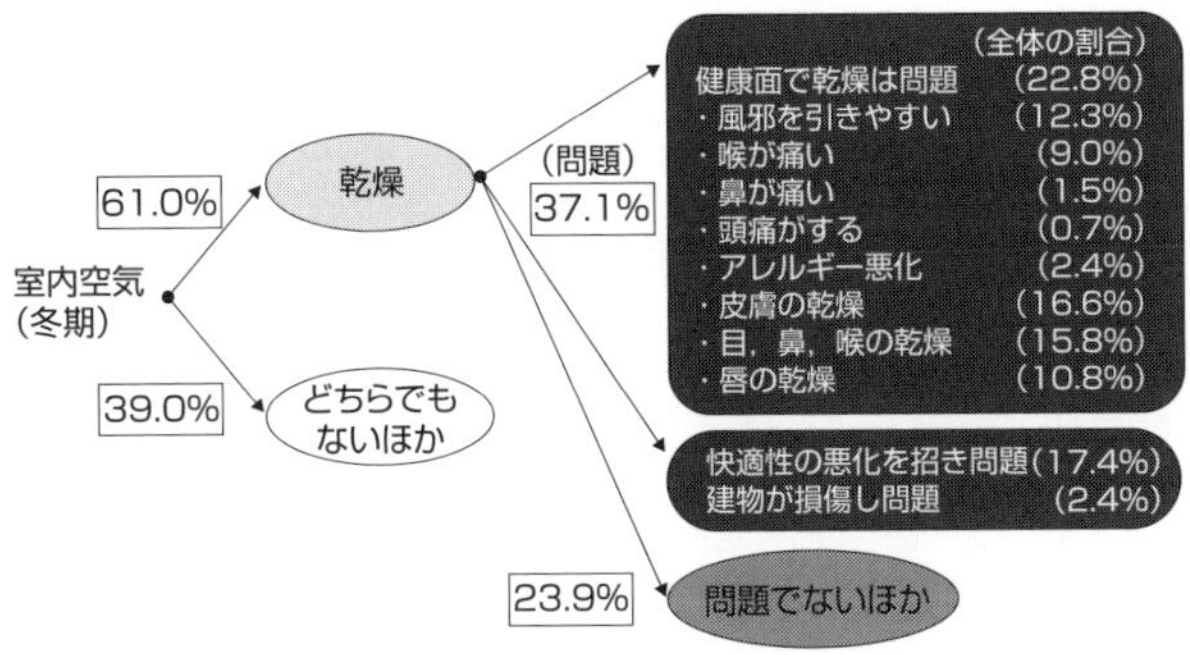

室内空気（冬期）
61.0%　乾燥
39.0%　どちらでもないほか
(問題) 37.1%
（全体の割合）
健康面で乾燥は問題　(22.8%)
・風邪を引きやすい　(12.3%)
・喉が痛い　(9.0%)
・鼻が痛い　(1.5%)
・頭痛がする　(0.7%)
・アレルギー悪化　(2.4%)
・皮膚の乾燥　(16.6%)
・目，鼻，喉の乾燥　(15.8%)
・唇の乾燥　(10.8%)
快適性の悪化を招き問題 (17.4%)
建物が損傷し問題　(2.4%)
23.9%　問題でないほか

図１　冬期の室内での乾燥感と健康への影響 (1)

乾燥感を訴えているわけではありませんでした。乾燥感には化学物質が影響するという知見もあることから、化学物質濃度も同時に測定しましたが、乾燥感との関係について明らかにすることはできませんでした。

関連して、栃原ら(2)は、男子大学生を対象に被験者実験を行い、室内温度25℃における相対湿度20%以下では、鼻腔内の繊毛が乾燥し粘膜浄化作用が低下することを示しました。さらに相対湿度が30%以下の環境では、眼球粘膜が乾燥し、まばたき回数が増加することを報告しています。

●ウイルスと相対湿度

風邪を引く原因の一つは乾燥だとよく言われ、医者に行けば、部屋を乾燥させないようにとのアドバイスを受けます。最近の研究によれば、ウイルスは33%より低い場合と100%に近い場合に活性化し、その中間の湿度では活性度が落ちることが報告(3)されています。新型コロナウイルスに関しては、低湿度を避けることが必要とされていますが、湿度の高い場合も問題であることが指摘されています。この件については、研究の蓄積が待たれるところです。

●ダンプネスと健康

湿度が高い環境下では結露やカビが発生します。湿気の多い室内の環境をダンプネスという言葉で表現することがあります。世界保健機関の定義によれば、ダンプネスとは、「カビや水漏れ、カビ臭さ、建物の劣化、微生物汚染など、測定または目視できる過度の湿気を原因とする問題が確認できるような状態」と定義しています。その結果として、アレルギー疾患などの健康への影響が現れます。全国の児童１８００人を対象とした筆者らの全国調査によれば、結露やカビ、水シミなどの発生と児童のアレルギー性症状に強い関連性が見られ、発生頻度が高いほど、症状に及ぼす影響が大きくなることがわかりました。さらに、長谷川ら[4]は、全国の住宅５０００軒を対象とした調査によって、ダンプネスと児童のアレルギー疾患との関係を分析しました。目で見える結露、カビ、水シミに関するアンケート調査の結果に基づいて算出したダンプネスの程度とアレルギー症状の有症率の関係を示すと**図2**になります。図によればダンプネスの程度が大きくなるにしたがって、鼻症状、喉症状の有症割合が大きくなることが明らかです。

　ダンプネスはダニの繁殖も促す可能性があり、温度、相対湿度が高い夏期にチリダニ数が多いことが住宅の実測で明らかになっています。

　ダンプネスを防止する効果的な方法は、断熱・気密性能の向上、適切な暖房、継続的な換気です。その結果、湿気を除去し、壁、床、天井の表面温度を低下させず維持することによって結露の発生を抑えることができます。ただし、高断熱住宅においても、結露の被害は数多く見られます。

　ところで、東日本大震災の際に浸水被害を受けた住宅を対象として室内環

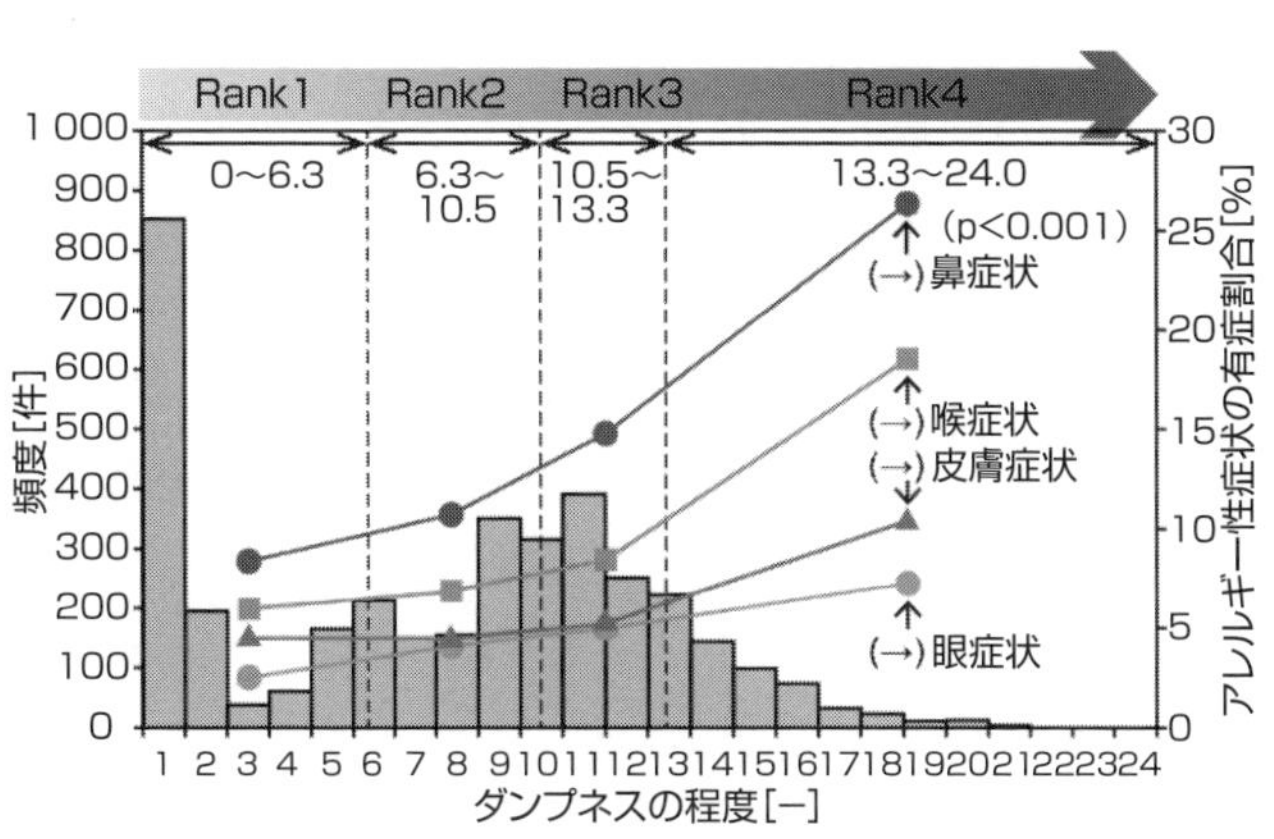

図２　ダンプネスの程度とアレルギー性症状の有症割合

境や健康調査を実施しましたが、それらの住宅では、浸水後、湿度が高い状態がしばらく続き、居住者の健康への影響もみられたことがわかりました。

近年、豪雨災害が続いており、洪水による浸水被害が各地で見られます。また、山間部では泥の被害もみられます。このような被害が生じないような対策、そして浸水が発生しても復旧が速やかに図れる方策などについて今後とも検討する必要があります。

●高湿度がもたらすその他の問題

高湿度がもたらすそのほかの問題としては以下の点があげられます。①温度と絶対湿度*がともに高いほど知覚空気質が悪くなる、すなわち、空気が良くないと感じる。②揮発性有機化合物の建材からの放散量が大きくなる。③冷房時のエネルギー消費量が増加する。クーラー運転時は冷却コイルで除湿するのでエネルギーを消費する。④木材の劣化が促進される。特に壁体内で結露した場合にはそれが顕著となる。

●まとめ

以上のように相対湿度は高くても低くても問題であり、特に高い場合には、カビ・ダニの発生に結び付き、アレルギー疾患の一つの原因となることもわかってきました。高湿度の環境を防ぐには、十分な断熱性能と気密性能の確保、適切な換気・暖房の運転が大切です。また、調湿材の利用も有効と考えられますが、適切な設置方法につい

＊絶対湿度
湿度を現す単位の一つ。1kgの乾燥空気の中に存在する水蒸気の量（g／kg）

ては検討が必要です。

（吉野　博）

《参考文献》

（１）長谷川兼一・吉野　博ほか「住宅の低湿度環境の実態と過乾燥に起因する健康影響に関するアンケート調査」『空気調和・衛生工学会大会学術講演論文集』２０１２年９月

（２）鮮于裕珍・栃原 裕ほか「低湿度が人間に与える影響に関する調査研究（その５）生理反応からみた低湿度環境の許容値に関する研究」『空気調和・衛生工学会学術講演会講演論文集』２００５年８月

（３）Kaisen Lin and Linseu C. Marr: Humidity-Dependent Decay of Viruses, but Not Bacteria, in Aerosols and Droplets Follows Disinfection Kinetics, Environmental Science & Technology, 54, 2020.

（４）長谷川兼一ほか「住宅のダンプネスのアンケートによる評価法の提案と子供のアレルギー疾患に及ぼす影響に関する全国調査」『日本建築学会環境系論文集』第81巻第７２３号、４７７-４８５頁、２０１６年５月

09 湿害リスクを軽減するための防露の方法とは

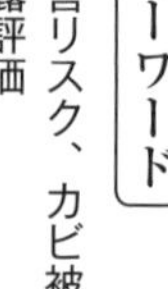

キーワード
湿害リスク、カビ被害、結露リスク、防露評価

伝統を重視する技術ほど保守的ですが、建築技術もその一つといえるでしょう。温暖地では、断熱・気密のような新しい技術の義務化は、さながら黒船襲来の感があるのかもしれません。

耐久性を重視する建築技術では、結露は大きな懸念材料です。ただ、換気不足に伴う低温部での結露はそのメカニズム自体が明快で、解決が容易ですから、大きな問題とはいえません。通常、断熱気密住宅の室内で結露問題が生じているとすると、換気の不備か室温不足、もしくはその両方であることが原因です。しかし、あまり意識に上らない壁の中や床下・小屋裏などの結露となると、原因とその対処法への理解は、たとえ寒冷地であってもあまり進んでいないように感じます。

●基礎断熱した床下の高湿化とカビ被害

基礎を断熱した床下空間は、温度や湿度がとても安定した状態になることがさまざまな報告から確認することができます。その一方で、竣工した直後は、結露や結露が原因となるカビ被害が少なからず報告されています。竣工直後のコンクリートは、結合に使われなかった水分をたくさん保有しています。その水分が徐々に空間に出てく

写真１　実験住宅外観

るため、床下空間は高湿化しやすいのです。その状態を実際に確認するため、岩手県立大学の敷地内に実験住宅を建設し（**写真1**）、そこで1年間以上の実測を行いました（1）。

行ったのは、実験住宅内の空気中のカビの量、基礎コンクリートの含水率、床組など木材の含水率のモニタリングです。床下を2つの空間に分け、各々異なる種類のコンクリートを打設しました。南側コンクリートは、水セメント比*およびスランプ*が各々44．5％、8㎝、北側は50．3％、18㎝です。水セメント比が大きいほど多くの水分を含みます。

図1は浮遊真菌の測定結果です。初年度は床下の浮遊真菌量が非常に高く室内はその影響を受けていますが、1年経過後の冬は、室内浮遊真菌量は低下しました。また、コンクリートの初期含水率は6～8％だったのが半年後には4～5％に低下しました。コンクリートの一般的な含水率は2～3％ですので、竣工当初に発湿量が多く、一冬経過後にほぼ落ち着くことがわかります。すなわち、竣工初年度は湿害リスクが高いといえます。床組木材もたとえ乾燥材を使ったとしても、コンクリートからの放湿で含水率が高まることを確認しています。この木材の存在も床下での浮遊真菌増殖の原因になります。

●小屋裏の結露リスク

小屋裏も結露発生に気づきにくい部位です。床下との大きな違いは、結露が水滴に

*水セメント比
コンクリートを配合する際の水とセメントの質量比。

*スランプ
コンクリートの軟らかさ・流動性を示す指標。

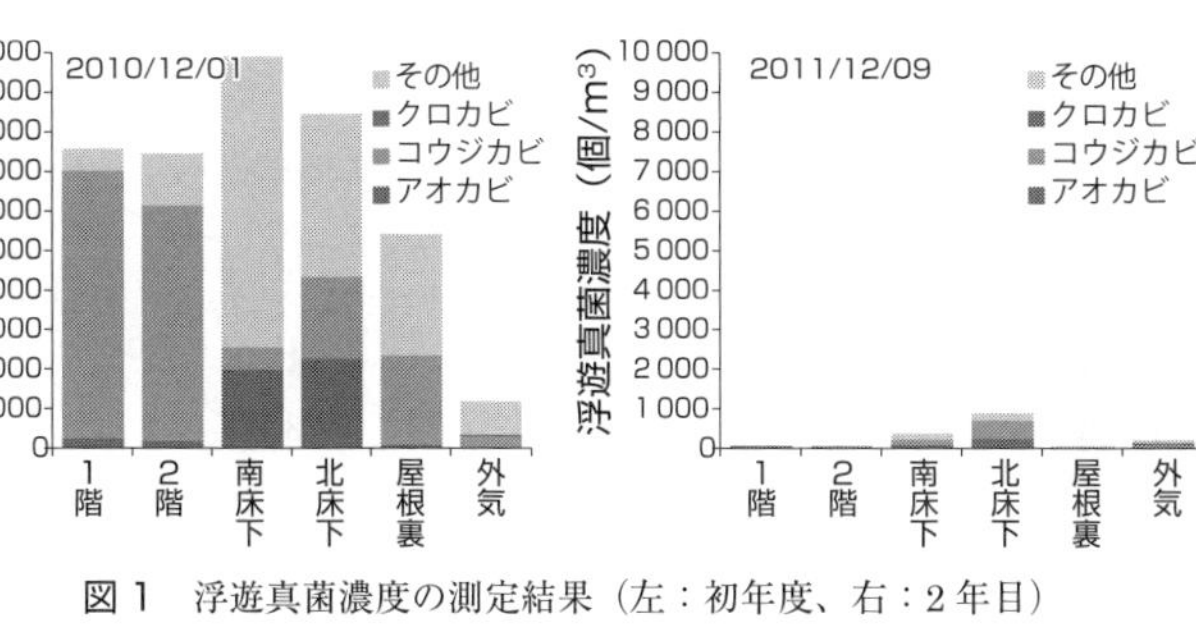

図1　浮遊真菌濃度の測定結果（左：初年度、右：2年目）

なって落下することです。天井にシミが発生するのでそれと気がつきますが、雨漏りと誤認されることが多いですし、不具合に気づかず、材料表面でカビ被害を発生させることもあります。

寒冷地に建つ応急仮設住宅は、開口部での結露や熱橋部位の結露とともに、小屋裏での結露が多数報告されています。北海道南西沖地震（１９９３年）の応急仮設住宅では、ＦＦ（強制給排気式）ストーブが導入され、特段問題はありませんでした。一方、開放型ファンヒータが多用された中越地震（２００４年）の応急仮設住宅では、屋根折板での結露と水滴落下が大きな問題になりました。その反省を受けて小屋裏に排気ファンを標準装備することになったわけですが、結露問題は解決を見ていません。応急仮設住宅は気積が小さく、空気の湿気容量が生かせないことが大きな要因ですが、それも含めて解析してみました。

計算に用いたプランを図2に示します。計算モデルは標準的な応急仮設住宅プラン（２ＤＫ、５．４ｍ四方）です。床下、ダイニングルーム（ＤＲ）、リビング（ＬＲ）、ベッドルーム（ＢＲ）、トイレ（ＷＣ）、ユニットバス（ＵＢ）、小屋裏の７室モデルとしています。また、仮設住宅の気密性能Ｃ値を６㎠/㎡と設定し、パーツ接合部に隙間があるとして割り振ってあります。水分発生量は大人２人が常時滞在すると想定して５．８６５kg/dayに設定しました。表1に示すように、小屋裏の換気対応として、排気（Case1）、給気（Case2）、自然換気（Case3）の３ケースを想定しました。結果を図3、4に示します。図３によれば、小屋裏空間に対して外気導入する方法

表１　解析ケース

	小屋裏換気
Case1	排気
Case2	給気
Case3	自然換気

共通条件：室内水分発生量は5.865kg/day、トイレ・浴室は排気、居室は隙間換気のみ

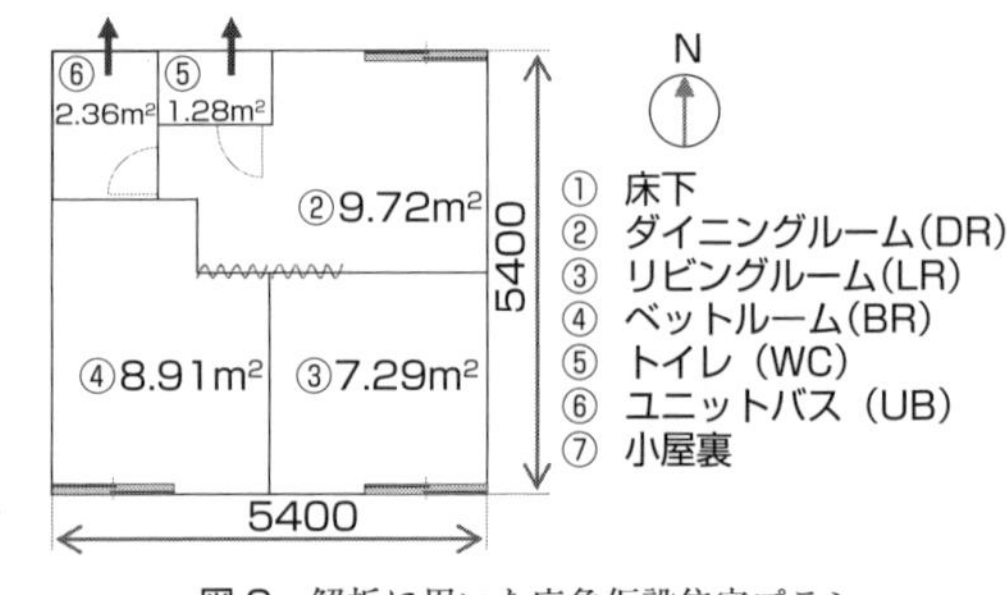

図２　解析に用いた応急仮設住宅プラン

（Case2）が最も湿度が低く（絶対湿度で平均2．45ｇ／kgＤＡ）、小屋裏から排気するCase1（4．07ｇ／kgＤＡ）が最も高くなりました。図4の風量収支をみると、小屋裏から排気することにより室内の湿り空気を誘引していることがわかり、結果として小屋裏の高湿化の原因を招きます。自然換気の場合も同様の結果であり、給気ファンを設置することが小屋裏の結露防止に効果的であると言えます。

●現実の湿流と空気流れを考慮した防露評価

湿害のリスク評価は、結露の発生箇所とその量的な見積もり（いわゆるリスク分析）が正しく行われないといけません。しかし、通常の防露評価は、壁体一般部の評価しか行うことができず、床下や小屋裏空間、天井懐などを計算対象には

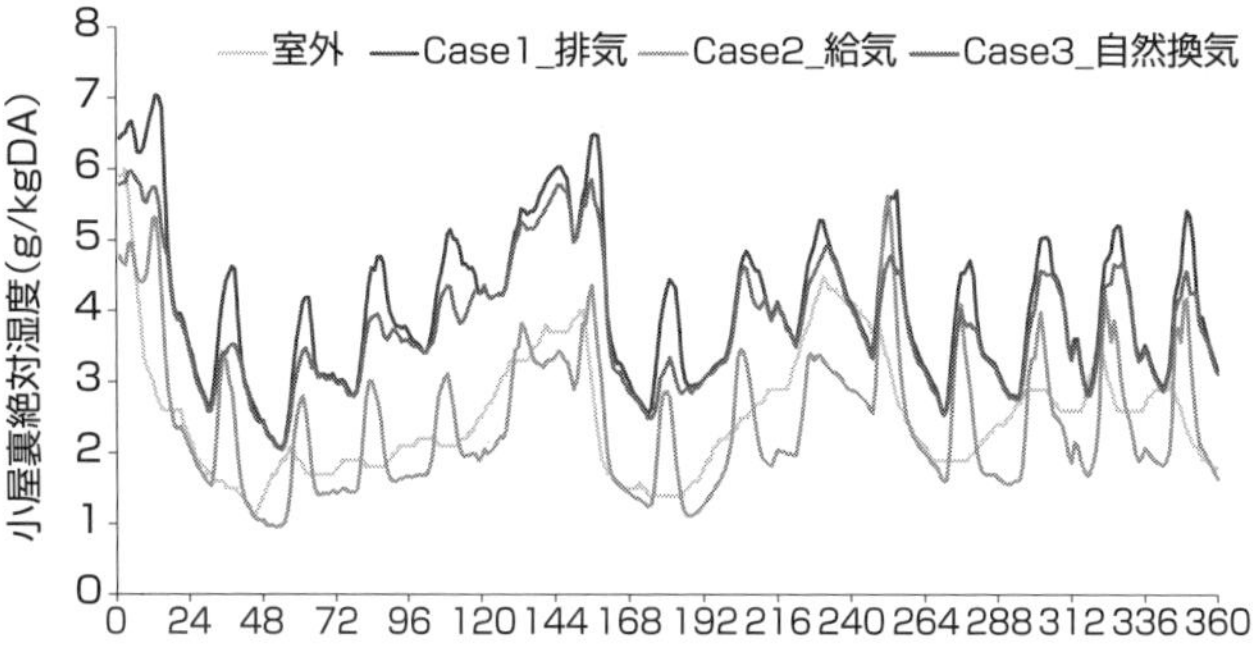

図３　小屋裏空間の絶対湿度変動（1/24-2/7）

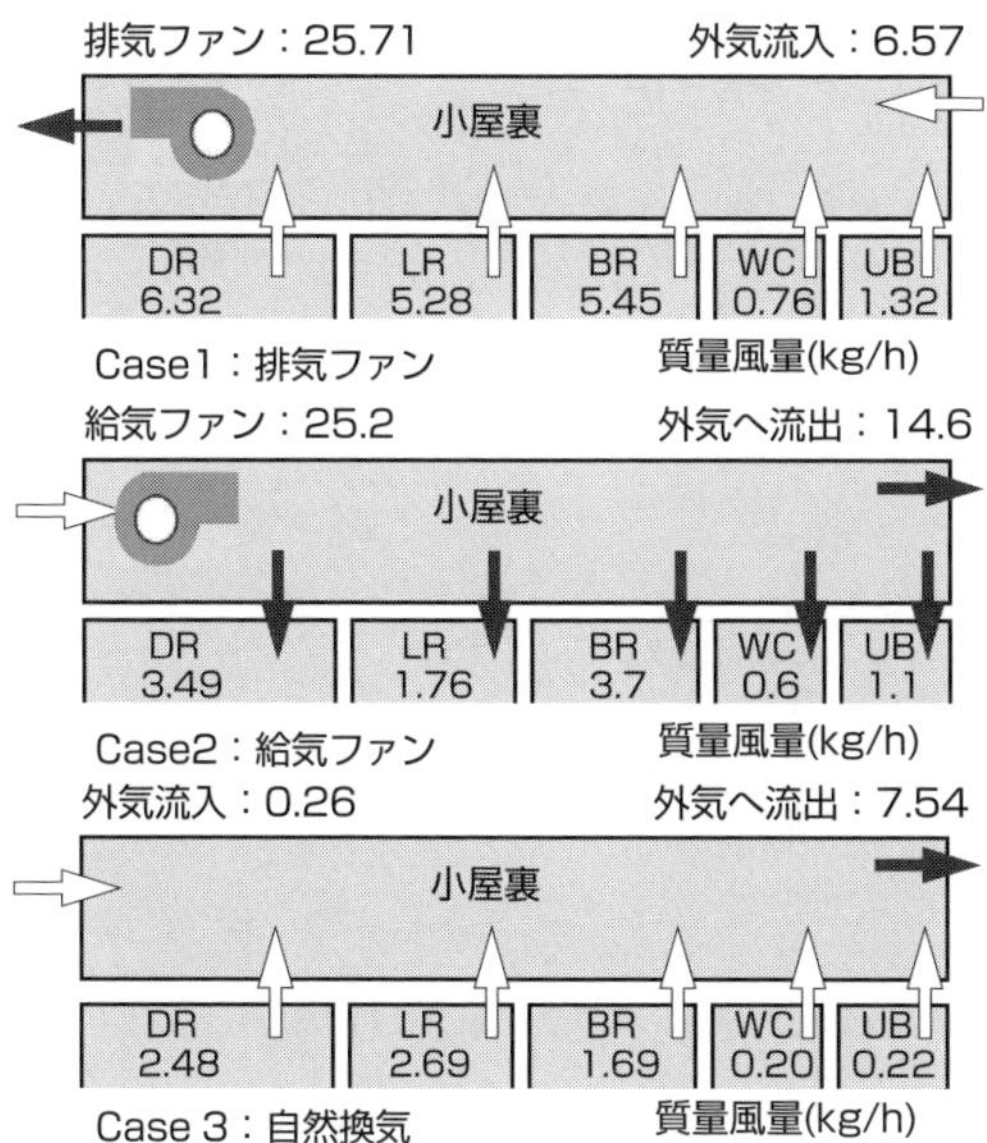

図４　小屋裏まわりの空気流れ（1/24-2/7 の平均風量）

していません。また壁体一般部といっても、1階外壁と2階外壁とでは、その湿害リスクは異なります。つまり現状は、正しいリスク評価ができる状況にはなっていないということです。これは、定常計算・非定常計算ともに水蒸気拡散のみを扱い、移流を考慮できないことに起因しています。多数室の熱湿気移動解析を実施しないと空気の流れはわかりませんが、多数室計算ができるソフトウェアは、ほぼ海外製（ＥＳＰ-ｒやＣＯＮＴＡＭなど(2)～(4)）しかありません（ただし、これらも万能というわけではありません）。

断熱気密化することは、すなわち、熱・空気・湿気について、室内・室外の区別を明確にすることになりますから、湿害リスクをわかりやすく理解するためには、それに応じた分析ツールは欠かせません。確率論的な湿害リスクを考慮した物性値の整備も含めて、残されている課題は少なくありません。

（本間義規）

《参考文献》

（1）本間義規「ＥＨＢＰ実験棟における実験計画」『岩手県立大学盛岡短期大学部研究論集』第13号、73-76頁、２０１１年３月

（2）ESP-r　http://www.esru.strath.ac.uk/Programs/ESP-r.htm

（3）CONTAM　http://www.bfrl.nist.gov/IAQanalysis/CONTAM/index.htm

（4）SJ Emmerich, AK Persily, and SJ Nabinger: Modeling Moisture in Residential Buildings with a Multizone IAQ Program, Indoor air 2002 proceedings Volume 4. Monterey, CA,

USA, pp.32-37. June 2002.
（5）本間義規・長谷川兼一・吉野 博「応急仮設住宅を対象とした熱湿気環境に関するシミュレーション」『日本建築学会大会学術講演梗概集D－2』277－278頁、2013年8月
（6）本間義規・林 基哉・長谷川兼一・大澤元毅・山田裕巳「基礎断熱した床下空間の浮遊真菌濃度に与える構成部材含水率の影響」『日本建築学会大会学術講演梗概集D－2』285－286頁、2014年9月

10 床下空間のカビ汚染と湿度のコントロール

キーワード
基礎断熱工法、床下空間、カビ汚染、熱湿気シミュレーション

●フィンランドにおける床下空間の考え方

湿害に関するフィンランドの事例研究（１９９８年）があります。それによりますと、ランダムに抽出した４５０棟の住宅のうち、55％の住宅で湿害改修をする必要があることが指摘されています。１９６０～１９７０年代、特に１９８０年代の住宅で湿害問題が顕在化し、実際に多くの建て替えが行われたといいます。ここでいう湿害は主にカビ問題です。断熱性能の高い住宅が一般的なフィンランドでは、基本的に室内でのカビ汚染は多くありません。カビの発生源となるのは、床下や小屋裏、構造躯体内です。Airaksinen, M.らは、フィンランドの中高層アパートメントや小学校、デイケアセンターを対象に床下に起因するカビの詳細な調査を行っています(1)。その調査では、第3種換気に伴う室内負圧によって床下空気が室内に流入し、健康リスクを高めていることを検証しています。実際に、床下空間と室内の浮遊真菌量を真菌種別にカウントし、床下空間でしか検出されていないカビ種が居住域で観察されたことが確認されています。これはすなわち、床下空気が居住空間に流入したことを意味します。

さらに、フィンランド、スウェーデン、ノルウェーは世界的にもラドン濃度の高い地域としても知られています。室内のラドン濃度を適正なレベルに維持するために、床下空間から排気管を屋根上まで伸長し、そのまま排気することなどが国のガイドラインで定められています（**図1**）[2]。

フィンランドをはじめとする北欧の国々の床下仕様は、寒冷地という意味で北海道・東北の手本となってきました。しかし、湿害・カビ汚染防止もしくはラドン対応の側面では、床下空間の扱いが日本と大きく異なっています。

筆者は、ここ20数年の間に2～3回ほど、基礎断熱をした床下空間利用に関する研究発表を国際会議で行っていますが、北欧研究者の反応はイマイチでした（発表が下手ということももちろんあるかと思います）。そのときはあまり深く考えていませんでしたが、彼らからすると、そもそも床下利用など〝ナンセンスなテーマ〟ということだったのかもしれません。

●日本における基礎断熱床下空間の状況

基礎断熱工法は気密化工事を簡略化することができ、かつ設備配管などの施工やメンテナンスが容易なことから、1999（平成11）年に公布された省エネルギー基準以降、全国的に広く採用されています。また、パッシブ換気システムや床下暖房、床下エアコンなど、基礎断熱した床下空間を積極的に活用することにより、断熱住宅の設計自由度を高めています。ただ、それでも非居住空間であることには変わりなく、

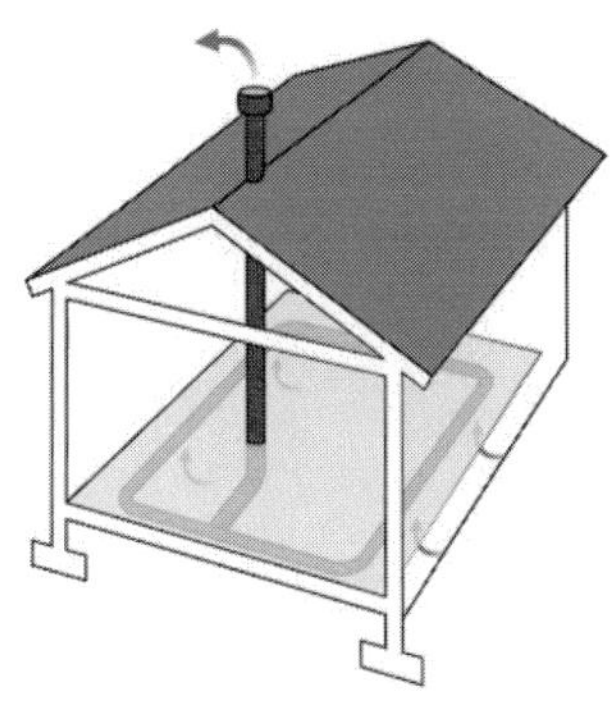

図1　フィンランド・ラドン対策ガイドラインに掲載されているラドンパイピング[3]

思わぬカビ被害などが発生しないような建築的工夫もしくは設備対応を考えておく必要があります。

もともと、竣工初年度は基礎コンクリートからの水分発生により高湿化することは想定済みですので、初期的な対応については、寒冷地であれ温暖地であれ、必要であることに変わりありません。従来は、基礎―土台間の隙間の存在により適度な自然換気が行われ、初期の高湿度問題の回避が行われていました。しかし、そうした隙間も、気密性を高めるためにウレタンやコーキングなどでシールされることが増えるに伴い、床下の乾燥に時間がかかる状況にあります。そのためか、竣工初年度の高湿化被害（カビ発生）や未入居物件でのカビ被害などが多くなる傾向にあり、本来想定済みの対策が後手に回っている感が否めません。

日本の場合、フィンランドと異なり、積極的な床下利用がむしろ床下のカビ増殖リスクを下げると目論んでいますが、いま改めて床下の湿度コントロールとカビ汚染の防止策を考える時期にきているといえます。この問題に関しては、北海道科学大学（当時）の福島明教授、高知工科大学の田島昌樹准教授、株式会社マツナガの松永潤一郎氏とともに、文部科学省科学研究費補助金による研究（２０１６〜２０１８年度）として基礎断熱床下の高湿化防止の研究を行っていますが、今回はその検討内容の一部を紹介することにします。

●パッシブ換気システム住宅における夏期床下の熱湿気シミュレーション

図2にシミュレーションに供した住宅モデル平面図を示します。岩手県で実際に建設されたパッシブ換気住宅をベースにモデル化しています。断熱気密性能は、当該住宅の性能に準拠しています。隙間配分、室内熱・水分発生なども含め、表1にまとめてあります。

数値解析は、筆者が開発した移流・換気系と連成した多数室熱負荷・室温湿度変動シミュレーションプログラムを用いています。気象データには、札幌、仙台、東京、高知の4地点のデータを用いて、地域の気候差を評価しています。そして冬期床下温湿度環境形成の夏期への影響を把握するため、①通常のパッシブ換気システム、②床下暖房併用パッシブ換気システム（床下温度設定20℃）、および③床下を利用しない第3種換気システムの3パターンについ

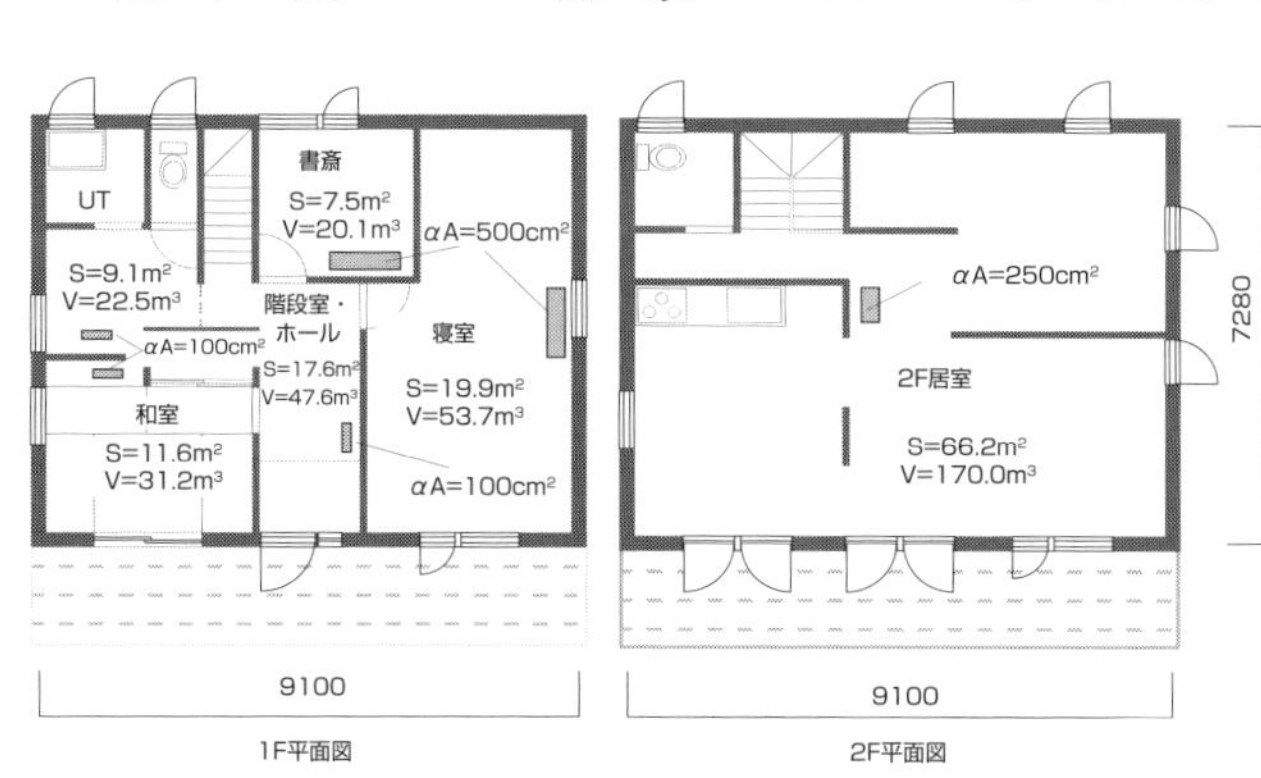

図中のαAについて。αAは相当隙間面積、または有効開口面積といい、実際の開口面積Aに流量係数αを乗じたものをいいます。流量係数αは空気流れを阻害する程度を示しており、0～1の間の値をとります。

図2　シミュレーションモデルと床面換気口詳細

表1　シミュレーションモデル詳細

計算条件の詳細
断熱仕様：基礎断熱 XPS 3b 100mm 外壁 XPS 25mm+HGW16k 100mm、屋根 HGW16k 300mm UA値0.449W/(m²·K)、Q値1.6 W/(m²·K) 部屋数：床下、寝室、書斎、和室、UT、階段室・ホール、2F居室の7室、換気：7室91開口モデル、 隙間の割り振り条件：T邸の隙間量を測定した結果（給気および排気・全体）から躯体のみの隙間量を算出。（全体のαA＝40cm²）開口部40％、床30％、屋根30％で割り振る。 給気口径・高さ：150φ×2・G.L.+250mm 排気口径・高さ：150φ×2・G.L.+9400mm 室内発生熱：14.8kWh/day、水分発生量：10.5kg/day 気象データ：拡張アメダス気象データ（標準年）札幌、仙台、東京、高知

て検討しています。

●床下が高湿化する要因

図3に仙台の床下相対湿度の年間変動を示します。床下暖房を行うケースは冬期に床下相対湿度が低くなります。この傾向は寒冷地ほど顕著で、東京、高知になると床下暖房をしてもしなくても、床下の相対湿度は大きく変わりません。

第3種換気モデルは床下空間で暖房していないため、冬期相対湿度は高くなりますが（相対湿度40～50％台）、湿害が懸念されるようなレベルにはなっていません。夏期はどのパターンも床下相対湿度が高く、特に床下に外気が導入されるパッシブ換気モデルが高くなる傾向にあります。これは夏期の高湿外気が床下に浸入することが原因です。この件に関して、筆者らは外気が乾燥する冬期に床下暖房することにより床下構成材料が乾燥し、その湿気容量が夏期の高湿化防止に寄与できるのではないかと考えていましたが、今回のシミュレーション結果を見る限り、湿気が冬にまで残ってしまうという状況ではありませんでした。

図4に夏期4か月間（6／1～9／30）の各換気モード・相対湿度70％以上の頻度を示します。地域ごとに差がありますが、3種換気は80～85％の頻度が多く、全体で90％以内にほぼ収まっています。一方、パッシブ換気モデルは90～95％の頻度が多くなり、全体として高湿化しやすいことが見て取れます（特に仙台がその傾向にあります）。このモデルは、床面開口が1階に集中しているため、湿度

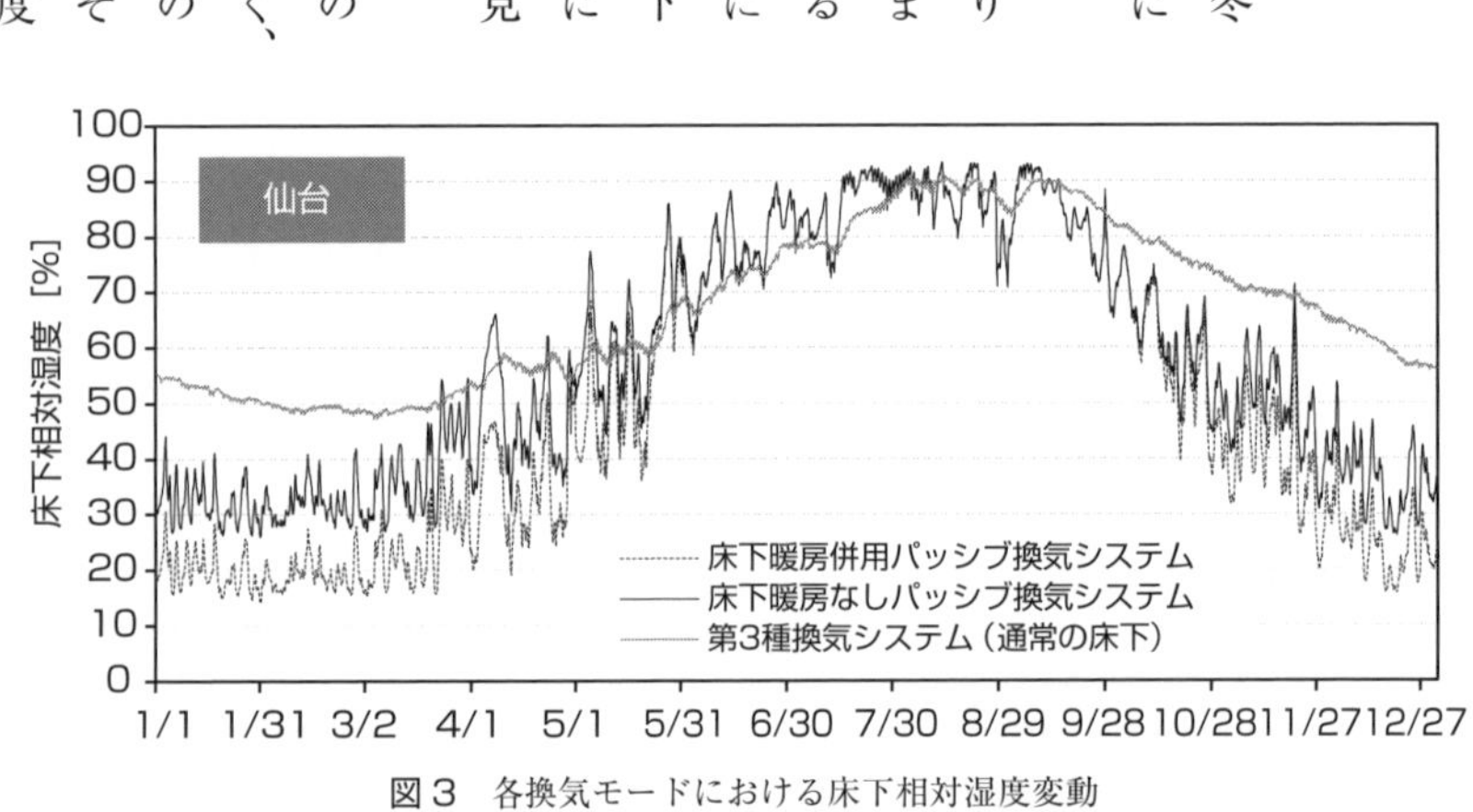

図3　各換気モードにおける床下相対湿度変動

発生の多い2階居間から床下へのリターン流れが生じています。湿度発生量も10.5kg／dayとかなり大きいため、床下は高湿化する傾向にあります。一般的な基礎断熱住宅は3種換気の結果で代表されますが、夏期に70%を超える比率はパッシブ換気モデルと大きく違いません。

●床下高湿化の改善に向けて

日本は、もともとカビと共存している風土にあるため、全般的にダンプネス（環境問題につながるような湿度が高い状態）に対して寛容な文化であると思います。実際、人体にとって無害な菌や感染力の弱い菌も少なくありません。しかし、その一方で免疫力低下に伴う日和見感染（免疫力が低下した人が、通常では問題とならないような病原体に感染することにより発症する感染症）を引き起こしたり、特定の微生物が皮膚疾患の原因や喘息の原因となったりする場合もあります。微生物汚染は、設計・施工を誤るとその症状が毎年現

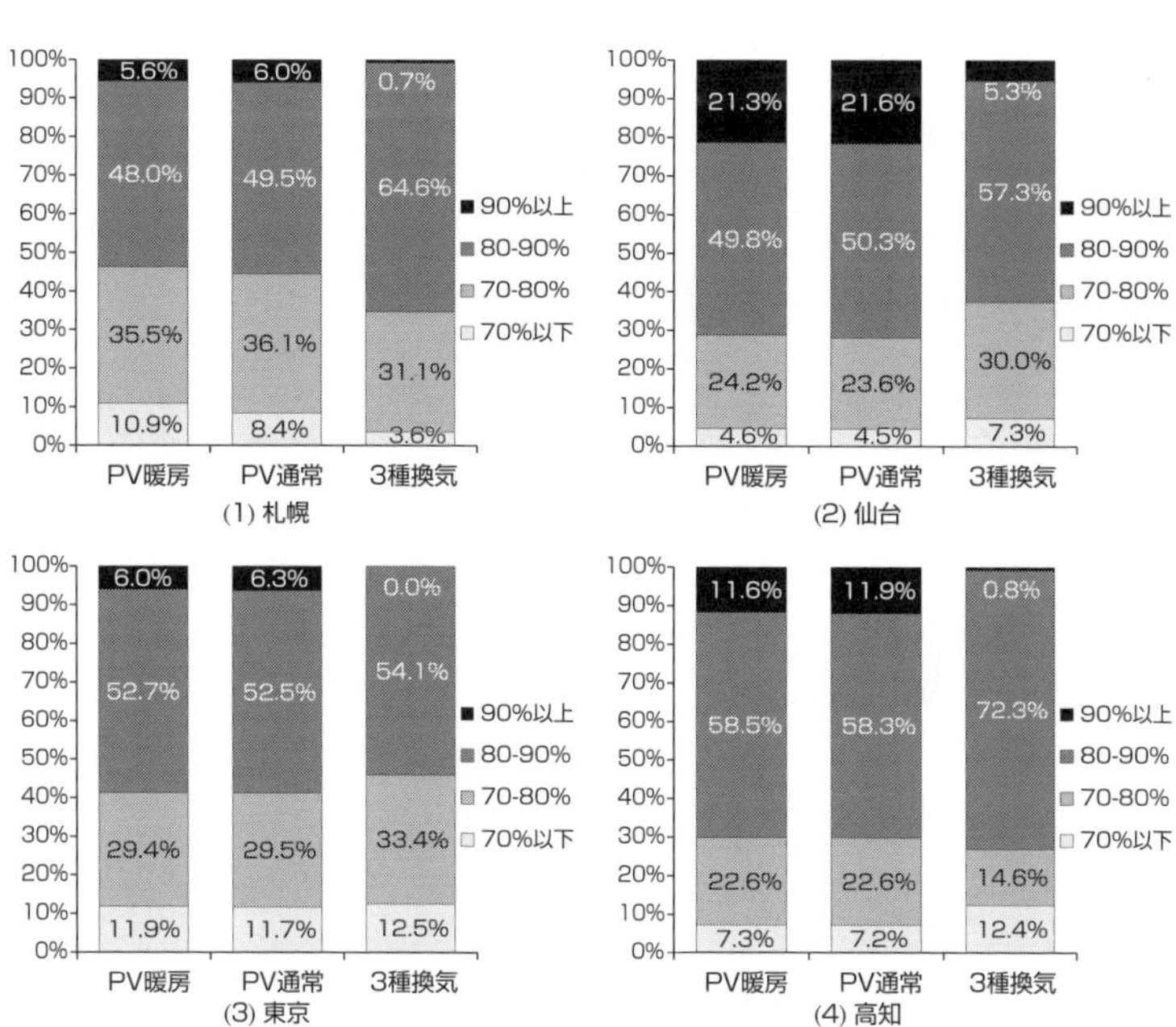

図4　地域ごとの各換気モードに対する相対湿度（70%以上）の出現頻度分布

れ、基本的に改善することはありません。汚染物質が増殖するという点において、ある意味、化学物質よりも質が悪いとも言えます。夏期の床下加温などの対策案について検討していますので、別の機会にその結果をご報告したいと思います。

（本間義規）

《参考文献》

（1）Airaksinen, M., Pasanen, P., Kurnitski, J., Seppänen, O.: Microbial contamination of indoor air due to leakages from crawl space: a field study, Indoor Air 2004, vol.14, No.1, pp.55-64, 2004.2.

（2）H. Arvela, et. al.: Radon Prevention in New Construction in Finland, A Nationwide Sample Survey, Radiation Protection Dosimetry, Vol.148, No.4, pp.365-474, 2012.

（3）本間義規・福島 明・田島昌樹・松永潤一郎「パッシブ換気システムを利用する基礎断熱床下空間の空気移動性状とその湿度環境」『日本建築学会大会（中国）学術論文梗概集Ｄ-２』２０９-２１０頁、２０１７年８月

11 安定した温湿度管理を目指して

キーワード
シリカゲル、潜熱蓄熱パネル、床下・壁体内空気循環工法、全館空調住宅、実測調査

住宅の断熱・気密性能の向上は、室内温熱環境のみならず、居住者のさまざまな疾病の改善につながることが指摘されています。また、室内湿度は高すぎても、低すぎても問題が生じ、ダンプネス（高湿度な状態）や冬期の過乾燥による健康影響について調査が行われています。そのため、省エネで、かつ快適、健康な住環境を実現するには、高い外皮性能（室内空間を包む壁・床・天井などの断熱気密性能）によって良好な室内温熱環境を実現し、さらに室内湿度を適切な範囲に維持することが重要となります。しかしながら、特に高断熱・高気密住宅では、室温が高くなる分、相対湿度は低くなりやすく、さらに24時間機械換気の運転により、室内で発生した湿気が排出されやすいため、冬期は乾燥気味になり、家庭用加湿器の使用だけでは改善が難しい現状があります。

そこで、本稿では、高い外皮性能を保有し、全熱交換型の換気システムのほか、床下に敷設したシリカゲル、潜熱蓄熱パネルにより、安定した室内温湿度を実現する床下・壁体内空気循環工法による全館空調住宅を取り上げ、その性能評価を目的とした実測結果の一部について紹介します。

●調査の概要

調査対象住宅は、群馬県前橋市内に2016年10月に竣工した戸建て住宅です（**写真1**）。延床面積は158.68㎡、UA値（外皮平均熱貫流率）は0.29W／㎡・K、気密性能のC値は約0.2㎠／㎡でHEAT20（一般社団法人20年先を見据えた日本の高断熱住宅研究会）が提唱する断熱レベルであるG2グレード（6地域）を上回る性能を保有しています。外壁と屋根の断熱は、硬質ウレタンフォーム板と吹付け硬質ウレタンフォームが施され、窓には樹脂サッシとトリプルガラス（アルゴンガス入りLow-E）が使用されています。床下には、潜熱蓄熱パネル（幅250×長さ600×厚さ25㎜、約100枚）のほか、調湿のためのシリカゲル（約300kg）が全面に敷かれています（**写真2**）。空調・換気システムは、基本的に小屋裏の壁掛けエアコン（4.0kW）一台で家全体の冷暖房を行いますが、補助としてリビングと寝室に個別エアコンがそれぞれ設置されています（**図1**）。冬期は、小屋裏のエアコンからの暖気はサイクルファンにより立てダクトを通じて床下に送風され、床下から壁体内の空気循環層、室内を経由して小屋裏に還ります。夏期は、小屋裏のエアコンからの冷気の一部を利用して小屋裏全体を冷却し、残りの冷気は冬期と同様に床下へと送風され、小屋裏から室内へ降下する冷気と壁体内の空気循環層の冷気により冷却します。いずれも小屋裏から床下へ空気を送風することにより、床下に敷設された潜熱蓄熱パネルとシリカゲルによって調温・調湿されるのが特徴です。また、24時間換気

写真２　床下のシリカゲルと潜熱

写真１　調査対象住宅の外観

装置として全熱交換器と全熱交換型換気扇を組み合わせたシステムが設置されています。

当住宅において、２０１８年から約2年間にわたり室内温湿度のほか、床下シリカゲルの吸放湿量などの計測を行っています。床下シリカゲルの吸放湿量は、床下に電子天秤を設置し、上皿に乗せられる一定量のシリカゲル（サンプル）の重量変化を測定することにより把握します。本稿では、２０１８年12月から2年間にわたる測定結果の一部について示します。

●調査の結果

図2に温度変動を示します。外気はマイナス０．３～38℃の範囲で変動しているのに対して、室内は21～28℃の範囲に収まっており、居室であるリビングでは年間を通じてほぼ一定の温度に維持されていることがわかります。これは、高い断熱・気密性能と全館空調の効果によるものと考えられます。

図3に相対湿度変動と床下シリカゲルの重量変化を示します。室内は年間では35～70％の範囲で変動し、リビングは日単位での変動幅が床下や小屋裏より大きいのは、生活による発湿の影響であると思われます。

図１　空調・換気システムの概要

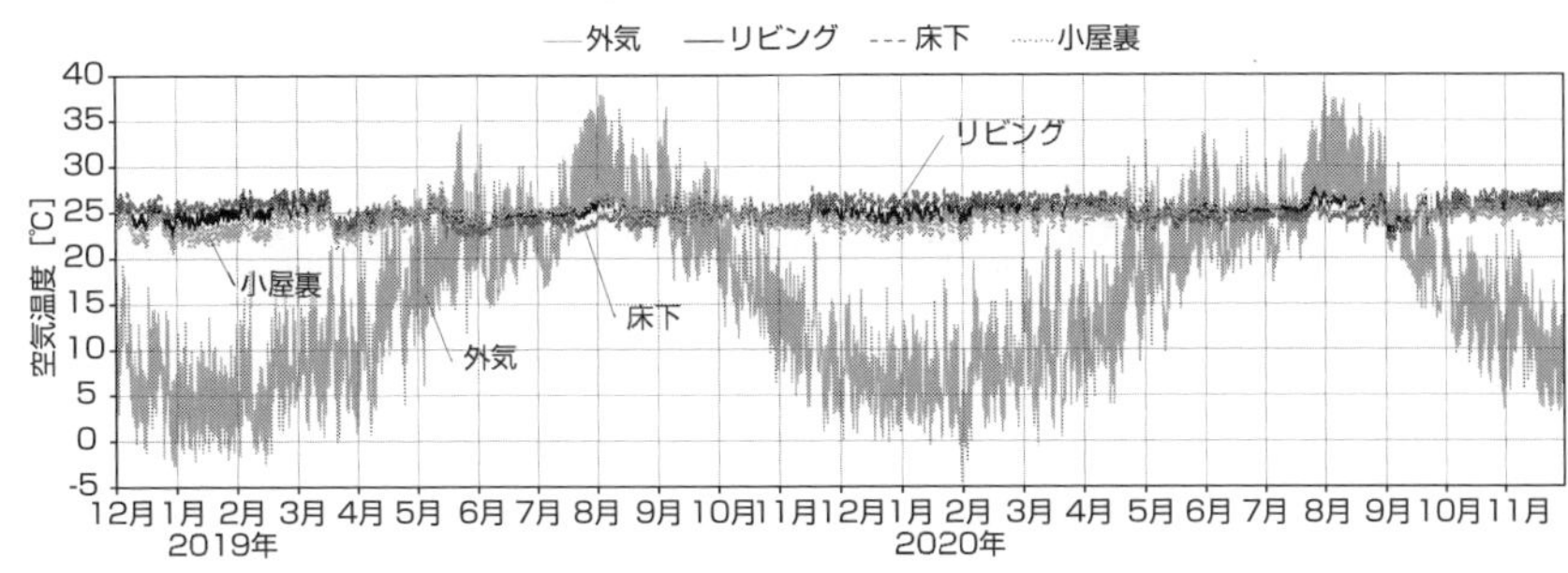

図２　温度変動

12～3月の冬期では、リビングの室温は25℃程度と高く保たれるなか、加湿器は使用されていませんが、相対湿度は40～50％程度で維持されています。これは建物外皮の気密性能の高さと全熱交換型換気の効果のほか、床下シリカゲルの調湿によるものだと考えられます。7～8月の夏期では、5～6月や9～10月の中間期よりも相対湿度は低く抑えられていますが、これは上記の効果に加えて、エアコンの冷房による除湿の影響であると考えられます。シリカゲルの重量変化は、概ね相対湿度の変動に連動していることがわかります。年間を通じた重量変化の様子は、秋期から冬期にかけて減少した後、3月中旬ごろから増加に転じ、この間、シリカゲルが放湿することで相対湿度を一定に維持することに寄与していると考えられます。一方、春期から梅雨期にかけては、相対湿度の上昇に伴い急激に増加し、シリカゲルが吸湿することで湿度上昇を抑制していることが考えられ、その後、夏期ではエアコンの冷房運転による相対湿度の低下に伴い、シリカゲルの重量も減少し、放湿していることがわかります。冷房の終了後は、10～11月にかけて増加し、冬期にかけて減少するサイクルを繰り返していることがわかります。

図4に床下シリカゲルによる日積算吸放湿量の推定値を示します。ここで示す推定値は、シリカゲル（サンプル）の重量変化から吸放湿量の日積算値を算出し、電子天秤の上皿面積と床下面積の比率より床下全体での吸放湿量を推定した値です。1日サイクルで吸湿と放湿が行われており、季節によって吸湿量と放湿量の大きさが異なることがわかります。中間期から夏期にかけては吸湿量が多く、エアコンの冷房運転時

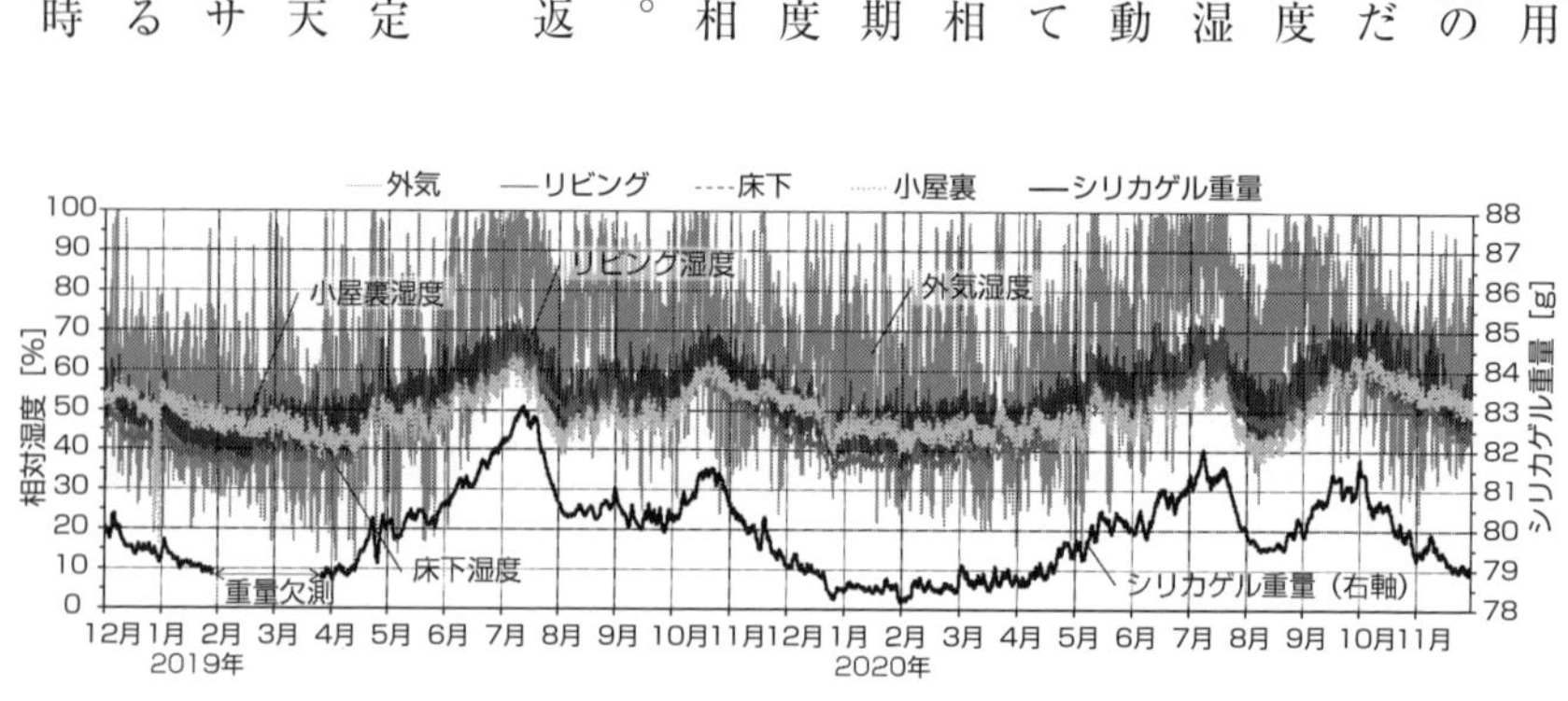

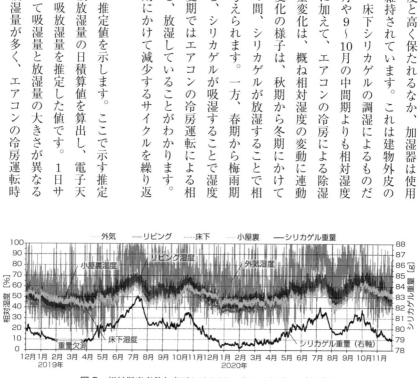

図3　相対湿度変動と床下シリカゲル（サンプル）の重量変化

と秋期から冬期にかけては放湿量が多くなる様子がわかります。

●まとめ

本稿では、床下にシリカゲルと潜熱蓄熱パネルを敷設した全館空調住宅における実測調査の結果について報告しました。これまでの調査結果からは、室内は年間を通じて良好な温熱環境を実現し、湿度環境についても冬期は加湿器を使用しなくても相対湿度40％以上を維持し、適正範囲とされる40～60％の範囲に概ね収まっていることがわかりました。これは建物外皮の気密性能の高さと全熱交換型換気の効果のほか、床下シリカゲルの調湿によるものだと考えられますが、それぞれの寄与率については、今後、数値シミュレーションも行いながら検証していきたいと思います。住宅室内の湿度管理は難しく、さまざまな試みが報告されていますが、本稿で紹介した住宅が、湿度管理の可能な住宅・設備システムの一事例となれば幸いです。

（三田村輝章）

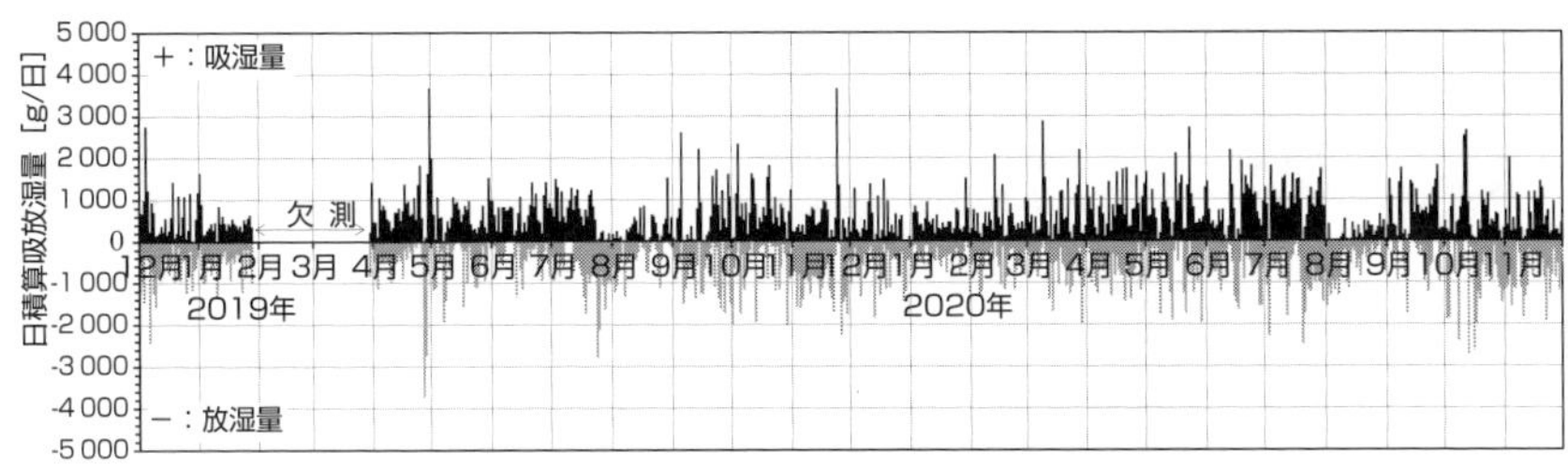

図４　床下シリカゲルによる日積算吸放湿量の推定値

12 高齢者の終の住処「ちいさいおうち」

キーワード
高性能化、省エネルギー

ここで紹介する住宅は、80歳代の母親をいわゆるスープの冷めない距離に住まわせたいと思う娘（長女）さんと、高齢化とともに離れて暮らすことに不安を覚えた母親の思いが一つになり実現したものです。また、娘さんは高齢の母親に快適で安心な環境での生活を享受し満足した人生の最期を送ってもらうために、バリアフリーだけでなく温熱環境まで考えた高性能な高断熱高気密住宅を選択しました。そこで筆者らは長期優良住宅の認定を取得し地域型住宅ブランド化事業の補助金も利用できるようにその住宅の高性能化、高品質化に取り組みました。住宅の外観を**図1**に示します。この住宅は高齢者が一人で住まうことを前提に計画されたものですが、東日本大震災で被災した高齢者が仮設住宅を出た後に住まう復興住宅の一例としても利用できますので、参考にしてもらえばありがたいと思います。

さて、この家を「ちいさいおうち」と名づけたのは、ただ単に家が小さい（小屋裏13.38㎡を含んだ延べ床面積が106.97㎡で、日本の現状から言えば必ずしも面積が小さいわけではない）からと言うことだけではなく、1954年4月に岩波書店から出版されたバージニア・リー・バートン著の『ちいさいおうち』という絵本（**写真1**）の家のように、改修しながら何代にもわたって住み続けられるよう願いを込めた

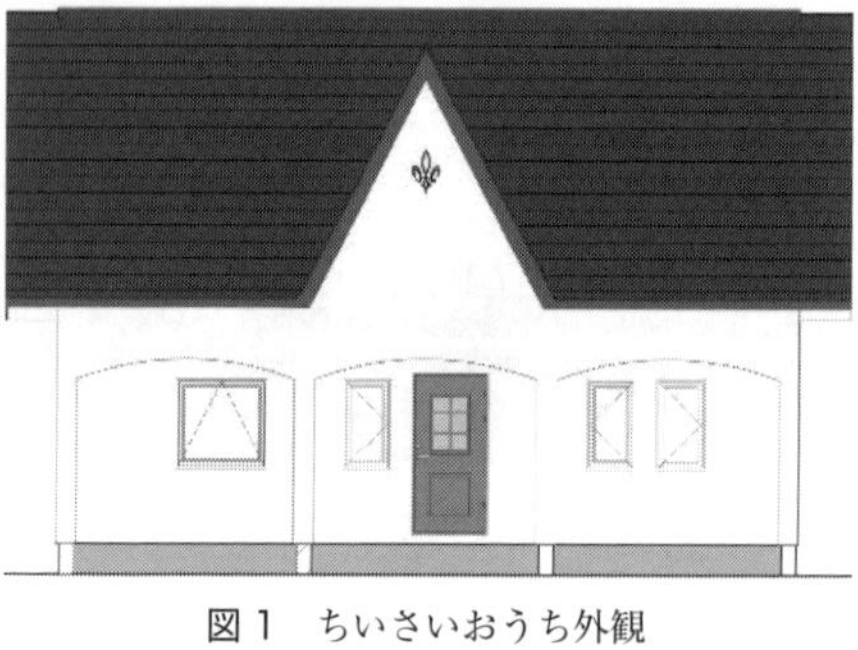

図1　ちいさいおうち外観

意味もあります。

●間取りと住まい方について

この家は、基本的に1階が1LDKで母親が一人で住み、近距離ですべて完結できるように考えて計画しました。図2に1階のプランを示します。玄関には家族用玄関を別に設け、常に来客用玄関に履物が出ていないようにしたい、と言う母親の希望を考慮しました。また、寝室からリビングダイニングへは玄関ホールを通らずに行けるように裏動線を確保しました。この裏動線を利用すれば具合が悪く寝込んでいるときに看病やお見舞いに来た家族や親戚の前にパジャマ姿で出ることもなくトイレや洗面、浴室へも移動できます。また、娘（次女）さんが看病に来たときや遠くのお孫さんが遊びに来たときに泊まれるように、図3に示すように2階にロフト風のフリースペースと納戸、そしてトイレを設けてあります。将来のことですが、孫にこの家を譲ったときに2階を壁で仕切って子ども室とし、4人家族でも生活できるようにと考えました。

●高性能化と省エネルギー

筆者の設計する住宅の断熱気密性能は、基本的

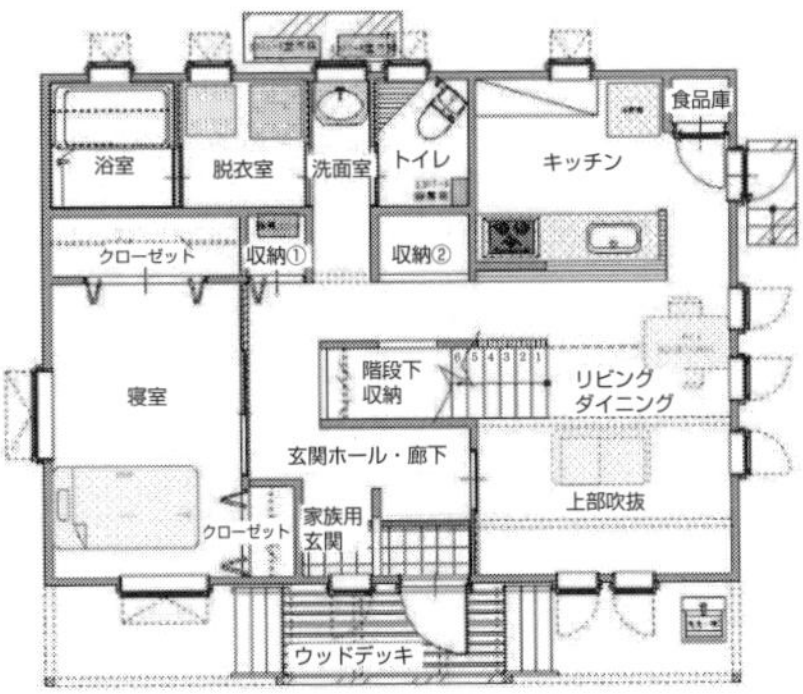

図2　ちいさいおうち1階間取

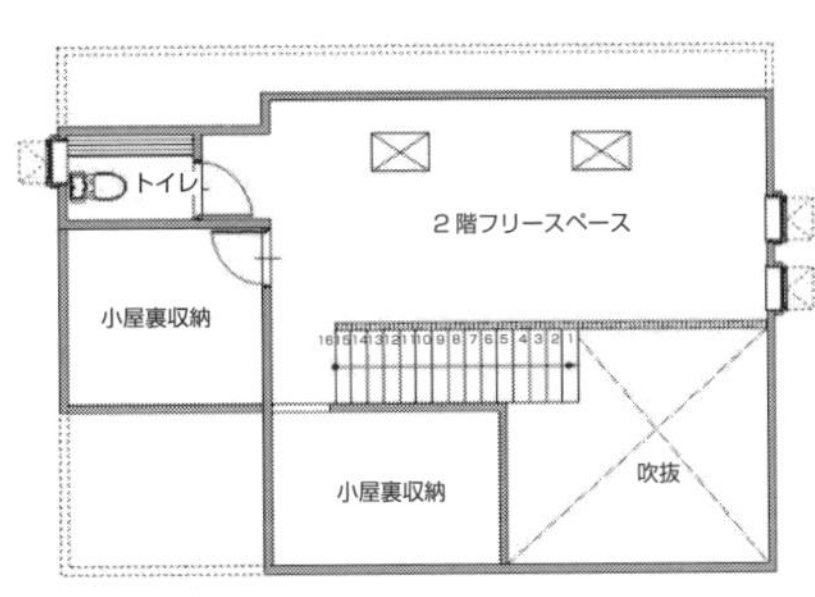

図3　ちいさいおうち2階間取

写真1　バージニア・リー・バートン著『ちいさいおうち』

に断熱性能を熱損失係数（Q値）で次世代省エネルギー基準のI地域以下（1.6W／㎡・K）とし、気密性能を隙間相当面積（C値）0.5㎠／㎡以下にすることとしております。そして、断熱仕様は基礎に押出法ポリスチレンフォーム3種50㎜、壁に硬質ウレタンフォーム50㎜、屋根に細繊維グラスウール16Kg品210㎜とし、サッシは樹脂製アルゴンガス入りLow-Eペアガラス、換気は第一種熱交換換気システムとしています。この仕様の熱損失Q値をQPEX（NPO法人新住協が開発したプログラム）で計算すると1.54W／㎡・Kとなり、筆者が基本と考える基準をクリアします（表1）。しかし施主からQ値を1.0W／㎡・K以下で暖房エネルギー消費量を次世代省エネルギー基準の三分の一にしたいとの希望が出されました。それは年金で生活する母親の冷暖房光熱費の負担をできるだけ少なくすることと、これからの日本のエネルギー事情への不安感からの希望でした。

そこで、どこまで断熱材を厚くするのか、サッシの性能はどのレベルのものを選ぶのか、換気システムは何を使うのか、という性能を上げるための検討を行った結果、基礎に押出法ポリスチレンフォーム3種100㎜、壁に細繊維グラスウール16Kg品105㎜を充填し硬質ウレタンフォーム50㎜を2層外貼り、屋根に細繊維グラスウール16Kg品210㎜に硬質ウレタンフォーム50㎜を2層内貼り、サッシは樹脂製アルゴンガス入りLow-Eトリプルガラス、換気は第1種熱交換換気システム（熱交換率85.5％）としました

表1　NPO法人新住協QPEX高断熱住宅断熱性能および省エネ性能計算書（ちいさいおうちFORA A）

1. アメダス地点 No.224　盛岡　　次世代省エネルギー基準II地域

2. 熱損失係数 および 夏期日射取得係数

	住宅全体	1㎡当たり
熱損失係数　Q値［W/㎡K］	169.60	1.541
夏期日射取得係数　μ値［-］	4.60	0.042

3. 年間暖房エネルギー消費量

	住宅全体	1㎡当たり
年間暖房負荷［kWh］	8302	75.4
年間暖房用灯油消費量［ﾘｯﾄﾙ］（効率85％の場合）	949	8.6
年間暖房用電気消費量［I］	2129	19.3
CO_2 発生量［kg］　※2009年データ（東北電力）	996	9.1

（**表2**）。

その結果、Q値は0.76W／m^2・Kとなります。この仕様で外皮平均熱貫流率（UA値）を計算すると0.2W／m^2・Kとなります。当地区のUAの基準値は0.56W／m^2・Kなので約3分の1となっています（**表3**）。

次に暖房エネルギー消費量で比較してみると、Q値が当初の1.54W／m^2・Kの場合、年間暖房負荷が8302kWhとなります。今回の住宅はオール電化住宅なので、これをもとに年間暖房用電気消費量を計算してみると2129kWh（CO_2発生量は996kg）となります。また、Q値が新

表2　NPO法人新住協QPEX高断熱住宅断熱性能および省エネ性能計算書（ちいさいおうちFORA NEXT）

1. アメダス地点No.224　盛岡　　　次世代省エネルギー基準Ⅱ地域

2. 熱損失係数 および 夏期日射取得係数

	住宅全体	1㎡当たり
熱損失係数　Q値［W/㎡K］	84.55	0.768
夏期日射取得係数　μ値［-］	2.58	0.023

3. 年間暖房エネルギー消費量

	住宅全体	1㎡当たり
年間暖房負荷［kWh］	2891	26.3
年間暖房用灯油消費量［リットル］（効率85％の場合）	331	3.0
年間暖房用電気消費量［I］	742	6.7
CO_2発生量［kg］　※2009年データ（東北電力）	347	3.2

表3　住宅の外皮平均熱貫流および外皮平均日射熱取得量（冷房期・暖房期）計算書（木造戸建て住宅）

1）基本情報の入力

住宅の名称	ちいさいおうちFORA NEXT		
住宅の所在地	岩手県盛岡市緑が丘3丁目地内	（地域区分）	3（Ⅱ）
住宅の規模	地上　2　階　　地下　0　階		

2）計算結果

外皮平均熱貫流率	0.2W/（㎡・K）	単位温度差当たりの外皮熱損失量（q）	52.9W/K
冷房期の外皮平均日射熱取得率	1	単位日射強度当たりの冷房期の日射熱取得量（mc）	2.53W/k
外皮等面積の合計	274.59㎡	単位日射強度当たりの暖房期の日射熱取得量（mH）	2.32W/k

3）省エネルギー基準外皮性能適合可否結果

	計算結果	基準値	判定
外皮平均熱貫流率	0.2W/（㎡・K）	0.56W/（㎡・K）	適合
冷房期の外皮平均日射熱取得率	1		

たな提案である0.76W／㎡・Kの場合だと年間暖房負荷が２８９２kWhで年間暖房用電気消費量は７４２kWh（CO_2発生量は３４７kg）となります。暖房用エネルギー消費は目標であった次世代省エネルギー基準Ⅰ地区のおおよそ3分の1となり施主の希望に沿う仕様が決まりました。この仕様で設計された「ちいさいおうち」は２０２１年8月に完成しました。

●おわりに

最近の寒冷地住宅では壁に３００㎜を超えるグラスウールを施工するなどの超高断熱が多くなってきています。壁体内に１００㎜のグラスウールを充填し、そのうえで木材で造った付加下地に２００㎜のグラスウールを外貼りしています。「ちいさいおうち」でもこの断熱方法を検討してみましたが、２００㎜のグラスウールを外貼りするのであれば１００㎜の硬質ウレタンフォームで同等の断熱性能が確保でき、外に持ち出す分が少なくなります。また外に２００㎜持ち出すと窓台が約２５０～３００㎜となり枠材の費用が増加するだけでなく、窓の取付け位置によって水切りの出が大きくなるなどの問題を考慮して「ちいさいおうち」では硬質ウレタンフォームを採用しました。押出法ポリスチレンフォームや硬質ウレタンフォームでは火災時の延焼懸念や白蟻などの被害報告もあり、まだまだ改善の余地があると思います。これからも費用と懸念事項にも配慮した家造りを追及していきたいと思います

（安藤敏樹）

![e]

13 夏の遮熱効果が期待される通気下地材の開発

キーワード
バウビオロギー、日射遮蔽、温熱環境

●はじめに

温暖化現象が世界的に深刻な問題として取り上げられる現在、日本一暑いというニュースがしばしば伝えられる埼玉、群馬など北関東エリアの建物、とりわけ住宅内の温熱環境やエネルギー消費はこの地域の住まい手にとって改善する余地のあるところです。空調設備の優劣ではなく、バウビオロギー*が標榜する「第三の皮膚」としての建物の、外皮性能の向上が問われるべきでしょう。そのためには新築時や改修時にエネルギー面や環境面での負荷の少ない素材で、温熱環境など室内環境の改善やエネルギー消費の低減に向けた新しい建材をつくり、この地域の活性化に寄与できないかと考えます。

現況、建物外皮の断熱化は大きな課題ですが、中でも最も日射を受ける屋根面での対応が重要であると考えます。厚みの薄いスレート瓦や鋼板葺きが主流の現在、特に夏期には屋根直下、小屋裏、2階居室などへの放射熱の影響で室温が上がり、健康への負荷、エアコン稼働による電力過剰消費の問題などが懸念されるからです。また屋根直下の2階居室の雨音で悩む方も多くいます。

*バウビオロギー
健康な住まい、自然と調和する住環境の必要を提唱する学問。人と建物を取り巻くさまざまな課題に対して、ホリスティックにバランスを取りつつ、住まい手にとっての最善解を導こうとする。バウビオロギーでは住まいは「第三の皮膚」という考えのもとに住まいづくりを進める。

そこで鋼板、スレートなどの薄い屋根材と野地板の間に敷いて、外壁に見られる通気構法と同様に、太陽の遮熱と通気層の確保により、室内温熱環境を改善し、金属屋根の防音性能を高め、さらに結露水や湿気による野地板の劣化、腐朽を防ぎ、屋根の長寿命化を目指すシートが考案され、その性能の検証を行う機会を得ました。通気下地材の有無による屋根遮音の実験も行いましたが、ここではサンプル試験体による温熱環境の結果を報告します。

●屋根の不具合の事例

以下の項目は、施工者から寄せられる、経験的かつごく一般的な屋根の不具合の事例です。

- 北面の野地板の結露水などによる劣化・腐朽。雨水は南北ともに浸入しうるものの、特に北面は日射不足から乾燥が足りないと思われる。
- 屋根材としては、スレート板、金属板の葺屋根という、野地板に直接接する屋根材が多い。すなわち空気層が足りない、そもそも全くない、あるいは金属屋根材の裏面に結露が付着し、総じて下地材の腐食が進む。
- 軒先やケラバ部の野地板の劣化・腐朽が多い。つまり水が切れない、毛細管現象で雨水が回り込む。
- 通気の不足、結露発生による野地板の腐朽・劣化が多い。棟換気部材の設置長さ不足で一部しか抜けないと、通気がうまく機能しないことが懸念される。

・ルーフィングの防水性能の劣化、あるいは釘穴から、金属板の裏面に生じる結露水の野地板への浸入がしばしば見受けられる。
・野地板が合板である場合、雨があたる、あるいは結露により層状に剥離しめくれてしまっている。

●提案された通気下地材

通気下地材は金属屋根材（およびスレート系屋根材）と野地板の間に敷くもので、透湿ルーフィングと、その上にエマルジョン系接着剤で接着したコルゲート（波形）状に形成された素材（この部分が通気層になる）から構成されます。この素材は高強度に形成可能なポリプロピレン（ＰＰ）製で、今回の場合は試行的に10㎜高さとしました（**写真1**）。透湿ルーフィングの構成は以下のとおり（**図1**）です。

・アルミ箔フィルム（通気加工済み）―日射熱の軽減のため
・不織布
・透湿防水フィルム―結露防止と釘孔止水性のため
・不織布

換言すれば、10㎜高さの通気層をＰＰで高強度に形成することで、排湿、排熱を促進し、夏・冬の小屋裏温度の安定化の実現を目指すものです。熱反射率が現況品の中で一番優れているアルミ箔をオリジナル開発で使っています。ＰＰは、プラスチックの中ではリサイクル性が良いのと、火災時の有害ガスが出ないことから採用しました。

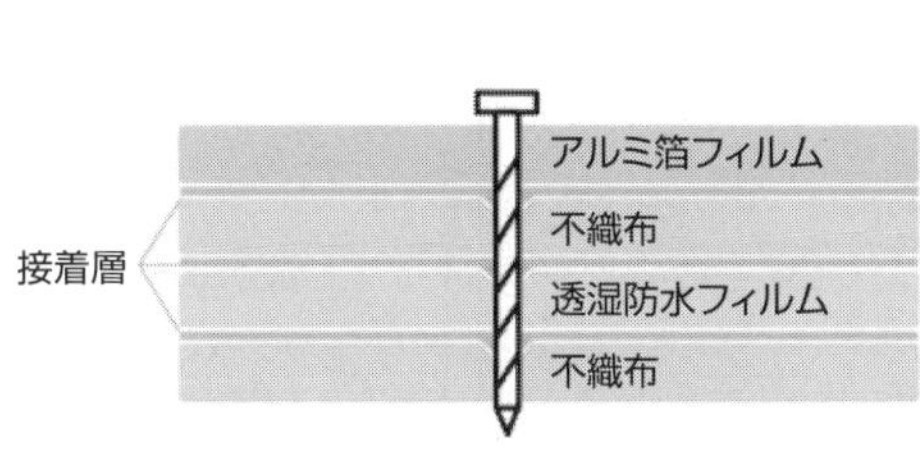

図１　透湿ルーフィングの構成

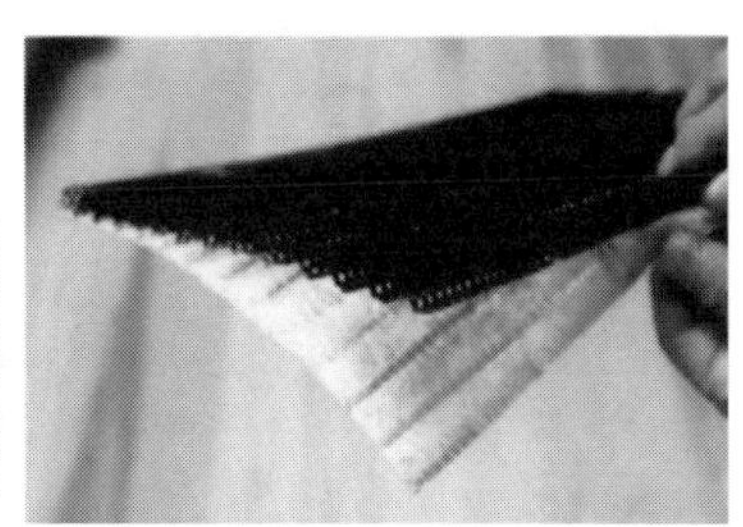
写真１　金属屋根用ルーフィングシート（通気下地材）

空気層効果により、雨音も軽減されることも願いました。

●温熱環境実験

以下はサンプル試験体の概要です（図2）。

25㎜のスギの板材でつくった40㎝角のキューブ（実際には2寸の勾配をつけた）を三体つくる（ＴｙｐｅＡ、ＴｙｐｅＢ、ＴｙｐｅＣ）。

ＴｙｐｅＡ：アスファルトルーフィングの上に、屋根材を置いただけのもの（通気層工法無）

ＴｙｐｅＢ：今回の開発部材（通気下地材）を挟んだもの

ＴｙｐｅＣ：今回の開発部材（通気下地材）の上に、遮熱効果のある塗料を組み合わせたもの。

内装には12．5㎜の石膏ボードを貼り、屋根材はコンパネ12．5㎜、ガルバリウム鋼板を使用。２０１７年2月の実験であったため、室内で赤外線ランプを照射し、屋根表面で約60℃（夏季状態）になるように距離を設定しました（写真2）。

試験体に温度センサーを設置し、室内空気温度、小屋裏空気温度、小屋裏内表面温度、通気層温度（通気シートがある場合）、屋根外表面温度を測定します。なおＴｙｐｅＣは、今回の実験の目的ではありませんが、断熱効果が増すことが予想されるため市販の遮熱塗料を塗布した屋根材を使用してみました。

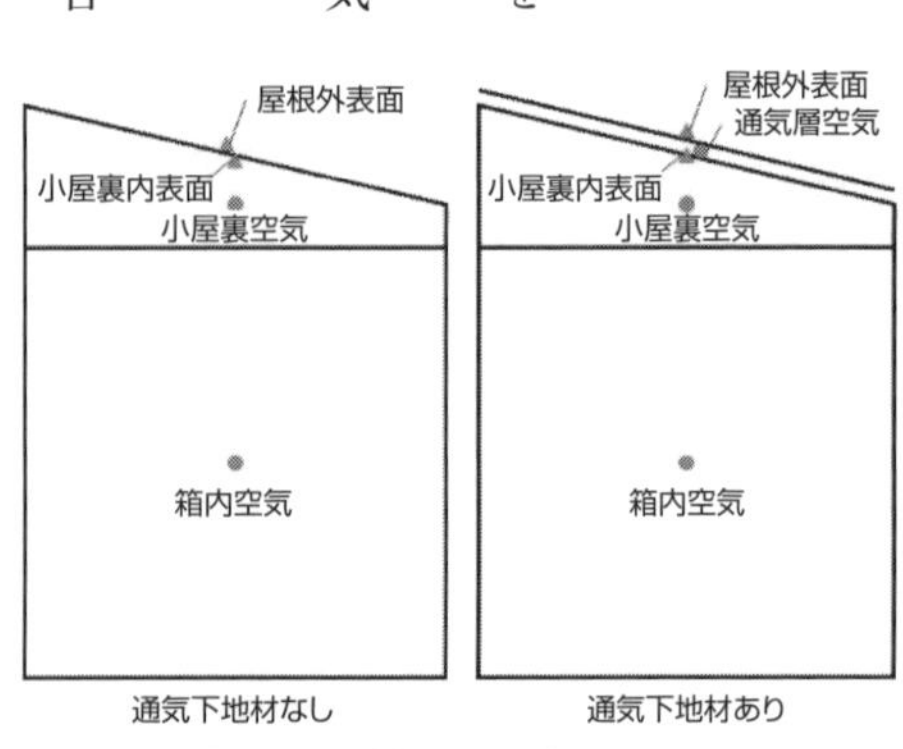

図２　実験装置と測定ポイント

写真２　試験体に加熱用投光器を照射した状態（左から普通屋根、通気下地材＋屋根、通気下地材＋遮熱塗料屋根）

●試験結果

実験は２０１７年２月14日から21日までの一週間です。まず投光器によって屋根表面はほぼ60℃であり、盛夏の状況を再現し、三体の実験装置においては、普通屋根とほぼ同じ屋根表面温度であり、比較可能な状態にあることを確認しました。

普通屋根（ＴｙｐｅＡ）において、小屋裏内表面温度は、屋根表面温度とほぼ10℃差です。通気下地材の存在によって、およそ以下の温度差を確認しました（図３～６）。屋根表面温度との差でみると、通気層空気温度は約10℃、小屋裏表面温度は約20℃、小屋裏空気温度は約40℃、箱内の空気温度は約45℃の軽減効果が見られました。通気下地材が設置されていない普通屋根（ＴｙｐｅＡ）との比較においては、箱内空気温度差が１℃（図３）、小屋裏空気温度差が３℃（図４）、小屋裏表面温度差が８℃（図５）でした。実物空間として考えたとき、天井を貼っていないワンルーム空間だとすると、小屋裏表面（天井面）で８℃の温度差は極めて大きいと思われます。

今回の研究対象ではありませんが遮熱塗料塗布の屋根表面（ＴｙｐｅＣ）は70℃と、表面に熱を溜めてしまうのか、そのほかの屋根より10℃高くなり（図６）、箱内への遮熱効果は同様に見られるものの不思議な現象がみられました。

いずれにしても通気下地材は、屋根から侵入した放射熱をアルミ箔フィルムに

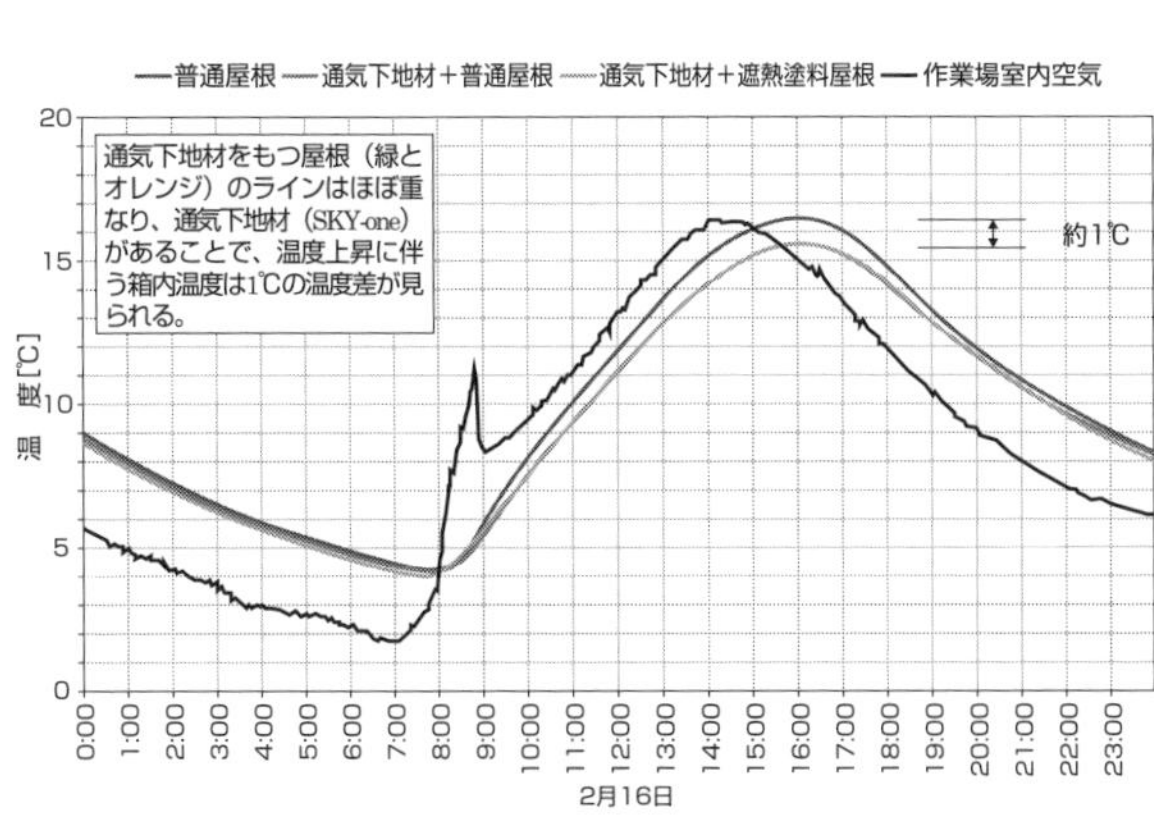

図３　箱内温度の比較

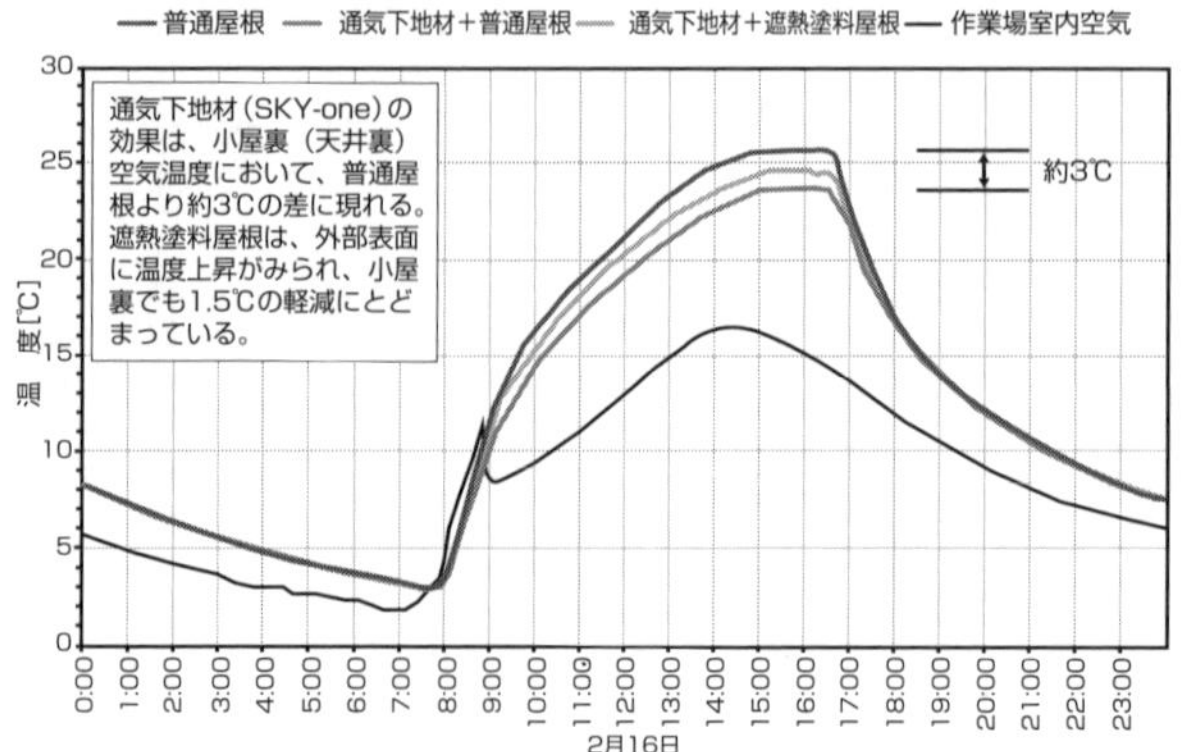

図４　小屋裏空気温度の比較

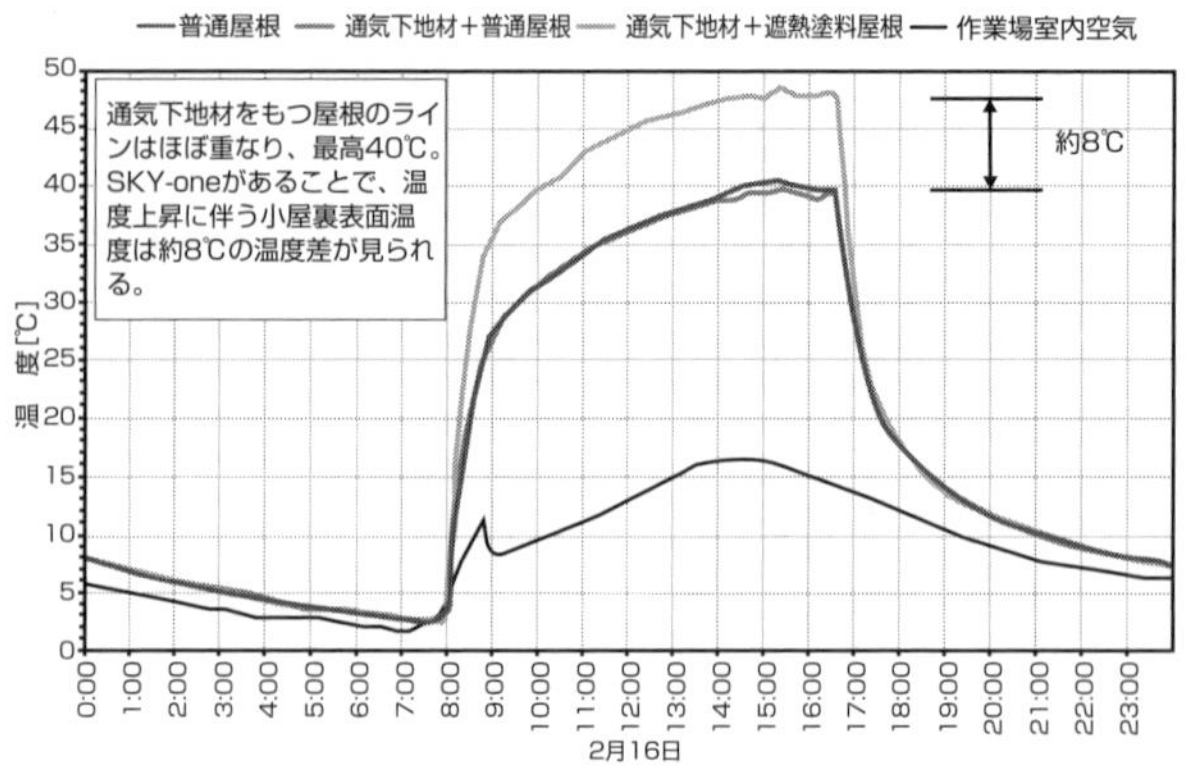

図５　小屋裏内表面温度の比較

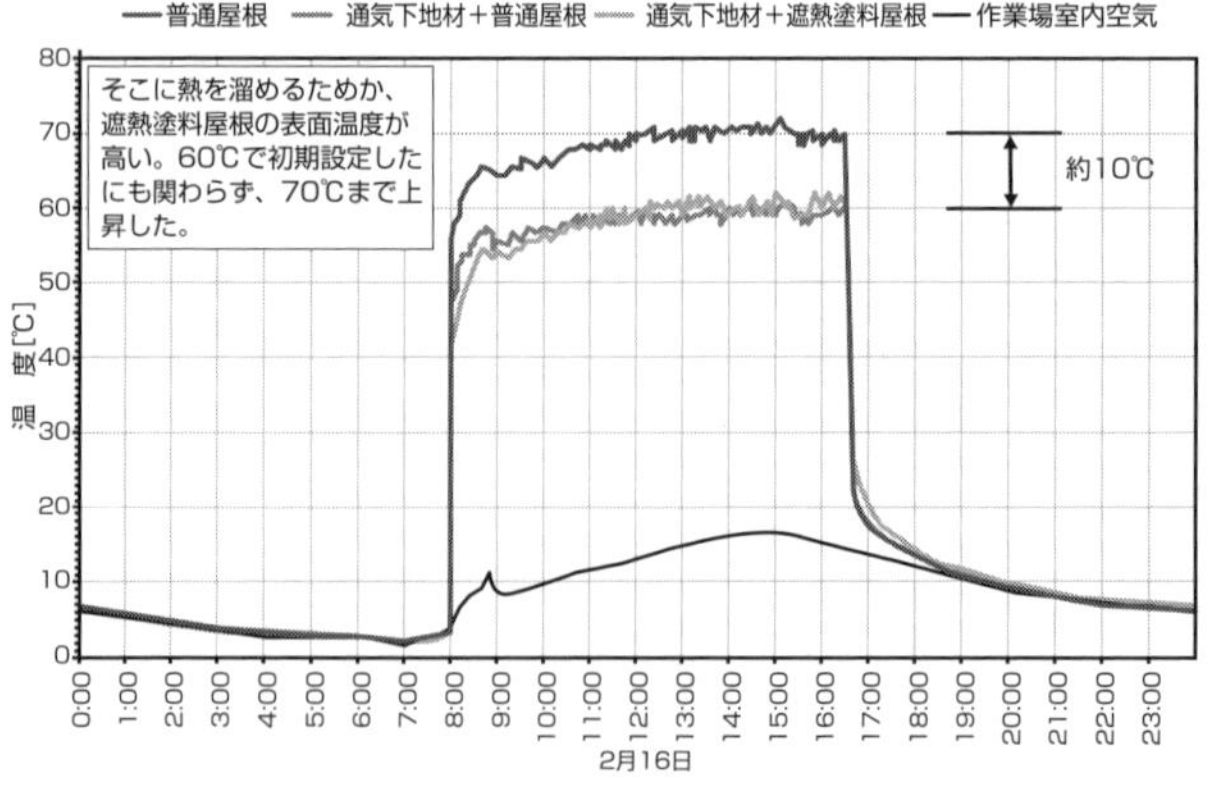

図６　屋根外表面温度の比較

よって反射させ、その熱を10㎜の通気層を通して外部に排出するという考えに基づいています。湿度状況、耐候性などさらなる検討が必要ですが、遮熱性能について一定の効果が得られることが明らかになりました。

なお、本部材はその後、ＪＩＳ規格の26週試験（50年耐久相当）をクリアし、通気層確保のためコルゲートを20㎜高さとし、ＳＫＹ‐ｏｎｅとして商品化に向かっているとのことです。

（石川恒夫）

《参考文献》

（1）前橋工科大学平成28年度地域課題研究事業「北関東地域における小屋裏環境改善に向けた通気下地材の開発および商品化」課題提案者 落合伸光（株）ビオクラフト）、研究代表者 石川恒夫、温熱環境に関する測定研究協力者 三田村輝章（前橋工科大学准教授）、実験体の制作協力 稲井真樹（三木工房）

14 床下エアコン暖房は基礎の形状が大事！

キーワード
床下エアコン、基礎の形状、地中梁、底盤の下断熱材

●はじめに

筆者の最近の設計する家のほとんどは、暖房方式が専用基礎による床下エアコン暖（冷）房です。その前は床下ＦＦ（強制給排気型）石油ストーブ暖房でしたが、その発展系が床下エアコン暖（冷）房です。よく聞かれます、どうして床下エアコン暖（冷）房なのかと。それはイニシャルコストもランニングコストも安くて、床面が室温や壁面より数度高く低温輻射で快適であるからです。使用する寒冷用エアコン（**写真1**）は木造住宅の12畳用の３kW台のもので材料・工事費が23万円前後です。この１台で45坪前後の家を簡易に全室暖房できます。居間と2階の個室の温度差が２℃ほどで、居間の室温が21℃前後のときに2階の個室の室温は19℃ほどです。簡易というのは、２℃しか温度差がない全室暖房の家が、量販店でも普通に販売されている寒冷地用23万円前後のエアコンでできるからです。東京であれば寒冷用でないエアコンで良いので10～15万円程度でできます。全室の温度を21℃となるようにしたければ工事費を抜きにして実現可能です。床下エアコン暖（冷）房の良さは２℃程度の温度差の全室暖房が材工23万円前後でできることなのです。エアコンの効率は日々驚くほど向上

写真１　床下エアコン（寒冷用エアコン）

しているので設備更新のときは楽しみです。

●基礎形状の課題

30年ほど前に高断熱・高気密住宅を設計・施工してまもなく、床の断熱・気密の施工の煩わしさから基礎断熱を用いるようになりました。しかし基礎断熱にすると床の表面温度が冷たくなるので、それを解消するのに床下にFF石油ストーブを置いて暖房しました。その後はFF石油ストーブや温水パネルヒーターを床下に設置する方式がしばらく続きました。そして20年前に竣工した東京の吉祥寺の家では床下にエアコンを設置して暖房し、新宿区の家、宮城県多賀城の家と続き、比較的暖かい地域から床下エアコン暖房の技術を蓄積してきました。寒冷地で床下暖房ができるようになったのは寒冷地用暖房エアコンが登場してからでした。なぜならばそれまでのエアコンは、霜取り時間が長く暖房に向かないことや効率が悪く燃費が高くつくことが理由です。

さて、床下エアコン暖（冷）房は基礎の形状が大切です。一般的な基礎である布基礎やベタ基礎の場合、**図1**のようにエアコンの微弱な暖気の流れを妨げる立ち上がりが多く、耐震等級3の頑丈な基礎ではさらに多くなり、床下エアコン暖（冷）房には不適切です。すなわち基礎立ち上がりに囲まれたエアコンが設置さている領域部分だけが暖まり、センサーが働いて暖房が停止してしまいます。そしてほかの部分は暖気の回りが少なく冷たくなったままになってしまいます。そのようなことから床下エア

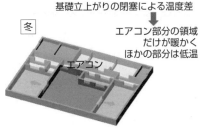

床下エアコン暖冷房基礎
基礎立上がりの閉塞による温度差
冬
エアコン部分の領域だけが暖かくほかの部分は低温
エアコン

図１　床下エアコン暖冷房基礎（冬）

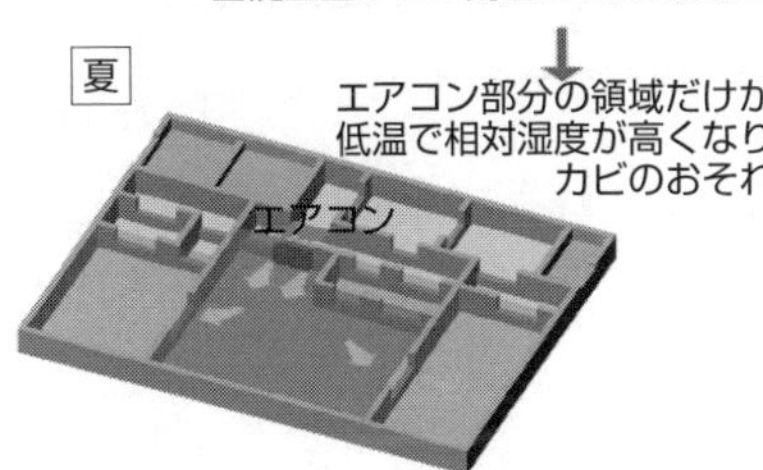

図２　床下エアコン暖冷房基礎（夏）

コン暖房とはいうものの、床面やその上の居住空間において無視できない温度差が生じてしまうということが問題となりました。また、冷房の季節は冬場と同様にエアコンの冷気の流れが基礎の立ち上がりに阻まれ、エアコン部分の領域だけが図2のように低温となり相対湿度が上昇して結露したり、カビが発生したりという問題が出てきました。基礎の立ち上がりはこうした床下エアコン暖（冷）房における課題を突き付けたということになります。

●連続した基礎に伴う問題の解決策

筆者は、このような問題を避けるには床下空間でエアコンの微弱な暖気の流れを妨げない基礎が必要であると考え、写真2のように独立基礎として、基礎の連続した立ち上がりをなくしてしまうということを考案しました。実際にできたのは5年前の上越の家でした。耐力壁の柱の下には荷重を受ける独立基礎があり、その下には写真3のように独立基礎の荷重を底盤に伝える連続した地中梁があります。ここで独立基礎についてですが、建設省告示第１３４７号3項二には基礎をべた基礎とした場合、土台の下には連続した立ち上がり部分を設けるという記述があります。一方では、建築施工令第38条4項には、基礎について国土交通大臣が定める構造計算によって構造耐力上安全であることが確かめられた場合においては適用しないとあり、建築基準法施行令82条に定める構造計算をすればよいことになっています。

写真２　連続立ち上がりのないコラム基礎

写真３　コラム基礎用の配筋

●床下エアコン冷暖房のための基礎断熱

前述した上越の家の設計・施工以降、床下エアコン暖（冷）房用の基礎には改良が加えられましたが、その一つは基礎をベタ基礎に変更したことです。それによって躯体と基礎の荷重を地盤全体に伝えることができます。そしてまた、**写真4**のように根切り底が平坦となりますからベタ基礎の下の断熱材の敷設がしやすくなります。普通の基礎の根切り底は**写真5**のように凸凹があって、その敷設が困難です。次の改良は**図3**のように地中梁を底盤の中に扁平にして埋め込んだこ

写真４　根切り底

写真５　一般的な基礎の根切り

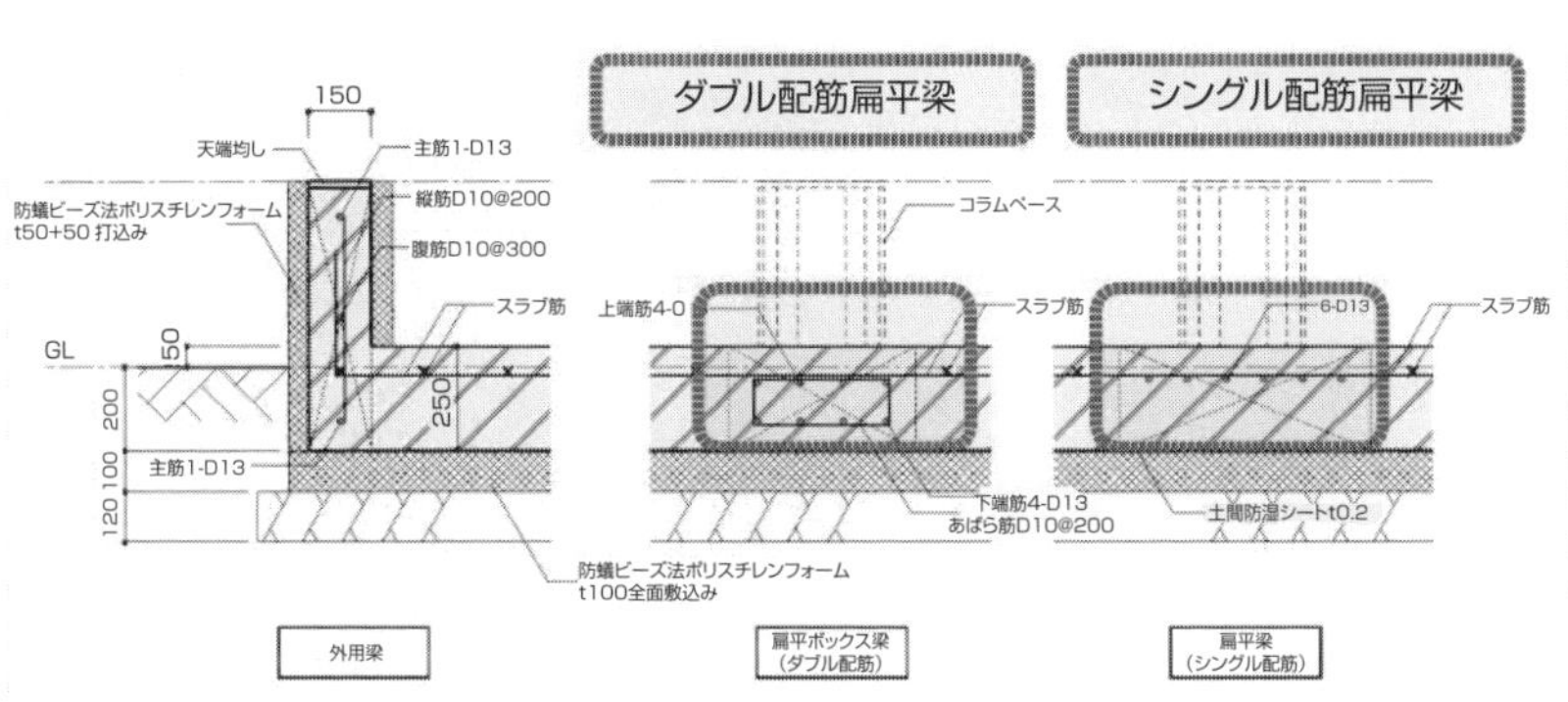

図３　床下エアコン冷暖房のための基礎の断面

とです。このことで**写真6**のように欠損のない連続した断熱材の施工ができました。

●おわりに

これまで床下エアコン暖（冷）房用の基礎の説明をしてきましたが、建物全体の熱的性能としては3地域の東北ではQ値が1．0W／㎡・K程度、4地域の東北ではQ値が1．3W／㎡・K程度、関東以西の5地域ではQ値が1．5W／㎡・K程度で費用対効果に優れているといえます。

（西方里見）

写真6　ベタ基礎用配筋と断熱材

15 プラスエネルギーハウスを目指して（1）

キーワード
ZEH、PEH、エネルギー消費量、太陽光発電量

近年、ZEH（ネット・ゼロ・エネルギー・ハウス）の普及に伴って省エネルギーと創エネルギーを備え持つ住宅への関心が高まっています。本稿は、東北地方でそのような動きが始まりつつあった2012年に仙台市に建てられた太陽光発電設備を持つ断熱気密住宅の調査結果を述べたものです。

東北地方におけるZEHやPEH（プラス・エネルギー・ハウス）への取り組みの先駆けは、どのようなものだったのでしょうか。

●対象住宅

この住宅は仙台市郊外に建つ木造2階建ての全電化住宅です。延べ床面積は166㎡で、家族は4人。屋根に3.1kWの太陽光発電パネルが乗っています。外壁と天井は多重断熱構成で厚さはそれぞれ200㎜と300㎜。基礎は発泡ポリスチレン100㎜を同時打設し、土間周長に敷き込んでいます。窓はLow‐E仕様トリプルガラスの樹脂サッシ。熱損失係数Q値は0.75W／㎡・Kで、東北地方では超断熱住宅の部類に入ります。気密性能はC値0.14㎠／㎡です。換気は熱交換率85％の終日換気を採用。暖房は1階床下にエアコンを2台設置して床から温風を吹き出します。

また、これとは別に1階と2階の居室に冷房用のエアコンがあります。

●室内熱空気環境

図1に、2013年5月から2014年9月までの室温と外気温（いずれも日平均値）の変動を示します。室温は、2013年の夏に2階の居室が1階より少し高いのを除くと、夏は24～26℃、冬は20～24℃とほぼ年間を通して安定していることがわかります。床下温度が11月から4月にかけて30～34℃になっていますが、これはその期間、一日中、暖房用の床下エアコンが運転していたためです。夏は、日中は人がいないことと、夜間は換気のナイトパージ*モードにより、冷房はあまり使わないとのことでした。相対湿度については、夏60～75%、冬30～50%で、日変動で見れば一日中安定していることが別途確認されています。しかし、これは、絶対湿度に換算すると、夏12～16g／kg、冬4～6g／kgとなり、冬期は少し乾燥気味であると言えます。

室内空気環境については、1階居間に設置した二酸化炭素濃度計の測定結果によれば、年間を通して900ppmを超えることはありませんでした。また、ここでも、ナイトパージなどの影響で、夏のほうが冬よりも二酸化炭素濃度が低くなる傾向が見られました。いずれにしても、室内空気は適切な換気によって清浄に保たれていたと言っていいでしょう。

*ナイトパージ
夜の涼しい空気を家の中に取り込み、蓄冷効果などを利用して家を涼しくすることで住居全体を過ごしやすいものにすること。

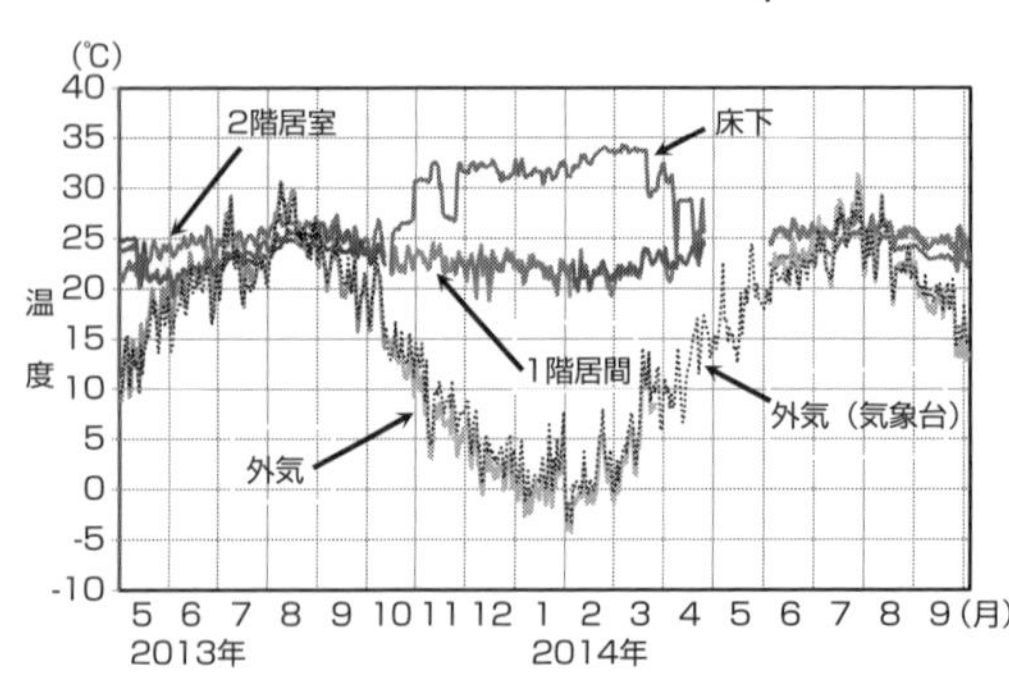

図1　室温と外気温の長期変動

●エネルギー消費量

図2に、冬期４日間の電力量の変動を示します。いずれも明け方の外気温がマイナス５℃になる寒い日です。電力消費量は夜間３～４kWh、日中１．５kWhです。夜間の消費量は暖房用エアコンや給湯および照明とその他のコンセント負荷による消費です。日中は人がいないのですが、暖房を弱く運転しているものと思われます。晴天日が続いたので、日中最大で約２kWhの太陽光発電があり、それによって電力消費を賄い余剰分は売電しています。

図3に、月積算電力量の年間変動を示します。電力消費量は11月から3月にかけて大きく、1月に最高値１７００kWhを記録しています。4月から10月にかけては小さくなり、最低となる6月は1月の３分の１です。太陽光発電量は、中間期は４００～５００kWhとなり売電量も大きいのですが、冬期間は小さく、2月の発電量は１００kWh以下です。年間の総量では、電力消費量１万１８８６kWhに対して買電量はその84．2％でした。

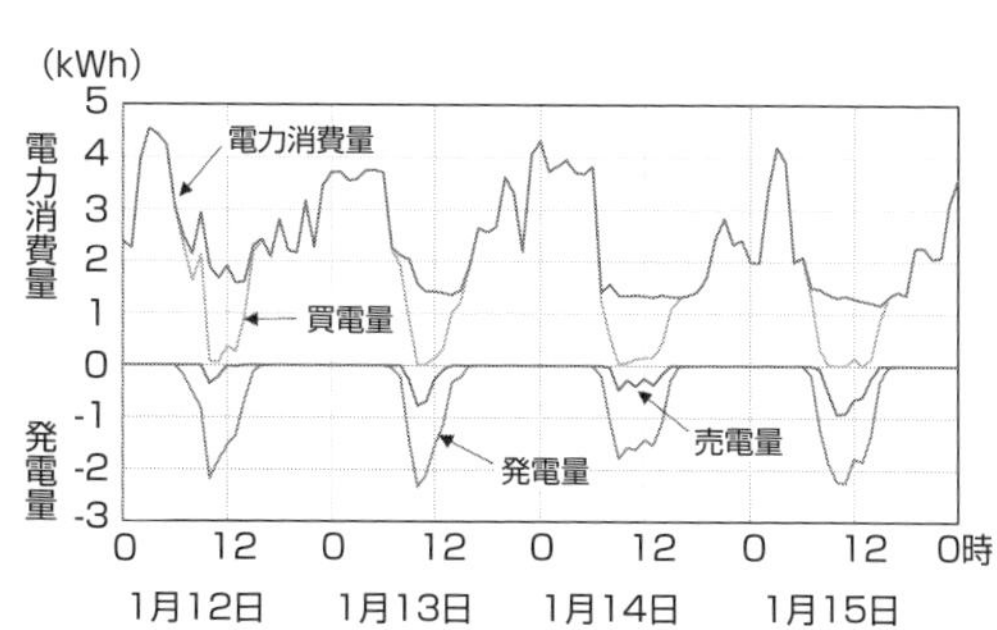

図2　冬期４日間の電力量の変動

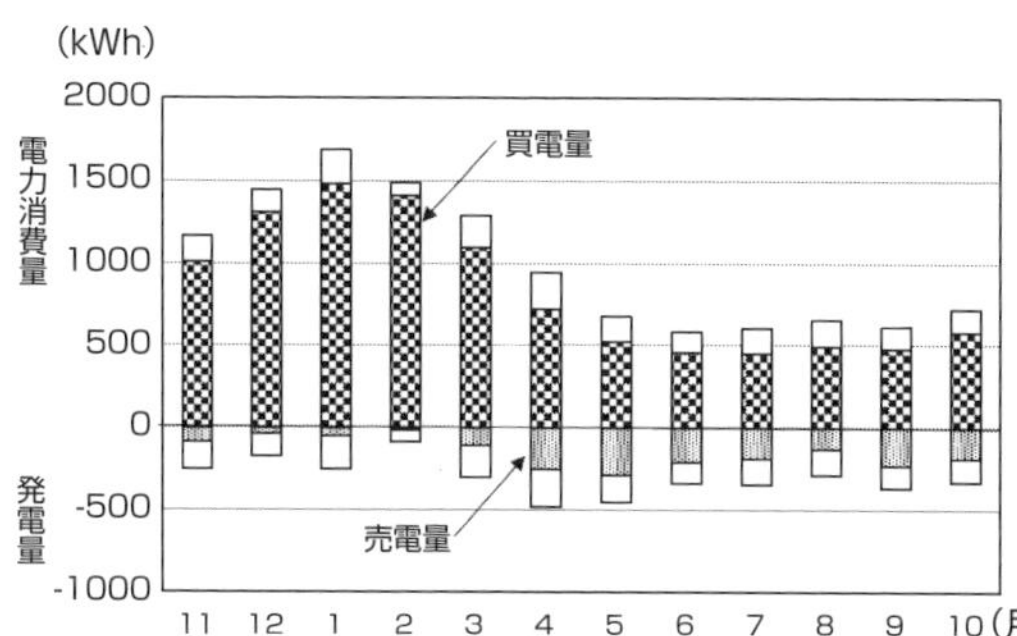

図3　月積算電力量の年間変動

また、太陽光発電量3661kWhに対して売電量はその48.6%でした。太陽光発電量の全電力消費量に占める割合は30.8%です。したがって、ZEHやPEHを成立させるためには、この超断熱住宅をもってしても、現在の3倍以上の太陽光発電パネルが必要であることがわかります。

図4は、月ごとの用途別電力消費量の年間変動を示したものです。最も大きいのは、冬期11月から春先4月までの暖房用エアコンで、1月は882kWh、4月でも369kWh消費しています。給湯も冬大きくて夏小さくなっています。年間を通じてそれほど変化のないのが照明とコンセント負荷で、毎月300~400kWh消費しています。なお、「キッチン」とあるのは炊飯器、IH調理器、電子レンジの消費量で、冷蔵庫はコンセント負荷に含まれています。年間総量でみると、全電力消費量に占める割合は、エアコン38.2%、照明・コンセント37.6%、給湯20.6%となりました。

さて、対象住宅の年間電力消費量1万1886kWhは、二次エネルギー換算(1kWh=3.6MJ)すると

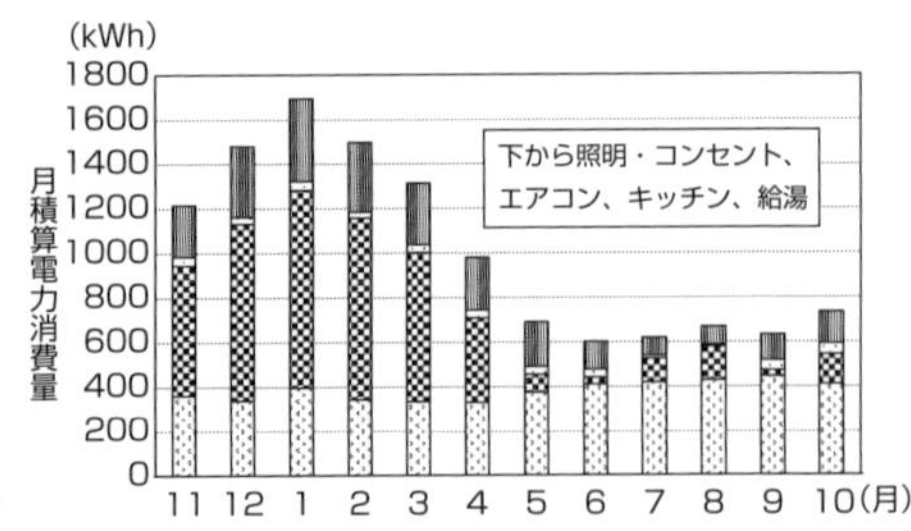

図4　月ごとの用途別電力消費量の年間変動

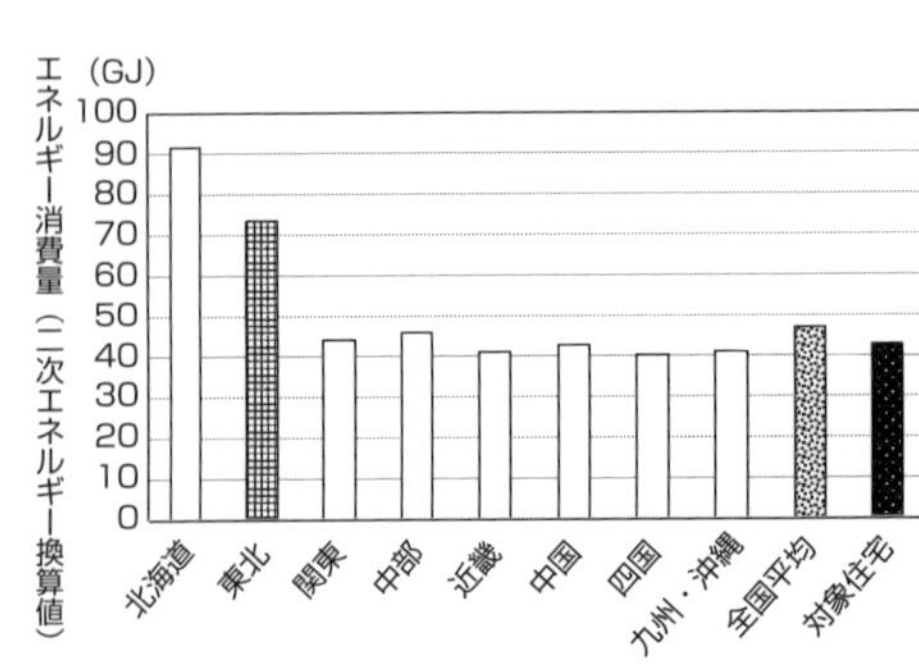

図5　全国戸建て住宅のエネルギー消費量調査との比較

4万2780MJとなります。これを、2013年に三菱総研が行った全国の戸建て住宅のエネルギー消費量調査【注1】結果と比較してみたのが、図5です。この住宅は、東北地方の平均値よりはもちろん、全国平均値と比べても少ない消費量となっており、十分、「省エネルギー住宅」と呼べるものです。しかし、この程度の省エネルギーでは、ZEHやPEHを成立させるために多量の創エネルギーが必要になります。この結果を見る限り、2013年の段階では、我が国のZEHやPEHへの道のりのゴールは未だ先と言わなければなりません。まずは、より一層のエネルギー消費量の削減と、そのための高断熱化に早急に取り組む必要があると言えるでしょう。

（石川善美）

【注1】2013年度民生部門エネルギー消費実態調査（資源エネルギー庁委託）による。インターネット調査サイト「マクロミル」会員を対象としたウェブアンケート調査で、全国4321戸（東北地方323戸）の戸建て住宅を対象としている。

16 プラスエネルギーハウスを目指して（2）

キーワード
ZEH、PEH、高断熱高気密、太陽光発電、エネルギー消費量

●はじめに

東日本大震災における電力不足、国際情勢の変化におけるエネルギー価格の不安定化などを受け、住宅におけるエネルギー自給自足への関心が高まっています。このような背景から国の補助事業でもあります、年間一次エネルギー消費量が正味でゼロとなるネットゼロエネルギーハウス（以下、ＺＥＨ）が推進されています。また、震災後の調査により応急仮設住宅の室内環境が劣悪であることが明らかになり、問題視されるようになりました。ＺＥＨの定義では、室内環境の快適性などについて言及されていませんので、省エネルギー性だけを目指すのではなく快適性も確保した、ＺＥＨを超えるプラスエネルギーハウス（以下、ＰＥＨ）を、被災地である東北から発信したいと考えました。

本稿では、ＰＥＨを宮城県内に建設し、エネルギー消費量や室内環境を調査した一年間の計測結果を報告いたします。

●プラスエネルギーホームとは

ＰＥＨとは、図1のように「創るエネルギー量が総消費量以上」である住宅と「住まいと環境　東北フォーラム　プラスエネルギーホーム部会」にて定義づけしました。「創るエネルギー量が総消費量と同じ」となるように設計されているＺＥＨとは異なります。また、エネルギー総消費量の考え方も、ＺＥＨはあくまで住宅性能に関わる部分などを対象にゼロエネルギーを目指すのに対し、ＰＥＨは家全体で消費するエネルギーを対象としています。具体的には、住宅性能を上げても冷蔵庫などのコンセント（家電）の消費量に変化はありませんので、ＺＥＨではコンセント（家電）の消費量を考慮して設計していません。

それに対して、ＰＥＨはコンセント（家電）も考慮し設計していますので本当の意味でのゼロエネルギーを目指していることになります。さらには、エネルギー面だけでなく快適性も考慮していますので、ＰＥＨはＺＥＨを超える次世代のスタンダードとなり得る住宅だと考えます。

●住宅の概要

対象住宅は、宮城県仙台市に建つ木造2階建（枠組壁工法・外壁のみツーバイシックス）のオール電化住宅です。延べ床面積が１４８．44㎡で、屋根に11．25kWの太陽光発電パネルを搭載しています。外壁は充填断熱１４０㎜に外張り断熱

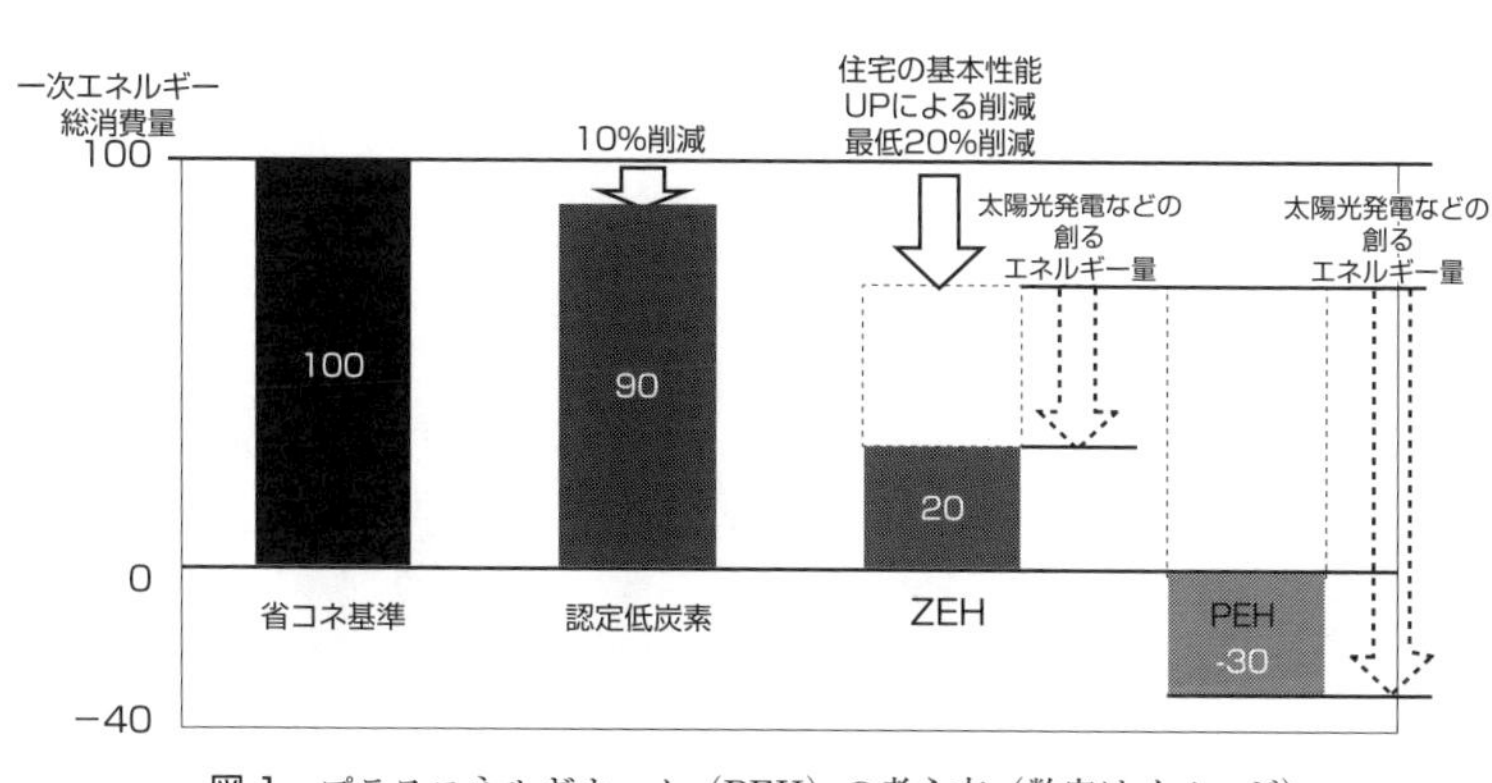

図１　プラスエネルギホーム（PEH）の考え方（数字はイメージ）

80㎜を付加した220㎜の断熱材厚となっています。天井には400㎜の断熱材を吹き込み、窓はトリプルガラスの樹脂サッシを方位によって日射取得型、日射遮蔽型と使い分けています。空調はルームエアコン方式で各居室に1台設置し、換気は全熱型熱交換換気扇を採用しています。分電盤は39回路に分け、回路ごとにエネルギー計測をしています。

住宅の性能については、熱損失係数Q値が0.88W/㎡・K、外皮熱貫流率UA値が0.31W/㎡・K、相当隙間面積（実測値）C値が0.37㎠/㎡で、ZEHの基準【注1】（外皮熱貫流率）であるUA値＝0.6W/㎡・Kの約半分程度で、高断熱住宅となっています。

●エネルギー消費量

図2は、2015年5月～2016年4月までの各月の用途別二次エネルギー（自然界に存在するエネルギー（一次エネルギー）を変換加工して得られるエネルギー。電力、都市ガスなど）の消費量を示しています。1年を通して確認できるのはコンセント（家電）の消費量の多さです。コンセントはどの月においても同程度消費されていて、その割合は月別に確認しても一番多くなっています。中間期は、コンセントの消費量が全体の6割程度を占め、冬期は、空調や給湯を多く消費するためコンセントの消費量は全体の3割程度です。コンセントの消費量が多い一方で、照明や空調などの消費量が少ないことも特徴としてあげられます。

【注1】地域区分は4地域（2022年1月現在は5地域）

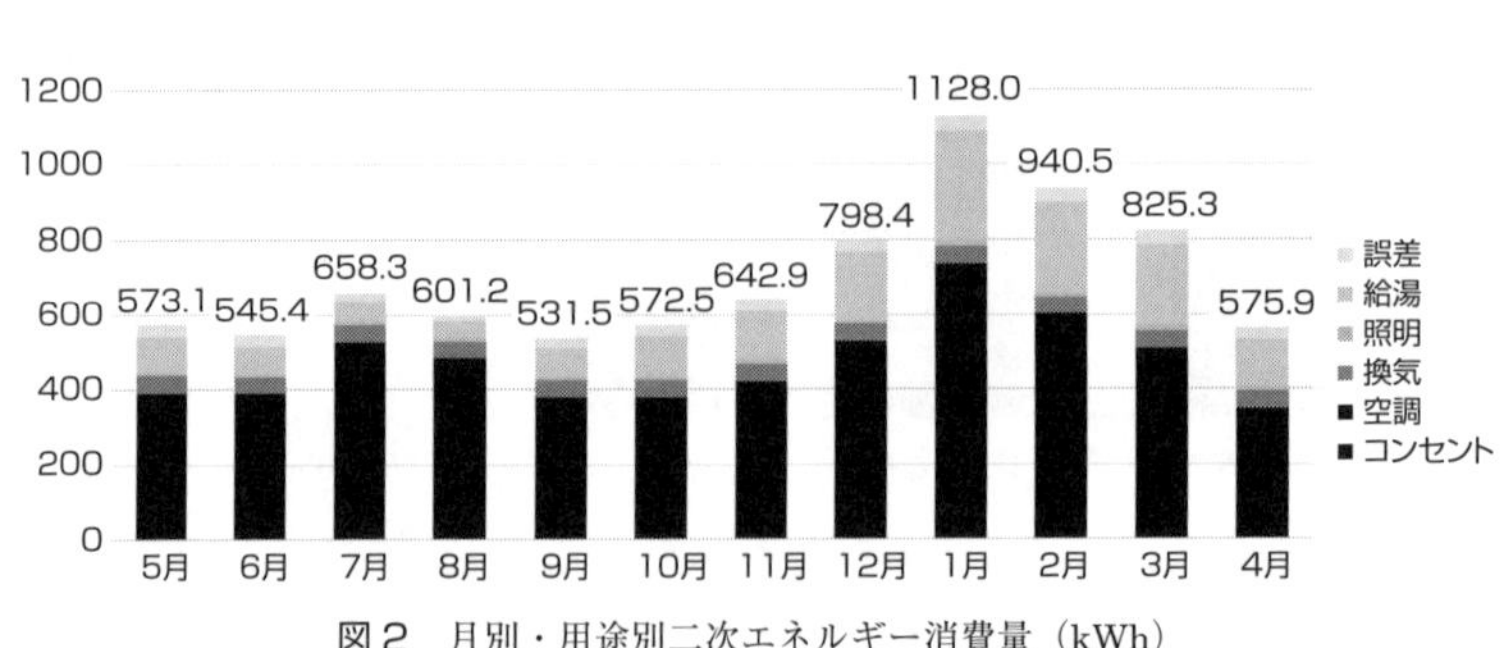

図2　月別・用途別二次エネルギー消費量（kWh）

図3は、一次エネルギー（自然界に存在するエネルギー。石油、石炭、水力、地熱など）の総消費量の基準値、設計値【注2】、実測値を比較したグラフになります。実測値は、コンセントを除き、すべて設計値を下回っていることがわかります。比較した結果、実測値のコンセント消費量が43.1GJに対して、設計値は21.2GJと約2倍となり、家庭の総消費量を考えるうえで、コンセント（家電）は軽視できないことがわかります。照明は、実測値が1.2GJに対して、設計値は10.1GJと約1／10となっています。ライフスタイルによっては、照明の消費量に設計値と大きな差が生じることがわかります。空調は、実測値が12.5GJに対して、設計値が28.4GJと約1／2となっており、空調負荷が小さいことが理解できます。実測値の総消費量が81.9GJに対して、設計値が87.7GJと大差は見られないですが、用途別で確認すると、相違点が非常に多いことがわかります。今後、ライフスタイルなどの変化により総消費量が増加することが考えられますし、逆にコンセントの消費量を減らせば、全体的に消費量を抑えることもできます。生活が多様になっている昨今では、設計値どおりにならないことがわかりました。

【注2】国立研究開発法人建築研究所「住宅・住戸の省エネルギー性能の判定プログラム」による

●プラスエネルギー

図4は、太陽光発電量の設計値と実測値の比較したグラフになります。実測値が139.5GJ発電しているのに対して、設計値は91.3GJと約1.5倍発電しており、設計値を大きく上回る結果となっています。また、メーカーカタログ値は114.

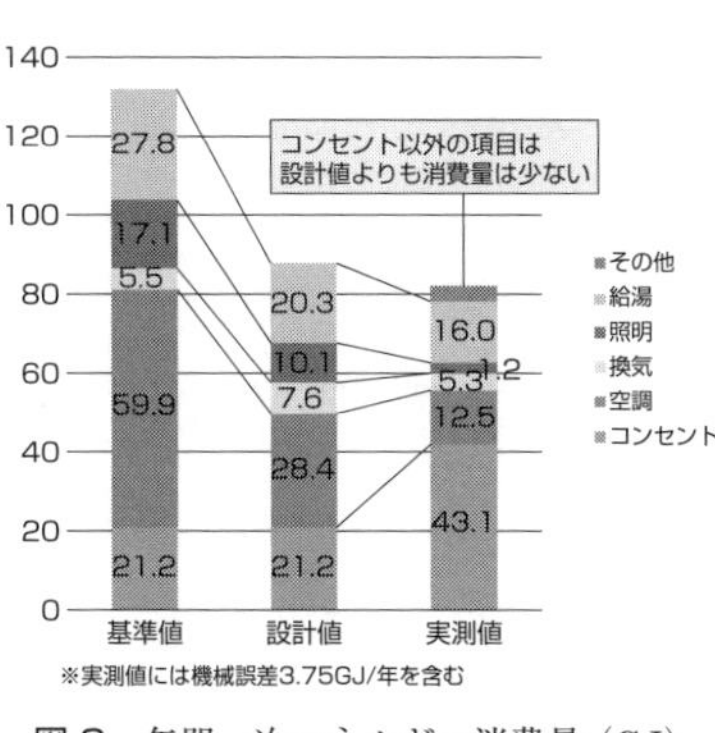

図3　年間一次エネルギー消費量（GJ）

８ＧＪですのでこちらも上回りました。図５は、太陽光発電量を考慮した月別の二次エネルギー消費量を示した図になります。棒グラフがマイナス側に伸びていれば、プラスエネルギーであることを示します。計測結果は、１月以外はプラスエネルギーになっていることがわかります。１月は総消費量が１１２４．０kWhに対して、１月の発電量は８４０．２kWhとなっており、総消費量を創エネルギー量で相殺できませんでした。また、１月（冬期）の総消費量に対して、７月（夏期）の消費量は、６５８．３kWhと約１／２であり冬期のほうが夏期より消費量が多いことが改めて確認できました。

図６は、設計値と実測値の年間一次エネルギー消費量（太陽光発電考慮）を比較したものになります。設計値のプラスエネルギー量が３．６ＧＪに対して、実測値は、57．６ＧＪであり約15倍以上のプラスエネルギー量となっていることがわかります。また、発電量が１３９．５ＧＪでしたので太陽光１kWあたり約12．４ＧＪ発電していることになります。それを踏まえると、年間総消費量が81．９ＧＪでしたので、プラスエネルギーにするには、最低６．６kWの太陽光発電システムがあればよいことになります。実搭載量が11．25kWですので約６割程度でプラスエネルギーになると言えます。国土交通省の計算ソフト上では太陽光発電量が少なく想定されています。

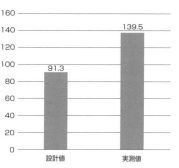

図４　年間太陽光発電量・一次エネルギー換算（GJ）

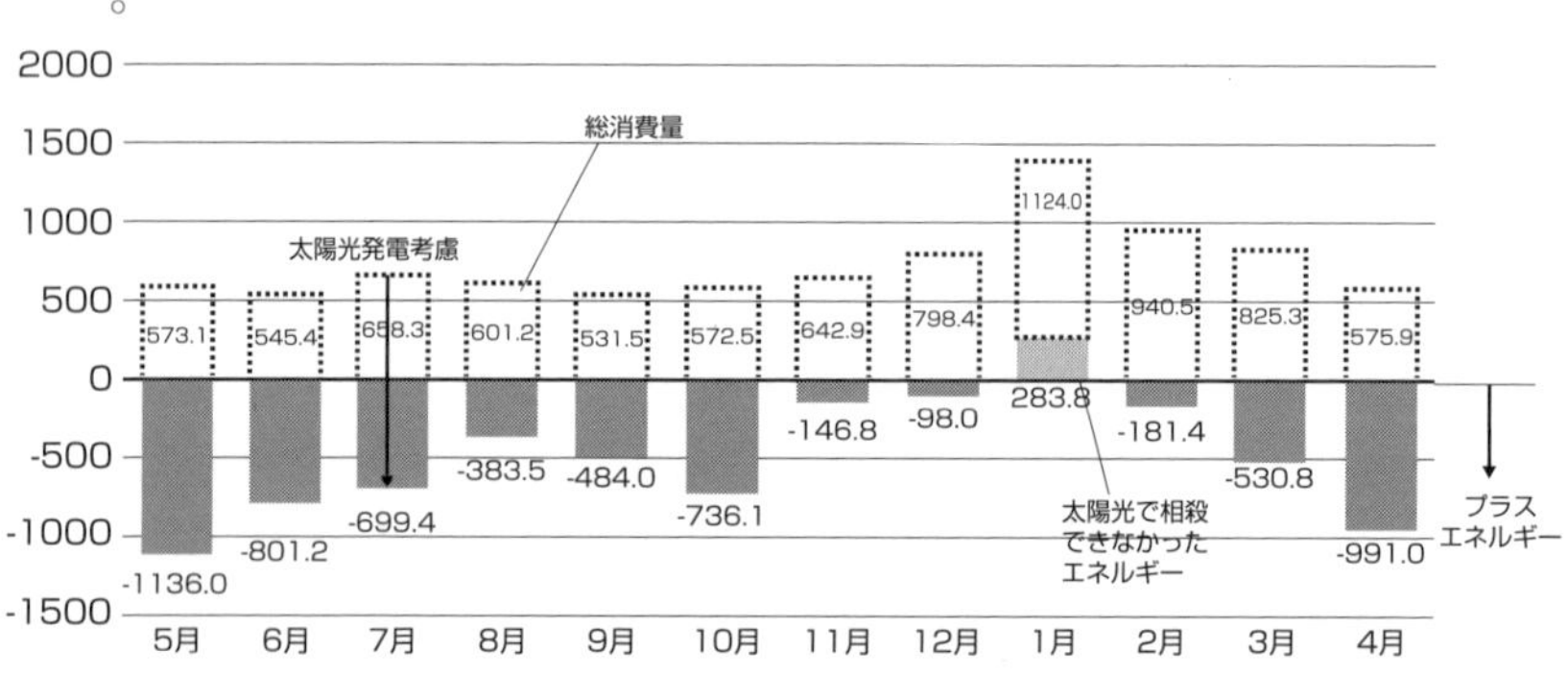

図５　月別・二次エネルギー消費量・太陽光発電考慮（kWh）換算（GJ）

●室内環境

図7・8は、それぞれ夏期（2015年8月4日～8日）と冬期（2016年2月12日～19日）の予測平均温冷感（以下、PMV）と外気温の計測結果を示したものになります。リビングと寝室の2か所にて計測しました。計測についてはより正確なデータ測定ができるように、居住者にはライフスタイルを変えることなく生活をしていただきました。

夏期は、半そでTシャツ、半ズボンと想定し着衣量（clo）は0.6。代謝量（met）は着座安静にしていることを想定し1.0と仮定して、冬期はジャケット着用を想定し着衣量（clo）は1.0。代謝量（met）は夏期同様1.0と仮定しています。結果は、夏期、冬期ともにPMVで定義づけられている快適範囲内（プラス0.5～マイナス0.5）に納まっていることがわかります。冬期のほうが夏期よりも数値が安定しており、

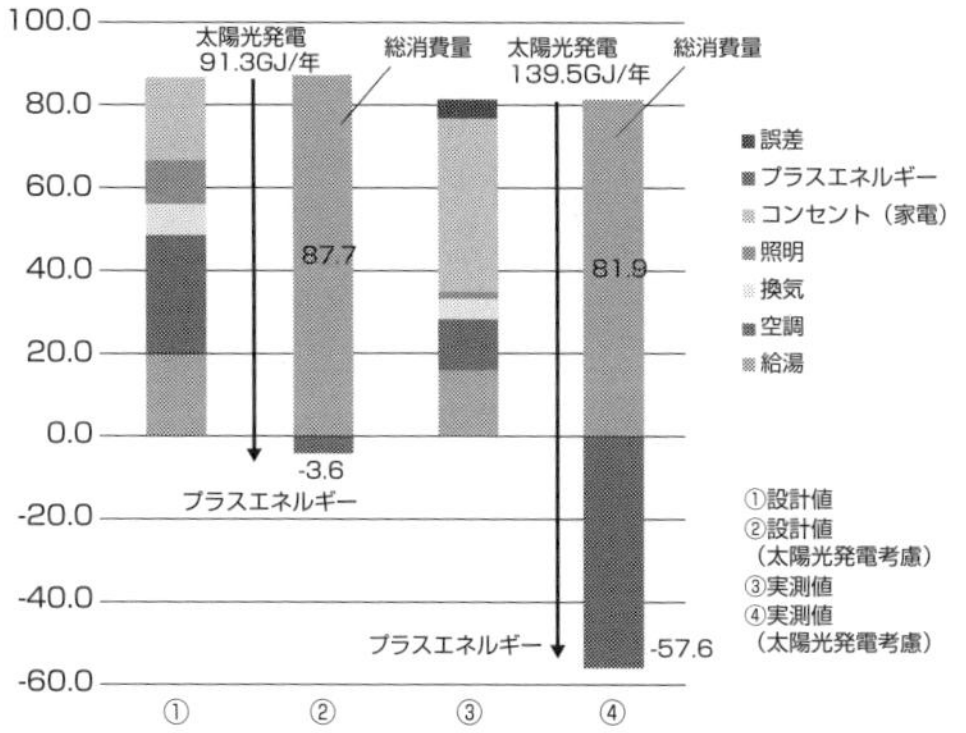

図6　年間一次エネルギー消費量・太陽光発電考慮（GJ）

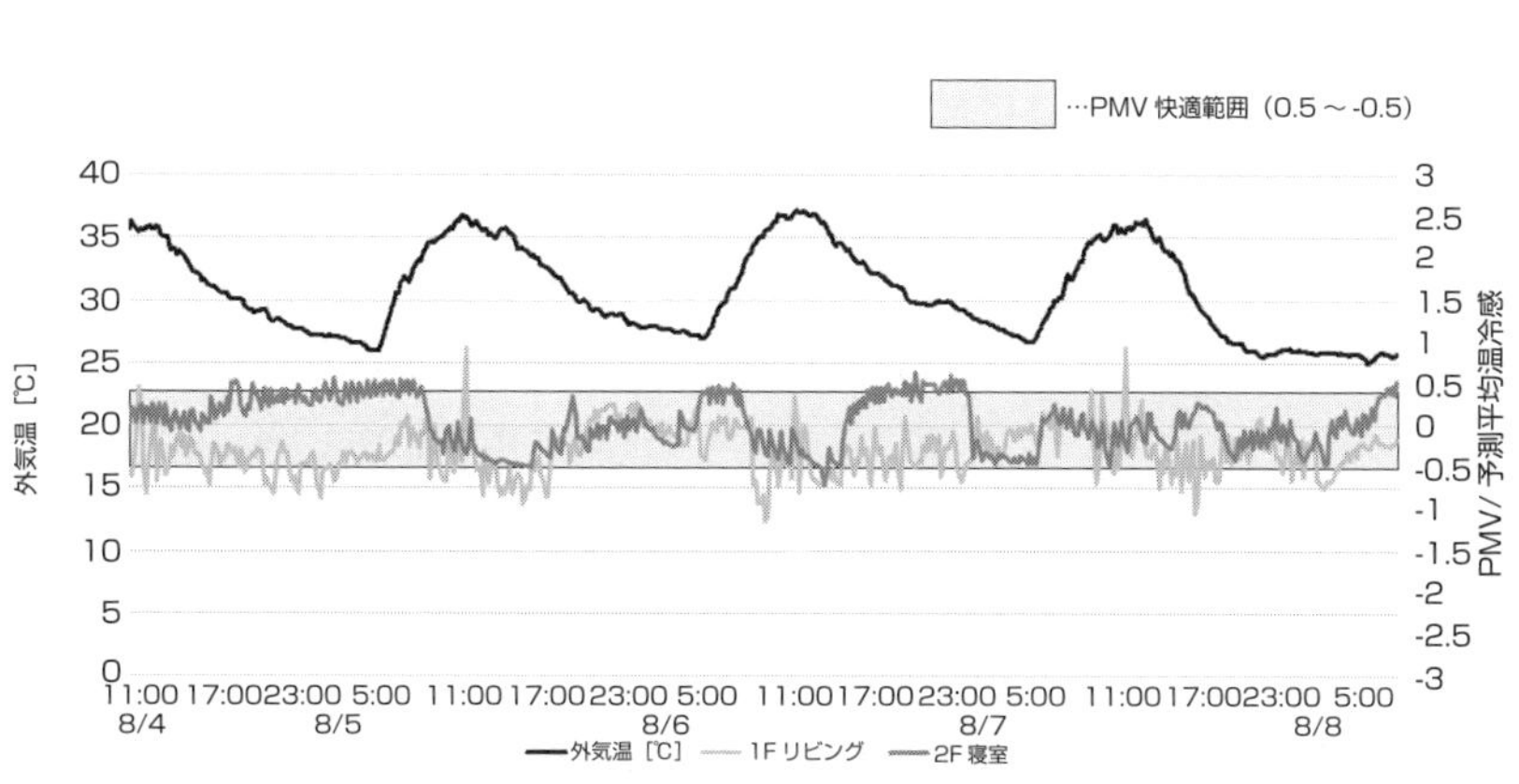

図7　PMV 計測（夏期）

エアコンの運転時間の差だと考えられます。居住者は普段から快適な生活を送っていると言えます。

●おわりに

宮城県内に建設されたプラスエネルギーハウスの一年間の計測結果を記載しました。エネルギー消費量は、居住者のライフスタイルにより変化しますが、快適性を保ちながらプラスエネルギーを達成する可能性を確認することができました。東日本大震災の被災者における震災復興住宅の選択肢の一つとして、参考になれば幸いです。

（石原英喜）

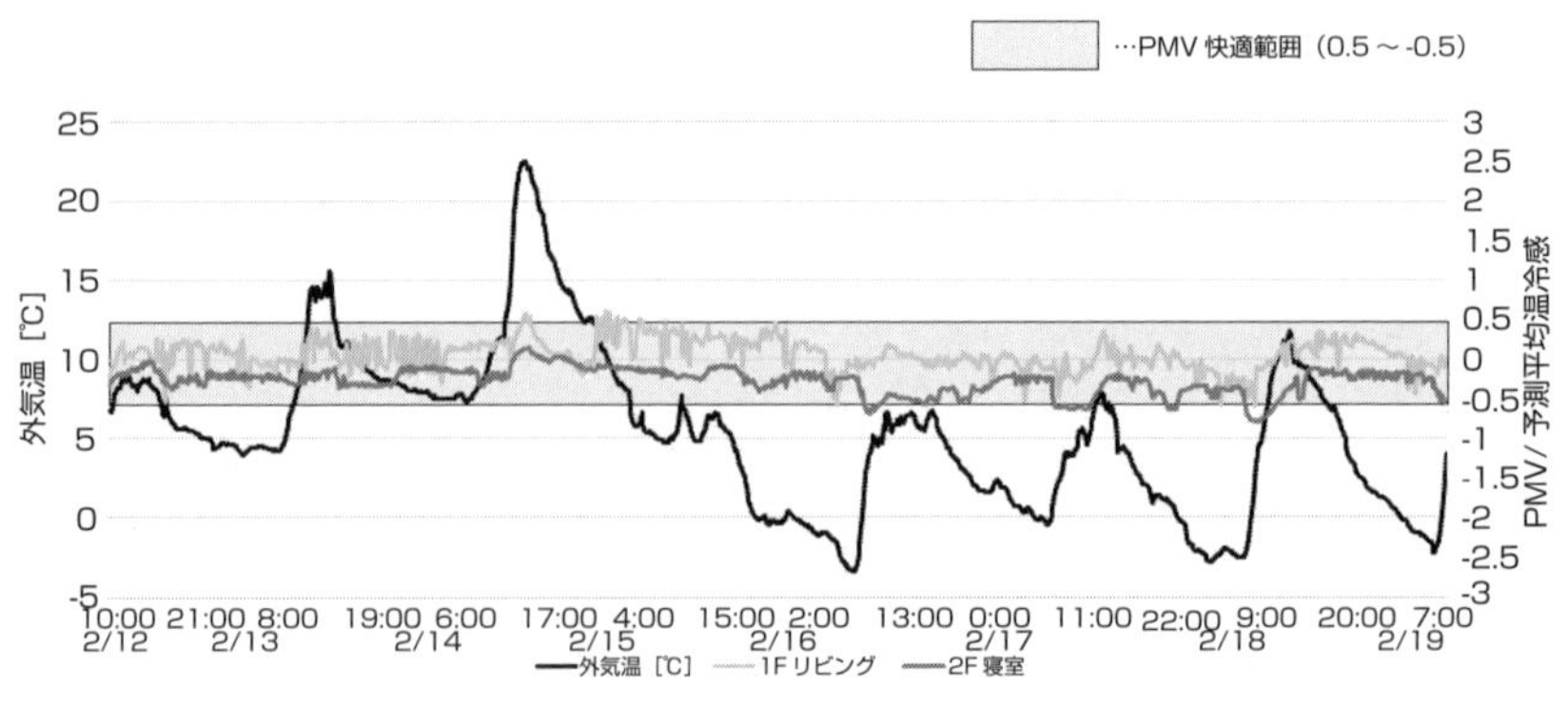

図８　PMV 計測（冬期）

17　気密性能をもっと簡易に測れないだろうか

キーワード
気密性能、復興住宅、ガスレンジ、二酸化炭素

住宅の冬期室内環境維持の基礎として気密性能の確保が必要です。気密性能は、１９９２年に改正された住宅の新省エネルギー基準以降求められてきました【注１】。気密性能の確保には、適切な気密仕様と確実な気密工事が必要ですが、多様な構造、形状の住宅で、必要な気密性能を実現するには、施工者の経験の蓄積が必要です。また、性能保証のために、気密測定が必要です。

一般的に利用されている送風機を用いた気密測定器は一定の精度が得られます。しかし、気密測定の実施は一部にとどまっています。原因には、測定機器コスト、機器運搬や設置の手間が挙げられます。近年の気密性能測定結果(1)には、大きなばらつきがあります。気密性能の実現には、気密仕様の選択ばかりではなく、適切な施工と測定が必要です。

●戸建住宅の気密測定の誤差

気密測定では、図1に示すように、送風機によって内外の気圧差を複数の段階で設け、送風機通気量Qと内外気圧差（ΔP）の関係から、通気率（a）、相当隙間面積（C値）、および隙間特性値（n値）を求めます。測定誤差の要因として、差圧測定誤

【注１】Ｃ値が５㎠／㎡以下を気密住宅とし、北海道、北東北では、これを推奨。ただし、２００９年に改正された次世代省エネルギー基準では、北海道、北東北に対しては２㎠／㎡、そのほかの地域に対しては５㎠／㎡を推奨。しかし、２００９年の改正時には、気密性能の記述が削除された。

差と風量測定誤差が考えられます。図2には、測定誤差を抑制するための要点を示します。

図1に示す風量（Σq）は、隙間を介して流れる空気量の合計を意味しますが、この測定法では、この風量が送風機を通過する通気量Qに等しいと考え送風機の通気量を測定しています。内外温度差が大きい場合には、上下に内外気圧差の分布が発生するために、上階で逆流が発生する可能性が生じます。特に、気密性能が低い場合には、内外気圧差が全体的に小さくなるため、逆流域が大きくなります。測定誤差を抑えるためには、外部風速が小さいこと、十分な風量と差圧を確保することが必要です。このように、特に内外温度差が大きい場合には、差圧計のゼロ設定、逆流防止などへの配慮が重要になります。

●簡易気密性能測定法（レンジファンを用いた1点法）

復興住宅をはじめ、より多くの住宅において気密測定を実現することを目的に、簡易な気密測定法を開発しました(2)。簡易な気密測定法は、新築や改築などでの気密性能の確認、既存住宅の気密性能劣化の確認で利用できると考えられます。

図3に示すように、レンジファンを運転した状態で、差圧Δ

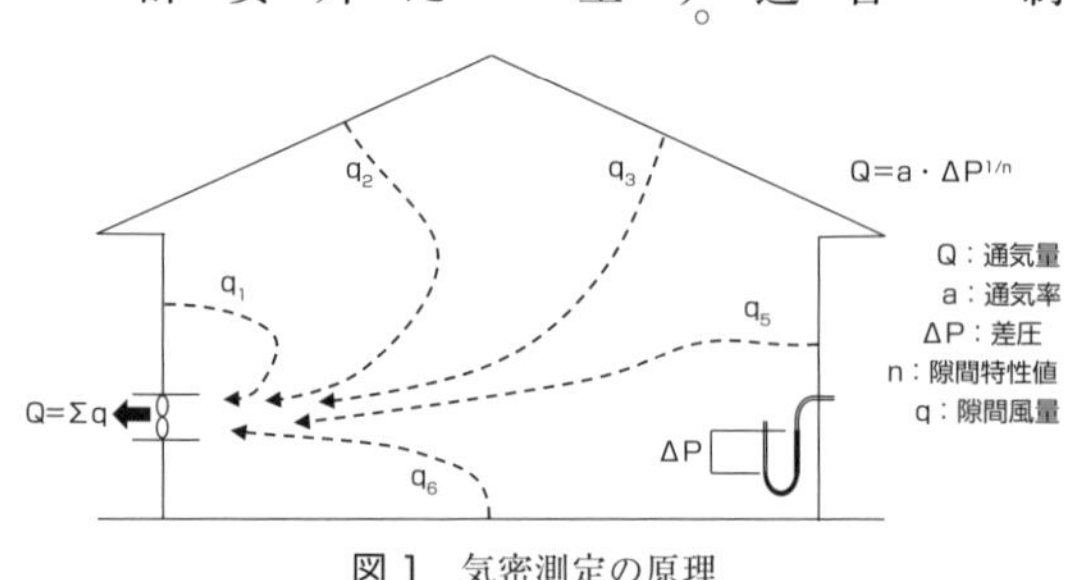

図1　気密測定の原理

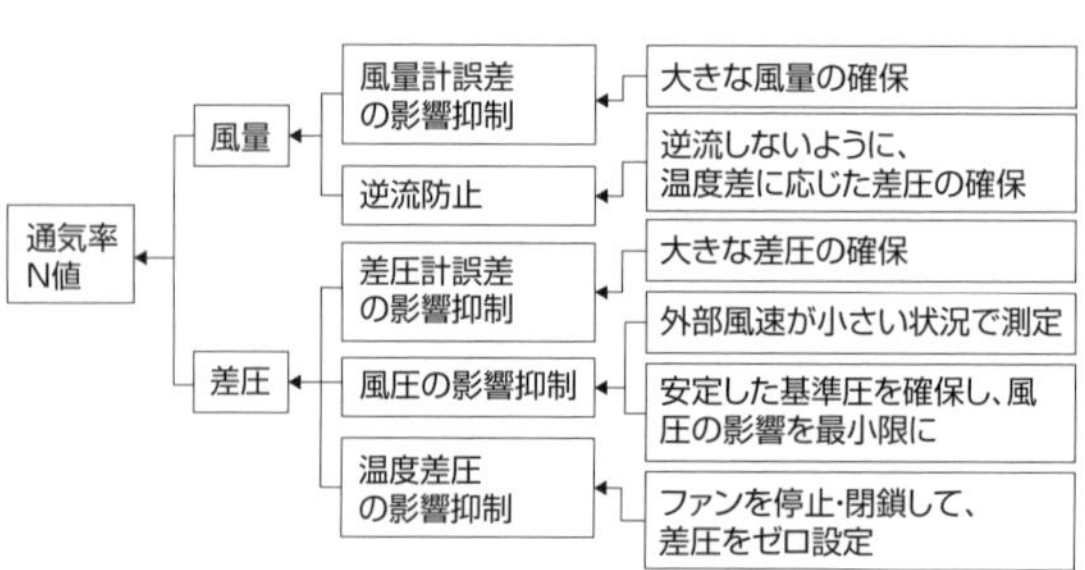

図2　気密測定における精度維持の要点

Pと、燃焼ガス消費量によるCO_2発生量換算値と排気のCO_2濃度および温度から算出する通気量Qを測定します。これらの測定値から、C値およびn値が計算されます。なお、CO_2発生量は燃焼ガス消費量から化学反応式を用いて算出します。

簡易気密測定の手順は以下のようになります。必要な機器は、差圧計、炭酸ガス濃度計、温度計です。

①従来の気密測定法と同様に目張りなどの建物条件を設定する。
②厨房排気のCO_2濃度、温度の測定（測定間隔1分程度）を開始する。
③厨房レンジファンを停止した状態（ダンパー閉または目張り）で、差圧計のゼロ設定を行う。
④レンジコンロのガスメータの表示を記録する（電化厨房など、レンジコンロがない場合にはカセットコンロのカセットの質量を記録する）。
⑤レンジファンを運転し、レンジコンロに点火して、点火時刻を記録する。排気のCO_2濃度の安定を待つ（濃度計の時定数を考慮）。
⑥レンジコンロを消火して、消火時刻を記録する。
⑦ガスメータの表示を記録する（カセットコンロの場合は、カセットの質量を記録する）。
⑧以上の記録から、Q、ΔPを算出し、C値、n値を求めます。

なお、測定には30分程度が必要となります。

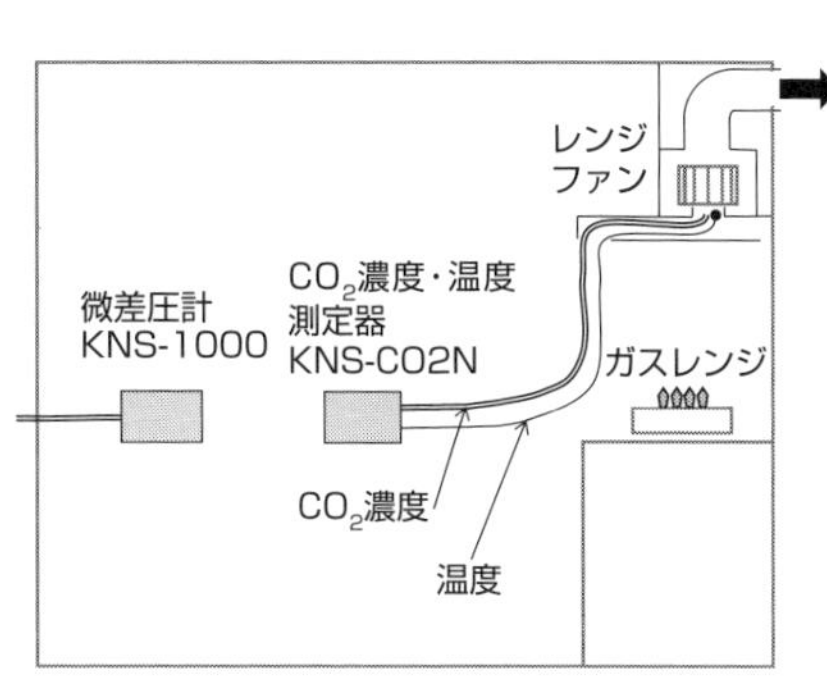

図３　簡易気密性能測定

●新築戸建住宅における簡易法の検証

図4に、従来の気密測定器による測定結果（JIS―C【注2】）と簡易法の結果（1point―C）の関係を示します。近似直線の傾きは0.98、決定係数R^2は0.98で高い相関性を示しました。n値に関する近似直線のR^2は0.57で、n値については、推定精度が比較的低くなりました。以上のように、復興住宅および一般的な木造の気密住宅において、簡易気密測定法によるC値の測定精度は非常に高いことが明らかとなりました。

●まとめ

以上のことから、簡便な機器を用いて簡易に気密測定を行うことが可能であることが明らかになりました。このような簡易測定法や従来の測定法を活用して気密性能の測定と保証が行われることが期待されます。そして、居住者の気密性能、換気、空気質に関する認識が高まり、健康的な生活の基礎となる住宅性能と居住リテラシーが広く醸成されることが望まれます。

（林　基哉）

【注2】「JISA2201:2017 送風機による住宅等の気密性能試験方法」に基づいた方法

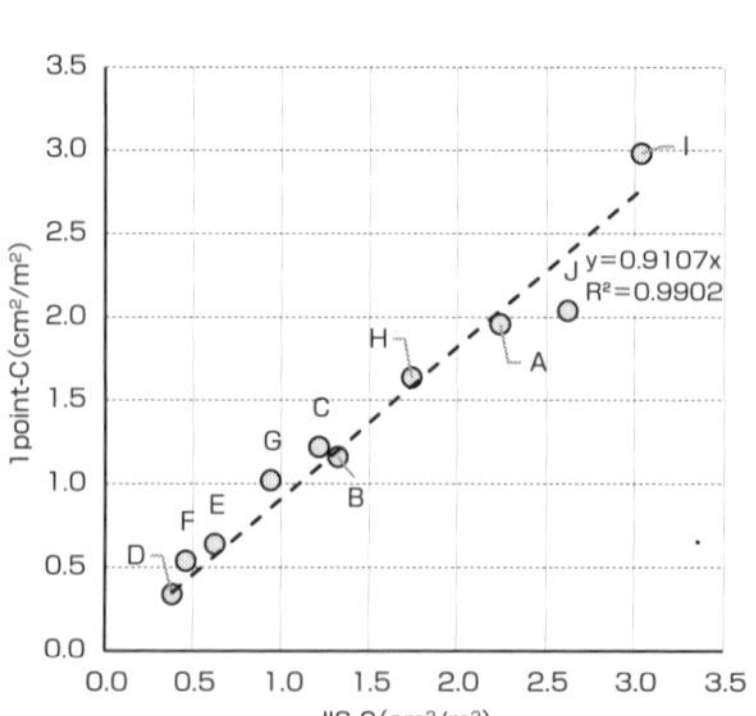

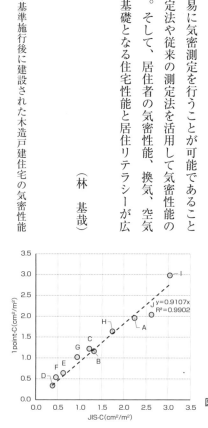

図4　気密測定器（JIS）と簡易法の関係

《参考文献》

（1）石川善美・佐々木睦史「次世代省エネルギー基準施行後に建設された木造戸建住宅の気密性能

実測結果」日本建築学会東北支部研究報告会、２００１年
（２）林 基哉・本間義規・長谷川兼一・金勲「東日本大震災復興戸建住宅の簡易気密性能確認法―レンジファンと燃焼ガスの炭酸ガスを用いた１点法」『日本建築学会環境系論文集』第80巻第716号、１０１３‐１０２０頁、２０１５年10月

18 断熱改修した古民家の熱環境は向上したか？

キーワード
古民家、断熱気密改修、実測調査、気密性能、温熱環境

伝統的な古民家は、日本古来の住まいとして独特の雰囲気や味わいがあり、さらに歴史的・文化的な価値を持つことから、その良さを残しつつ、改修する古民家再生が注目を集めています。また、古民家は風通しのよい開放的なプラン、長い軒や縁側、土間の存在など、夏期に涼しく過ごせる造りとなっていますが、その一方、一般的に大空間であるうえ、断熱や気密の配慮はなく、重厚な柱や梁、土壁など、部材の熱容量が大きいことから、冬期は暖房しても室温は上昇しにくく、室内の寒さは厳しいことが予想されます。そこで、本稿では、新潟県十日町市の築二百余年になる古民家を断熱気密改修した「ぶなの木学舎」を対象として、気密性能試験と室内温熱環境の実測調査を行った結果について紹介します（写真1、図1、2）。

●調査対象古民家の概要

調査対象の「ぶなの木学舎」は、江戸時代享和三年（1803年）に、魚沼郡小原村（現十日町市小原）で広田家住宅として建設されました。その後、1995年に上野（現十日町市上野）に解体移築され、その際、断熱気密改修が行われました（設計監理：（株）安井設計工房（当時）・安井妙子氏、第四回（平成10年度）環境・省エネ

写真1　調査対象古民家の外観

ルギー住宅賞（財）住宅・建築省エネルギー機構理事長賞受賞）(1)。現在は、常駐する居住者はおらず、一年間のうち数日間を過ごす別荘のような使われ方をしています。主な断熱気密工事の内容は、壁と屋根は躯体の外側を断熱材としてイソシアヌレートボード（t=30mm）で覆い、気密シートが設置され、窓はLow-E+アルゴンガス封入複層ガラス（FL3+Ar12+FL3）を用いた木製サッシ（気密等級A-4、断熱等級H-4）とし、基礎はコンクリートの外側に発泡ポリスチレン板（t=30mm）を打設しています。断熱性能は、工事が行われた当時の基準に適合する等級3（平成4年基準）相当です。冷房設備は2階ホールにエアコン（冷房能力2.5kW）が1台のみ設置されているのであり、また、暖房設備はセントラル式の温水パネルヒーターが1階の窓下などに設置さ

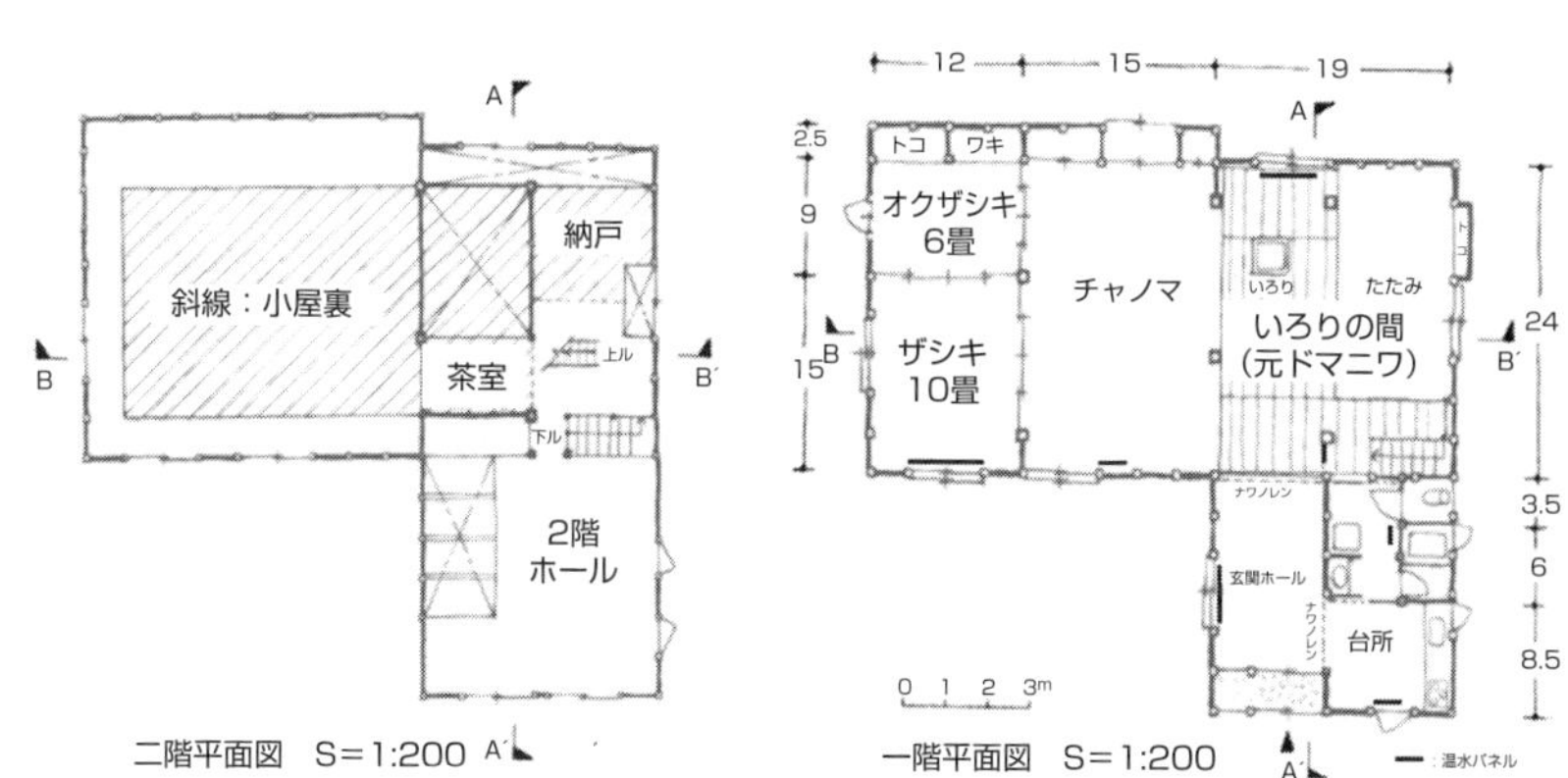

図１　調査対象古民家の平面図

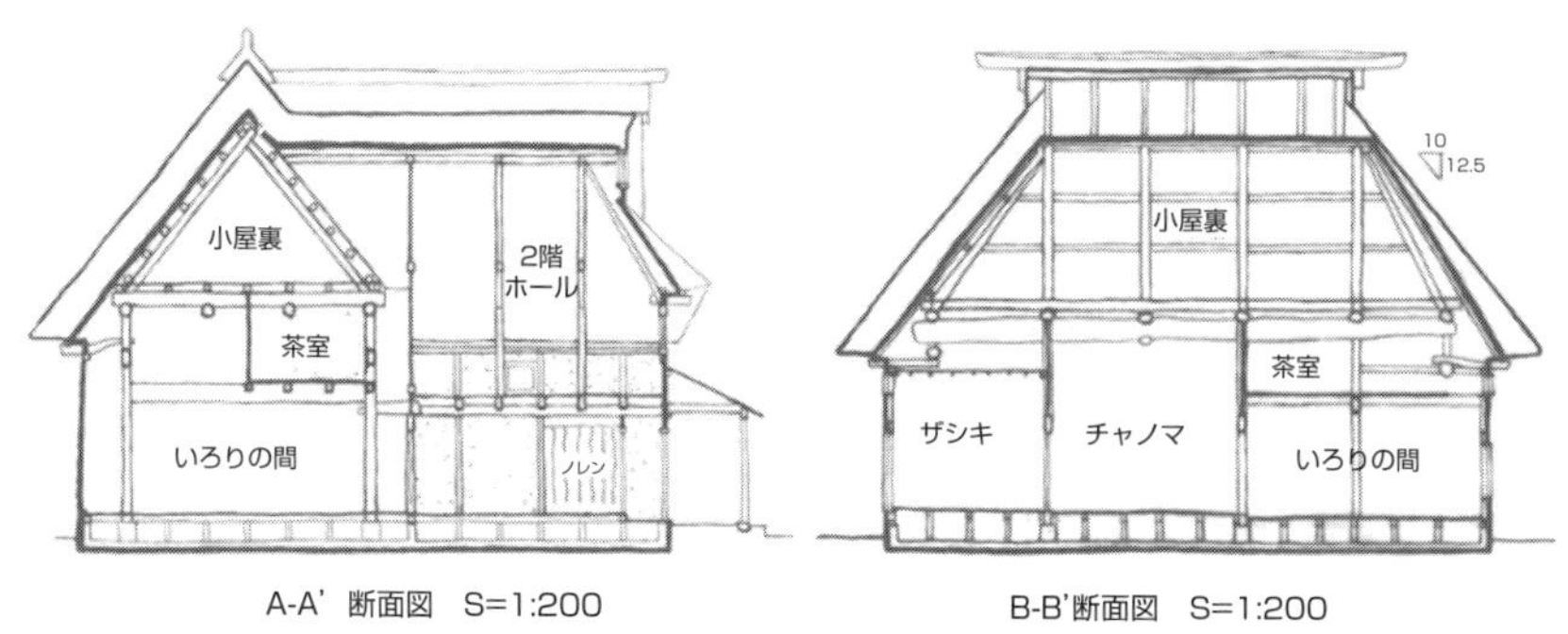

図２　調査対象古民家の断面図

れています。熱源は2階に設置されたＦＦ式灯油ボイラーです。なお、２００４年の中越地震（最大震度七）の際には、土壁や基礎にヒビが入るなど、気密性能に多少影響を及ぼしたと思われます（1）。

●調査方法

気密性能試験は、２０１５年10月5日に実施しました。測定は、減圧法により2回実施し、住宅用気密測定器（コーナー札幌製、KNS-4000）を2台使用して、チャノマの南側と北側の窓にそれぞれ測定器を設置し、手動モードにて4点の風量と差圧を計測しました。また、計測時は、台所のレンジフード、トイレの排気ファンは養生テープにてシールしました。

室内温湿度の計測は、２０１５年3月8日から２０１６年7月21日まで実施しましたが、ここでは暖房を行った２０１６年2月4日～2月9日までの結果について示します。測定には、温湿度計付き小型データロガー（ティアンドディ製、TR-72U）を用い、いろりの間（床上１．１m付近、床上０．１m付近）、チャノマ、2階ホール、床下に測定器を設置しました。また、２０１５年10月5日からは、T型熱電対と小型熱電対ロガーを用いて、いろりの間の北側外壁の内・外、床、天井、床下スラブの各所表面温度を追加で計測しています。測定の記録間隔はいずれも30分間に設定しています。

●気密性能の調査結果

図3に通気量と圧力差の関係を示します。単位延床面積当たりの相当隙間面積（C値）は1回目の測定で4．9㎠／㎡、2回目で4．7㎠／㎡となり、建物の断熱気密工事を行った当時の平成4年基準【注1】で規定される5．0㎠／㎡をクリアしていることがわかりました。

●室内温湿度の調査結果

図4に冬期における温湿度変動を示します。この期間中、2月5日～7日にかけて暖房を運転しており、いろりの間と2階ホールで最高15℃程度まで上昇していますが、最高温度に到達するまでに約一日半を要しています。いろりの間では、床上1．0m付近と床上0．1m付近を比較すると両者の温度差は最大でも3℃以内に収まっていることがわかります。2階ホールは、いろりの間、チャノマと比較すると室温の上昇が早くなっていますが、これは暖房により暖まった空気が吹抜や階段を通じて上階へ移動しているためだと考えられます。また、床下も暖房の運転に伴い10℃程度まで上昇しており、床下の温水配管からの放熱と居室の床面からの伝熱が影響していると考えられます。暖房停止後は、約一日半かけて4～5℃程度まで低下していますが、外気の変動による影響は小さく、安定していることがわかります。相対湿度は、室温の上昇による影響を受けていますが、60～80％の範囲で維持されています。絶対湿度は、

【注1】平成4年（1992年）に改正された住宅の新省エネルギー基準では、気密性能C値が5㎠／㎡以下を気密住宅と定義している。

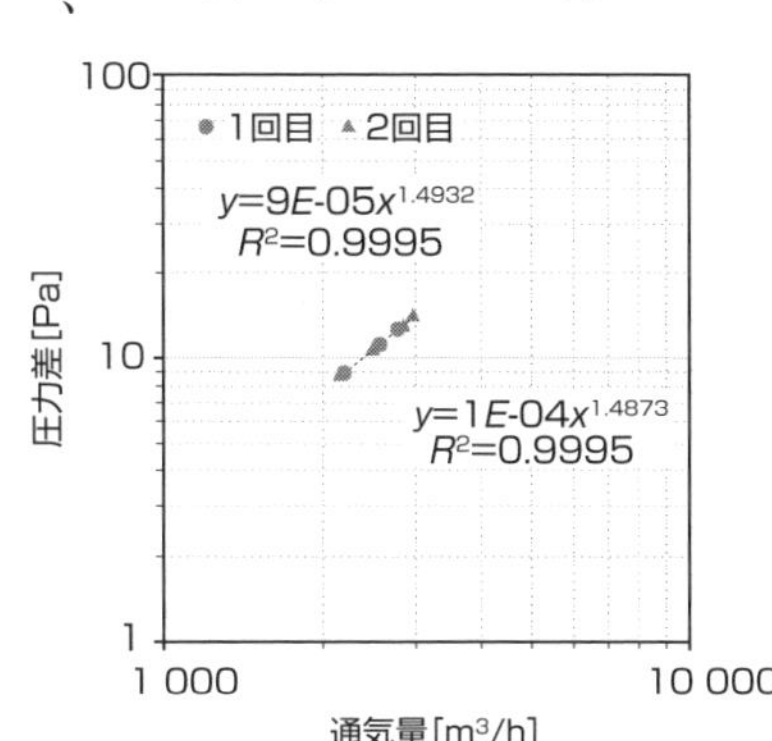

図3　通気量と圧力差の関係

暖房による室温の上昇に伴い、上昇していることから、土壁などの周壁面からの放湿による影響が考えられます。また、表面温度は、室温に同調している様子が伺えます。部位別では、天井のほうが壁・床より高く、暖房による熱が上階へ移動しているものと推察されます。

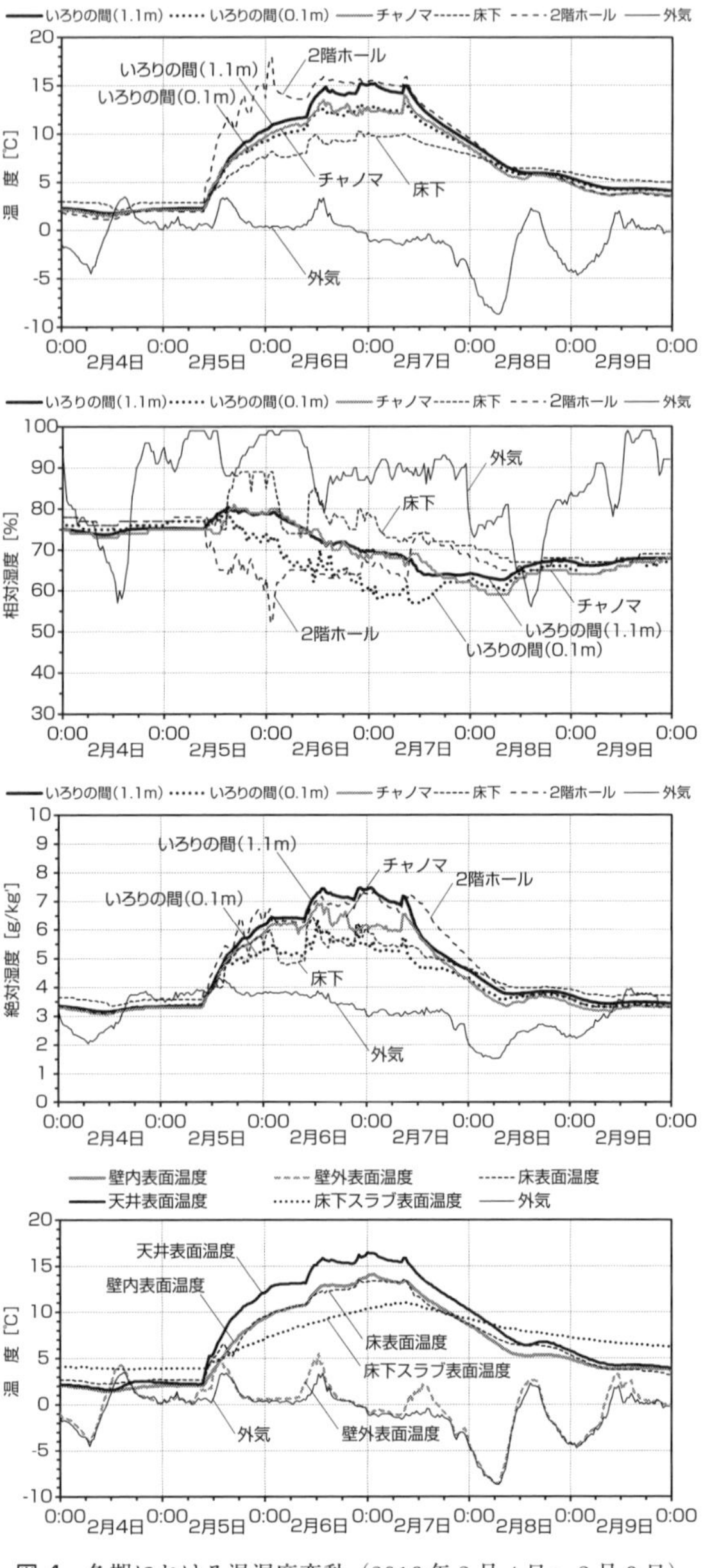

図４　冬期における温湿度変動（2016 年 2 月 4 日～ 2 月 9 日）

●まとめ

今回の調査から、気密性能については、現代の高気密住宅と比較すると劣る結果となりましたが、断熱気密工事を行った当時の省エネ基準を満たしていることがわかりました。温熱環境については、冬期における暖房開始後と停止後の室温変動の様子から、室温の上昇・低下が遅く外気の影響を受けにくいことから、建物躯体の熱容量が大きいことによる効果が推察され、連続した暖房運転下では安定した温熱環境を確保することが可能であると考えられます。一方、1階と2階の温度の様子からは、暖房による熱が上階へ移動していることがわかり、家全体を暖めることとなるため、室温は最高でも15℃程度までしか上昇せず、さらに熱容量の影響もありますが、室温の上昇に時間を有する原因となっていることが考えられます。

（三田村輝章）

《参考文献》

（1）宮澤智士「雪国の断熱気密の家『ぶなの木学舎』に住んだ、長寿命省エネ住宅への道」住まいと環境 東北フォーラム、平成18年度主体間連携モデル事業委託業務（省エネ住宅②）

19 登録文化財を高断熱高気密補強しました

キーワード
登録文化財、古建築の断熱改修、高断熱高気密

筆者は平源旅館ほか十数棟の横手市にある登録文化財建造物を１９９９年に調査して、『横手まちづくりの文化資産』を建築修復学会から出版しています。その後２０１１年に縁あって平源旅館を譲り受けた所有者の方から改修工事を依頼されました。そのとき目にした平源旅館は雪害などで荒れ果てていました。平源旅館は明治６年（１８７３年）創業の老舗で横手市街の中心部に所在します。道路を挟んで向かいに建つ登録文化財の木村屋商店本店とともに伝統的景観を形成する重要な建物です。平源旅館の美しい外観は横手市民の誇りであり、改修にあたってはこの美しさを損なわないことが最も大切でした。

●平源旅館について

〈本館ファサード（正立面）の特徴〉

平源旅館のファサードは、大正15年（１９２６年）建築のタイル、レリーフ、ステンドグラスを使用した洋風本館と、装飾豊かな扉のある明治初期の土蔵で形作られています（写真１）。本館正面は西に面し、寄棟屋根の中央部のみにパラペットを設け、高い位置に開口を設けています。２階開口部は左右対称に配置され、タイルは丁寧に

写真１　ゲストハウス平源のファサード(1)

割り付けてあります。

〈本館平面計画と構造の特徴〉

本館の1階は玄関とベイウインドウを持つ応接室のみが洋館としてデザインされ、それ以外の玄関ホール、帳場、座敷、什器収納室は純和風のデザインです。玄関ホールには2階に通じる装飾豊かで豪華な階段が設けてあって目を引きます。2階は、もっぱら和室の宿泊室が配置されており、階段室の背後は布団部屋で、その布団部屋を取り囲むように、各部屋に通じる廊下が巡ります。このように1階と2階の用途がはっきりと分かれているのが特徴です。

結婚式場として活用するには、エントランスからロビーにかけては広くて開放的な空間が必要なのにもかかわらず、1階部分は小さな部屋に区切られて柱が林立していました。ところが調査してみると、大断面の長い2階床梁を配置しており、1階の間仕切りを構成する柱のうち半数以上が構造を担っていません。柱の大半は取外しが可能なので大きな空間を作ることができたことは、改修設計を進めるにあたってとてもありがたいことでした。（**写真2**）

平源旅館本館は大正15年（1926年）5月26日の大火で焼失した後再建され、7月5日上棟式を執り行っています（**写真3**）。上棟式までは焼失翌日から数えて39日しか経っていません。大正の設計者はこの短期間で基本設計をしたのでしょう。それに基づき施工者「中三組」は基礎を作って、大断面の構造材を手配し、墨付けをして、上棟式にこぎつけたのです。大断面の長い2階床梁の配置は工期短縮に適した素晴ら

写真２　結婚式場になった土蔵の内部[1]

しい構造と言えます。小屋組みもトラス構造で構造柱を少なくしています。これなら詳細な平面計画が決まっていなくても建て方が可能なのです。構造と間仕切りが分離しているという構造に助けられて、結婚式場「ゲストハウス平源」の設計は可能になりました。

●ゲストハウス平源について

〈改修設計基本方針〉

現状の調査に基づいて次の改修方針を立てました。

①ゲストハウス平源としての用途を満足するため、内部空間、外観ともに守る部分、犠牲にする部分を明確にする。②文化財としての価値を損なわないように、新築時の設計意図を尊重する。③多量の降雪、暑くて寒い内陸気候という厳しい気候条件に抗するため、耐雪、耐震および高断熱高気密の補強をする。

〈基本方針に基づく各手法〉

1　犠牲にする部分

本館と一体となって文化財登録されている宿泊棟は、本館に比べてやや新しく、次の間がついて上等な書院造りです。本館竣工後あまり日をおかずに皇族方がお泊りになるにあたり、奥に増築したものと推察します。宿泊棟は1、2階とも宿泊室で、本館と違って上下の柱位置が一致しており、すべての柱が構造を担っているのです。秋田杉四方柾の柱、天井板、床棚書院の座敷飾りのどれをとっても取り壊しをするには

「大正十五年五月二十六日近隣より発火で焼失大正十五年七月五日 上棟祭執行」の文字が読み取れる。

写真３　本館２階小屋組みに奉納されていた棟札

心苦しいものでした。しかし、この施設が結婚式場として蘇えり、収益を上げるには取り壊して、宴会場を新築するしか方法はありません。つまり、本館や土蔵を保存活用するために宿泊棟を犠牲にしたのです。長年文化財建造物の保存活用にかかわってきた筆者は、この決断を正しかったと思っています。犠牲にした部分は大きかったのですが、文化庁は文化財登録を取り消しませんでした。（図1）

2　雪対策

横手といえば雪で、かまくらは特に有名です。しかし建物にとっては実に厄介です。重要伝統的建造物群保存地区の横手市増田町では各家が立派な座敷蔵を持っています。しかしすべてに雪から守るための覆屋をかけていて、通りからはその存在をうかがい知ることができません。

ゲストハウス平源の土蔵は明治の初期に建築されており、その工夫がされていません。むしろ商業建築の看板として通りに開放されている必要があったのでしょう。加えて焼失後の本館の規模がそれ以前のものより拡大したとみられ、本館と2棟の土蔵は軒が接するほどでした。この狭い空間に降り積った雪はお互いの外壁を傷め続けていたのです。そこで、その狭い空間にも屋根をかけ渡し、気密断熱を施して屋内に取り込み雪害から守りました。

隣地との間の細長い空間には、雪除けの屋根と壁がありましたのでそのまま非断熱空間として利用しました。これは細長い敷地を持つ雪深い地方の町家の工夫といえます。（図2）

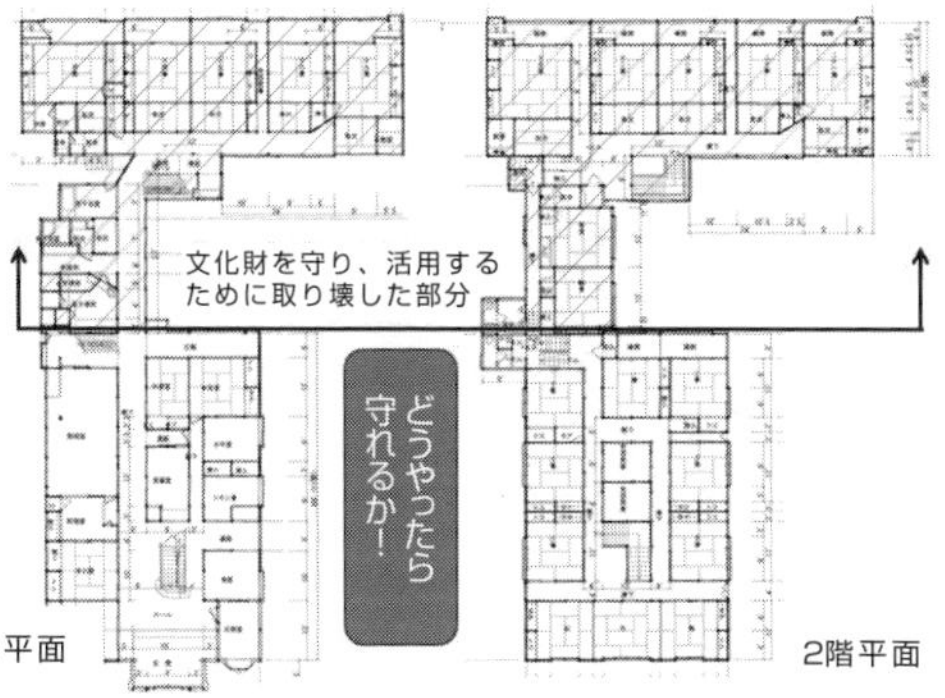

文化財を守り、活用するために取り壊した部分
どうやったら守れるか！
1階平面
2階平面

図1　修理前の本館と宿泊棟

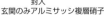

3　構造補強

腐朽した土台や柱脚などを修理するとともに、本館すべての外壁部および内壁の一部に構造用合板を建築基準法に基づく国土交通省告示１１００号に従って張り、壁倍率を高めました。加えて2階床を取り払って吹き抜けを作る、2階正面の3室の間仕切りおよび天井を撤去するなどして、建物の自重低減を試みました。

4　高断熱高気密補強

一番大がかりで、活用のために効果的な高断熱高気密補強の方式は、屋根、外壁、地盤による外張り断熱を基本にして、開口部を高性能のプラスチックサッシに変えたことです。洋風の、今では再現不可能なファサードを改変しないため、外張りではなく内部から断熱材を施工する方法を採りました。既存の木製硝子戸は外観を改変せず建築基準法が定める排煙面積を確保するため硝子を取り除いて建具のみを残し、その内側に高性能サッシを取り付けました。それでも外観を守るため、一部に断熱施工ができない部分が生じたのは残念です。

南北隣地境界の雪に対応して設けてある覆い屋根は、その役割を変えず、あいまいな外部空間、非断熱空間、として役立てました。このことで本館や土蔵の断熱方式を、どうしても外観が変わってしまう外断熱とすることが可能になったのです。（図2）

ただし、土蔵のファサードは内部の壁および外壁ともに重要な装飾性を持っていましたので、断熱補強は不可能であり、窓に高性能サッシをはめ込むしかできませんでした。土蔵の気密性と厚い土壁への蓄熱を期待して、暖房は連続運転をお願いしまし

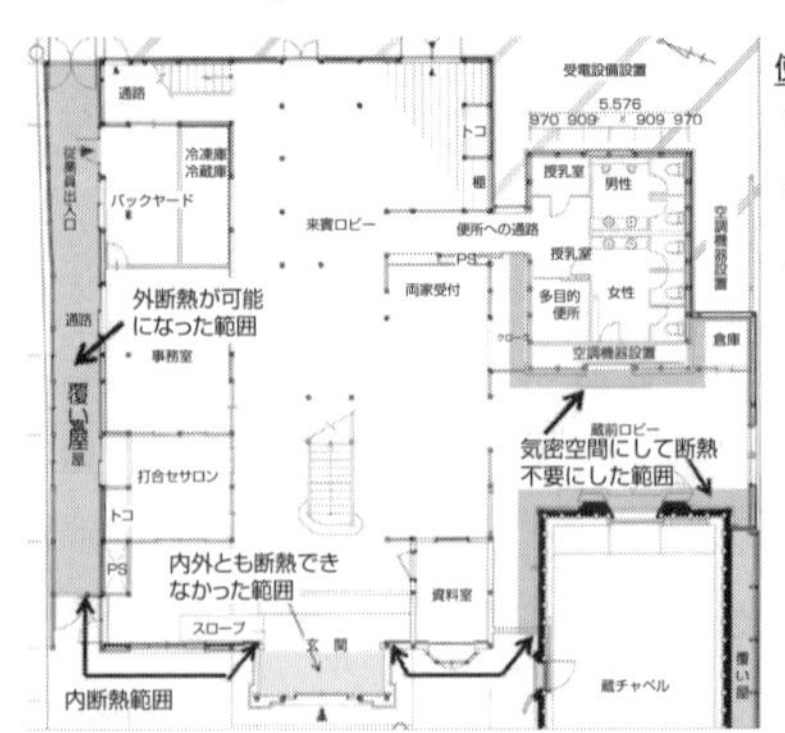

使用断熱部材

・断熱材1：高性能フェノールフォーム　屋根100mm 外壁50mm
・断熱材2：ポリスチレンフォーム3種b　基礎および地盤50mm
・開口部：樹脂サッシ、複層硝子Low-Eアルゴンガス封入
　玄関のみアルミサッシ複層硝子

図２　１階の断熱手法の種別と使用断熱部材

た。電気ヒートポンプ式低温水放射暖房システムの連続運転によって、幸いにも穏やかな暖かさを得ることができました。文化財建造物の断熱補強は必ずしも完璧にできるとは限らないことが悩みの種です。

このシステムを使うことにより、本館床下へも温水配管を施工したので、屋内空間である床下に熱源があることになります。常時換気用の外気は床下を介して取り入れているので、床下を外気調和の予熱チャンバーとして利用することになり、地熱も手伝ってより快適な屋内空間づくりに寄与します。別棟新築の宴会場は間欠暖房なので夜は10℃以下に下がっています。（図3）

5　屋内気候

改修後の２０１４年2月にゲストハウス平源にて、住まいと環境東北フォーラム主催のシンポジウムを開きました。それに先立ち、秋田県立大学長谷川兼一教授が環境性能を検証されました。その結果を図3～6に示します。

平源旅館本館（旧本館と土蔵を取り込んだ男女および多目的便所、蔵チャペル）と新築宴会場の評価は次のとおりです。なお、冬季間は2階のエアコンは使用していません。宴会場は間欠暖房です。「その他」の使用エネルギーには、照明や厨房で使用する諸々のエネルギーが含まれています。（図4～6）

・暖房運転により温度が適切に維持されている。
・温度の極端な平面的な分布は見られないが上階の温度が高い傾向にある。
・暖房停止以降の温度低下は大きいとは言えず、建物の保温性能は高い。

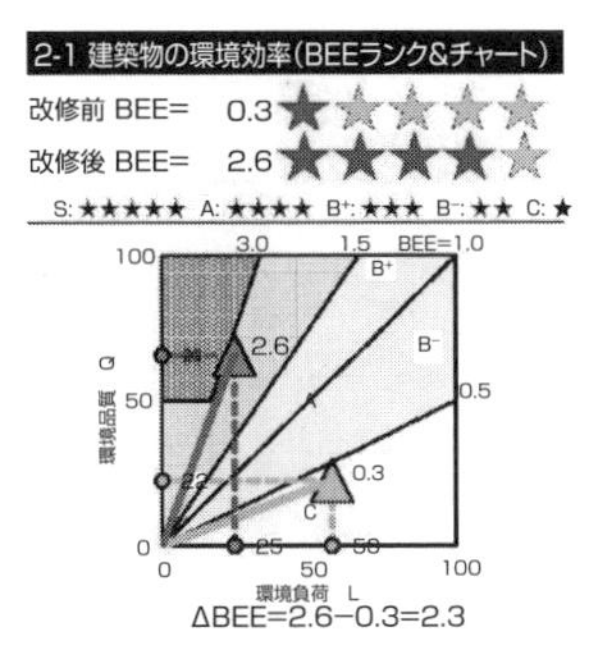

図４　CASBEE 改修［簡易版］による評価。改修前 0.3 改修後 2.6

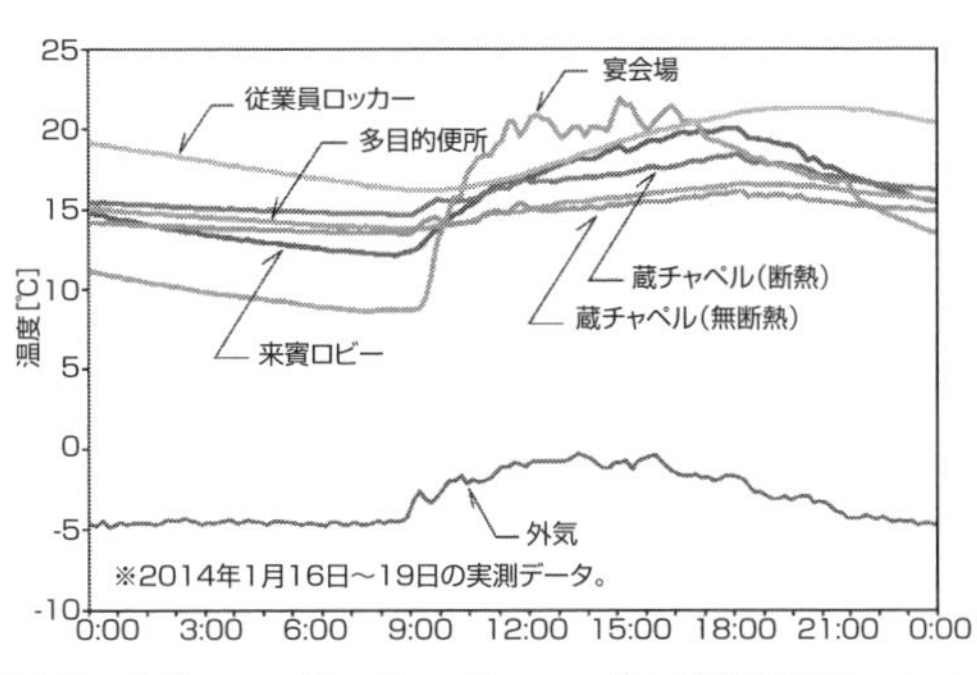

図３　冬季 2014 年 1 月 16 日～ 19 日の実測温度データの時刻別平均値

おわりに

ゲストハウス平源は２０１２年７月にオープンしました。明治、大正の文化財建造物を現行の建築基準法、消防法などに準拠させるのは至難の業でした。改修困難な文化財建造物を、高い設計と施工力で高断熱高気密構造補強を施したうえで、美しさを回復し、保存活用することに成功しました。平源を残したいという願いは横手市民共有のものだったので、各役所や確認申請機関の多大で親切な指導に助けられて完成にこぎつけることができたことは感謝に堪えません。挙式に臨む嬉しそうな新郎新婦の顔が今も瞼に焼き付いています。

（安井妙子）

《参考文献》

（１）秋田県横手市の伝統と歴史の蔵のある結婚式場　ゲストハウス平源ＨＰ（iyataka.co.jp）

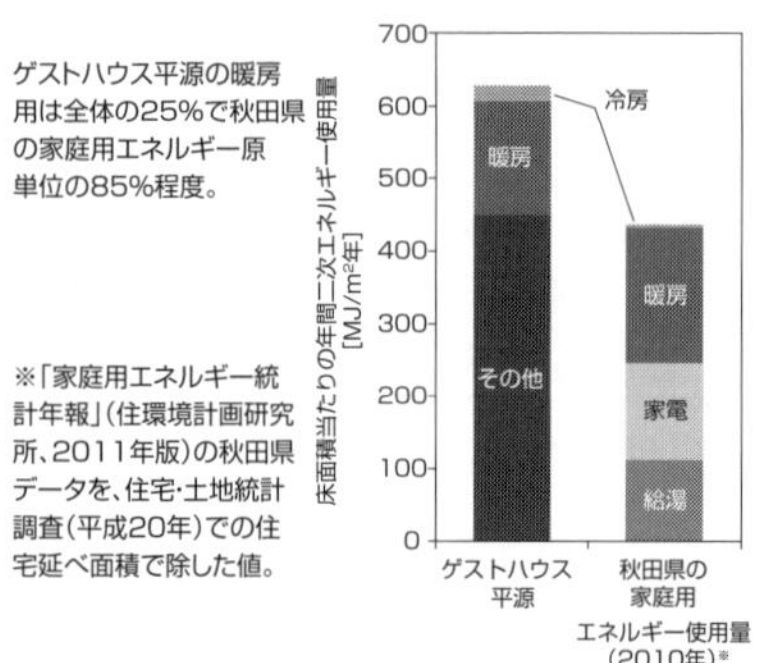

図５　床面積当りの年間二次エネルギー使用量

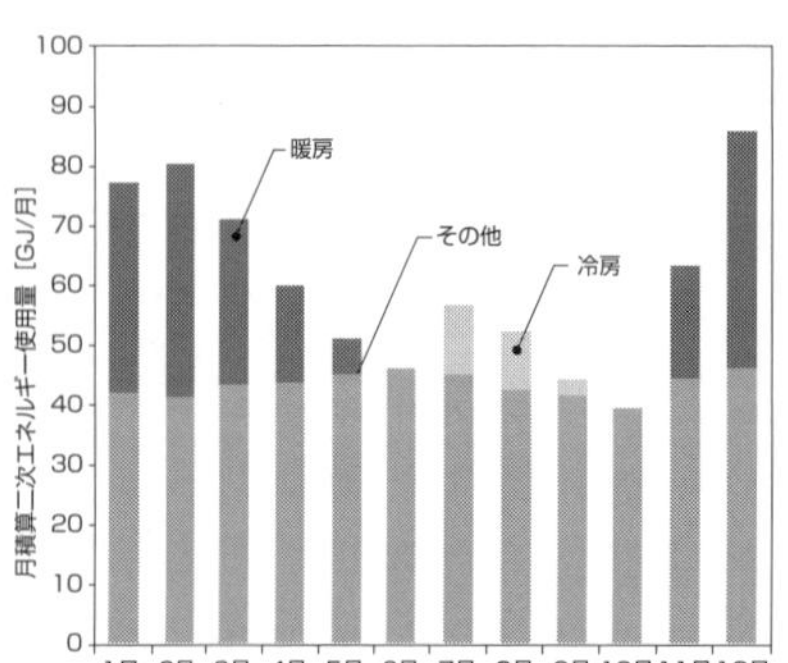

図６　月積算二次エネルギー使用量

20 断熱改修された古い木造建物の熱環境の実態

キーワード
断熱改修、高断熱、高気密、温熱環境、用途変更

近年日本では、温室効果ガス排出量の削減目標の達成に向け、住宅・建築物の省エネルギーの対策強化が課題となっています。これを受け、新築建物に関しては、省エネルギー化の手法の提案・実用化が進んでいます。しかし、既存建物に関しては、その効果と手法の十分な検討・周知が行われておらず、依然として省エネルギー化が進んでいません。そこで、本調査では、省エネルギー性能および快適性向上を目的として断熱気密改修した建物を事例に、改修後の温熱環境の調査を行うことで、改修による効果を検証しました。

●建物概要

対象の建物は、宮城県仙台市の㈲宮城野納豆製造所内の納豆菌の包装出荷場です（**写真1、2**）。建築年代は昭和10年（１９３５年）。トラス構造で内部に柱・間仕切りがなく、約１４６㎡の無断熱かつ暖冷房設備なしの木造平屋建築物でした。その後、倉庫として利用していた包装出荷場を２０１７年に用途変更する際に、設計者安井妙子氏により断熱気密耐震補強が行われました。工事は２０１７年８月～12月の期間行われ、現在は減築して延べ床面積約98㎡の「となりのえんがわ」と称し、カフェやイ

写真１　改修前の建物（南面）[(1)]

写真２　改修後の建物（南面）[(1)]

ベントスペースとして貸し出しを行っています。２０１９年には本建築物以外の宮城野納豆製造所の工場群７棟が登録有形文化財として登録されました。

〈改修内容〉（1）（2）

基礎は、立ち上がりと折返しに押出法ポリスチレンフォーム断熱材60㎜を内貼り施工しています。

屋根は、既存の野地板を構造用合板で補強し、壁との取り合い部は高耐候性ポリエチレンフィルムで防湿・気密を確保しています。合板の上にフェノールフォーム断熱材１００㎜を外張り施工し、継目に気密テープを貼り、通気層確保のために通気垂木を設けています。また、瓦の半分をガルバリウム鋼板葺きとすることで、建物自重の軽減による地震水平力縮小を図っています。なお、棟部の明かり取り窓は撤去し、天窓を設置しています。**（写真3）**

外壁は、構造用合板を張ることで剛性を確保し、フェノールフォーム断熱材40㎜を外張り施工しています。断熱材の継目や窓まわりは気密テープを貼ります。特にケラバ部（屋根の両端の部分）は入念な気密施工が必要です。桁行方向の耐震補強としては、２か所に耐力壁を新設し、水平力を分散させています。

南正面の木製ガラス戸の窓は、外観を保持するために、Ｌｏｗ‐Ｅペアガラスアルゴンガス入りの樹脂製内付サッシで断熱補強し、そのまま転用しています。東側の一部のアルミサッシに取り換えられていた窓は撤去し、別の場所の木製のガラス戸を移動させて利用しています。そのほか新規に設置する排煙窓なども樹脂製または木製

写真３　小屋組みを現わした内部空間

Ｌｏｗ‐Ｅペアガラスアルゴンガス入りとしています。

建物性能としては、外皮平均熱貫流率が０．５Ｗ／（㎡・Ｋ）程度で、計画換気のできる気密性を確保する設計としています。仙台市の省エネルギー基準地域区分は５地域に該当し、戸建て住宅の断熱性能では、ＨＥＡＴ20（一般社団法人20年先を見据えた日本の高断熱住宅研究会）が提案する断熱水準のＧ１（０．48Ｗ／（㎡・Ｋ））からＺＥＨ（ネット・ゼロ・エネルギー・ハウス）（０．60Ｗ／（㎡・Ｋ））相当となります。

〈建物設備〉

暖冷房設備は、寒冷地用床置き型ルームエアコン（ＡＰＦ５．６）２台とし、夜間は暖冷房を切り、毎朝７時30分ごろより設定温度を25℃前後で運転を開始し、貸し出しを開始しています。カフェや演奏会の場として不規則利用しており、利用者が温度設定を調整することができます。換気設備は、プッシュ式給気口６台、24時間運転天井扇３台、厨房用換気扇２台を使用した第３種換気です。授乳室とトイレは間仕切り壁により区切られていますが、暖冷房された空気は、授乳室の開放された欄間部分を介してトイレの天井扇から排出されています。

● 調査概要

室内温度と利用状況を調査し、改修後の温熱環境を分析します。測定期間は、２０１９年６月17日～２０２０年５月15日とし、室内４か所（図１）に温湿度

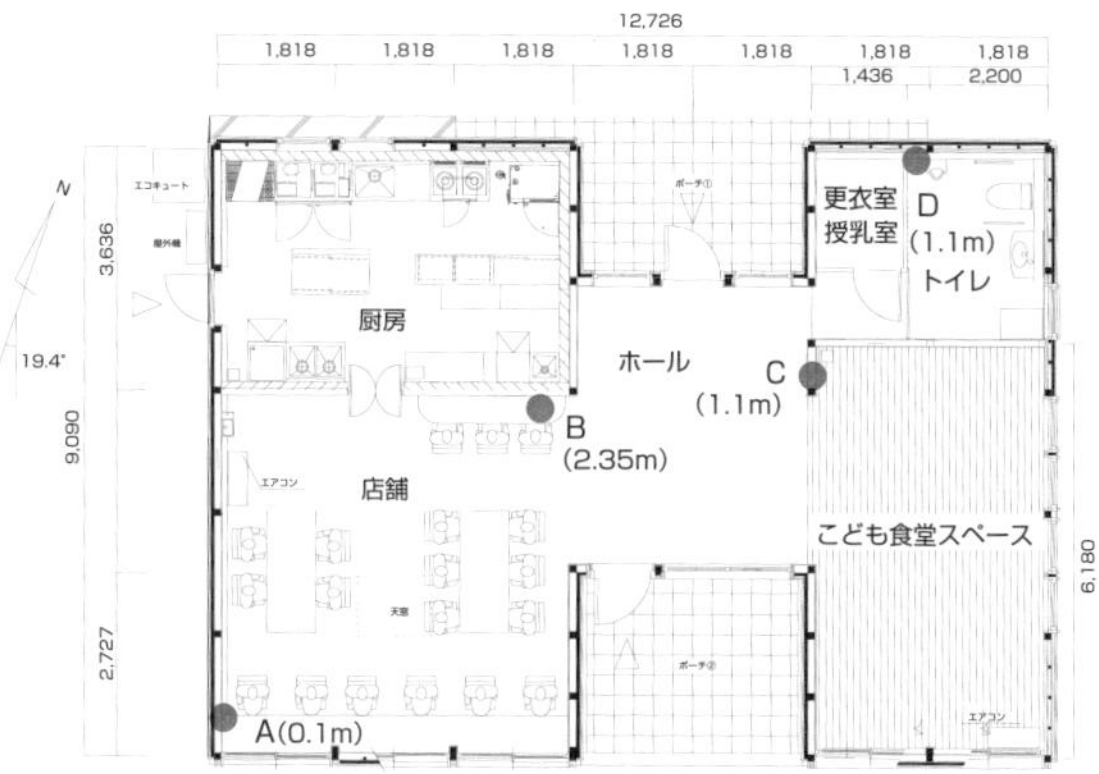

図１　平面図(1)・測定器設置位置

データロガーを設置して、毎時の温度を測定しました。設置高さは、A0．1m、B2．35m、C・D1．1mで、冬期は比較として敷地内工場棟の事務所に1台（高さ1．2m）設置しました。事務所は無断熱で、暖房期は毎日7～15時ごろまで壁付エアコンで暖房しています。なお、仙台市のアメダス観測値を外気温としました。

●結果と考察

〈冷房期（2019年7月28日～8月4日）〉

冷房時は25℃前後、夜間は27℃前後で比較的温度が一定です（図2）。冷房時はAとDの温度がわずかに高いです。Aは、設置位置は低いですが、南面の窓が近いため日射の影響で日中温度が高いと考えます。Dのあるトイレは、ホールと仕切られているため冷気が入りにくいです。また、暖かい空気は上昇するため、冷房を切っている時間（夜間）は設置位置が高いBの温度がわずかに高く、A、C、Dの温度は概ね一致しています。日中気温が高いにも関わらず、Bの温度が高くなっていないのは、屋根の断熱材を厚くして断熱性能を高めた効果であると言えます。

〈暖房期（2020年2月3日～9日）〉

暖房を切ると15℃付近まで室内温度は下がっています（図3）。ほかの時期を含め、測定期間中、外気温が氷点下であっても室内温度が10℃を下回ることはあ

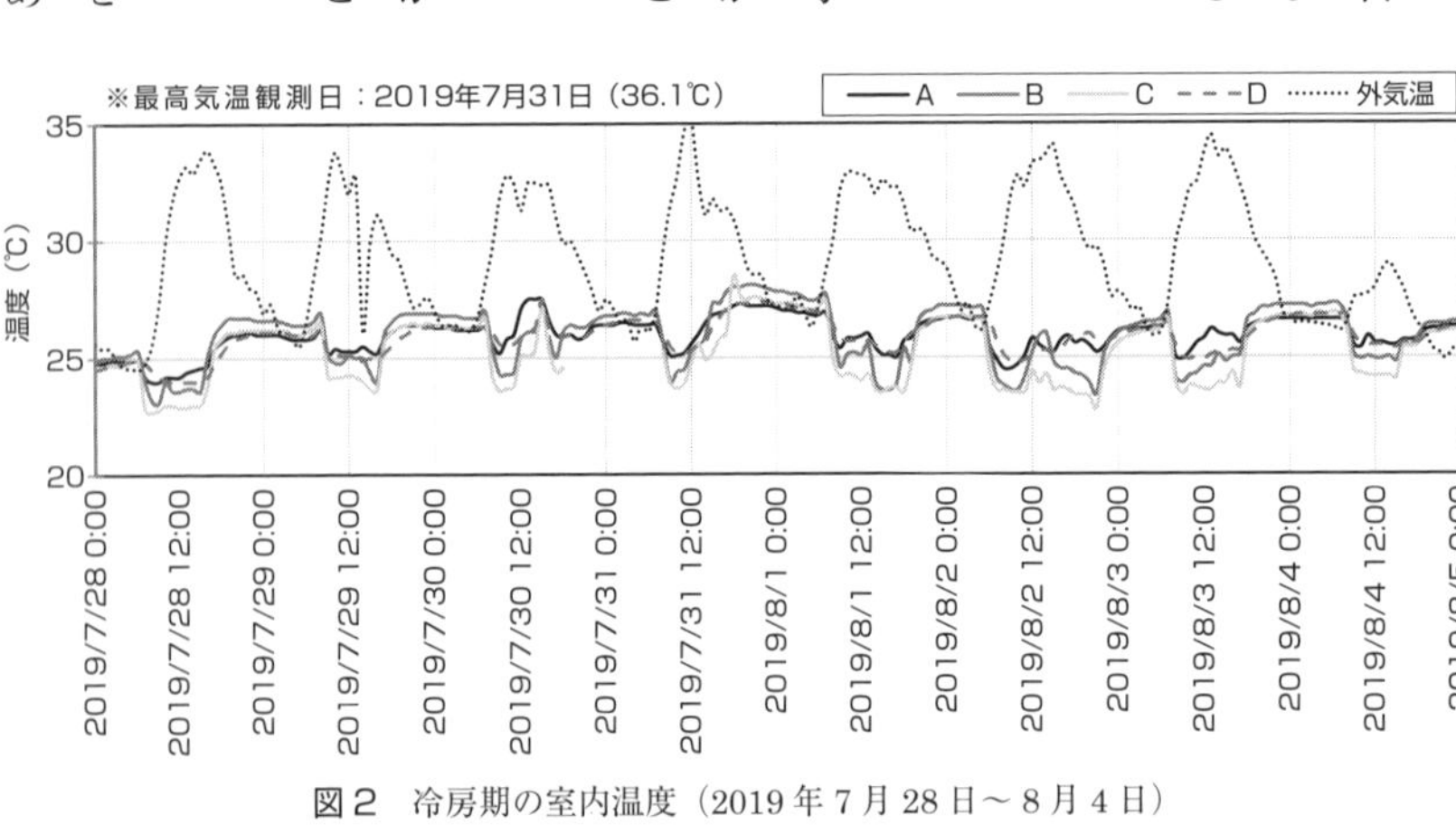

図2　冷房期の室内温度（2019年7月28日～8月4日）

りませんでした。なお、比較対象とした事務所は、朝方10℃以下を記録しています。１m以上設置高さが異なるBとCの温度が概ね等しいことは好ましいと言えます。AとDの温度が低い理由として、Aは設置位置がエアコン吹き出し位置よりも低く、上部にカウンターがあり、暖気が回り込みにくいことが考えられます。加えて、南面内付サッシの断熱層の連続性が不十分で、壁際のAの温度が低くなったと考えます。外皮面積に対する開口部面積は14%（開口部比率区分（に）該当）で、一般的な住宅(3)と比較すると大きいため日射取得は大きくなりますが、その分気密の確保・施工精度が快適性につながります。トイレに設置したDは、授乳室とつながる上部通気口から入ってきた暖かい空気が、そのまま排気口から外に排出されたと考えます。なお、授乳室へは上部の欄間から食堂スペース・ホールの空気が給気されます。全室同一温度とする必要はなく、トイレと授乳室は排気のチャンバーとした設計者の意図どおりになっています。なお、2月7、8日のAの測定値が高いのは、何らかの熱源が近くにあったと推測します。

朝方（3～5時）の外気温に対する、室内と事務所温度を図4に示します。日中の暖房温度が異なりますが、設置高さが近いCと事務所を比較すると、いずれもCのほうが約5℃以上高いです。日中の暖房により暖められた空気が、断熱・気密効果により、建物の外に逃げにくいことが確認できます。断熱改修によって温度環境は大きく改善されたと考えます。

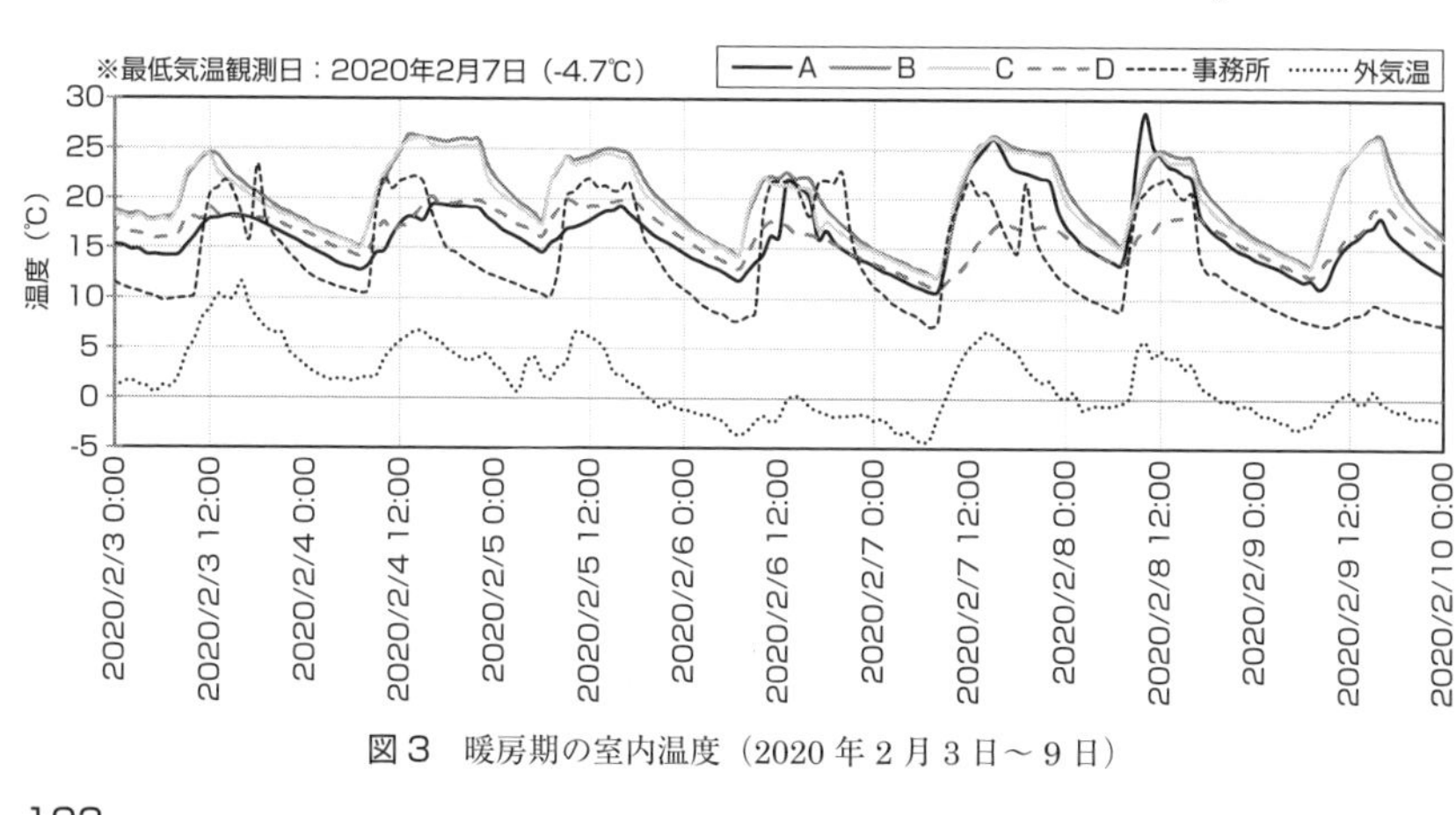

図３　暖房期の室内温度（2020年2月3日～9日）

〈室内の温度差〉

室内上下温度差（B―A）と室内外温度差（C―外気温）の関係を図5に示します。冬期は、室内外温度差が10℃以上となる（暖房負荷が大きくなる）と、A（0.1m）とB（2.35m）の温度差がより大きくなり、最大で8℃程度です。室内上下温度差が生じる要因としては、室内外温度差が大きいこと以外に、壁の断熱材（40㎜）が薄いこと、外観を大きく変えないという設計方針のために断熱改修の施工が複雑になったことなどが考えられます。また、屋根の断熱材が100㎜と厚く、建物上部からの熱損失は抑えられていますが、天井が高く、建物全体の空気の循環効果が小さいことも考えられます。これはサーキュレーターの使用で改善できるかもしれません。ただし、住宅と違い、「となりのえんがわ」では在室者は靴を履いているため、足元が寒いという体感は利用者のヒアリングからはそれほどありません。

●おわりに

建物用途を踏まえたうえで計画を立て、必要な断熱性能の確保だけでなく、高気密化を図ることで、設計意図どおりの暖冷房性能・計画換気が実現可能となります。そして、外観や室内構造を保持する制約の中での断熱改修は、施工後には見えない部分となる断熱・気密の施工精度がより重要となります。

また、建物性能に加え、使い手側も設計意図を理解したうえで使用することで、より快適な空間を作り上げることができると考えます。

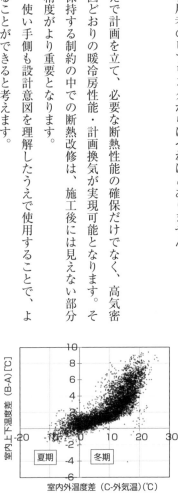

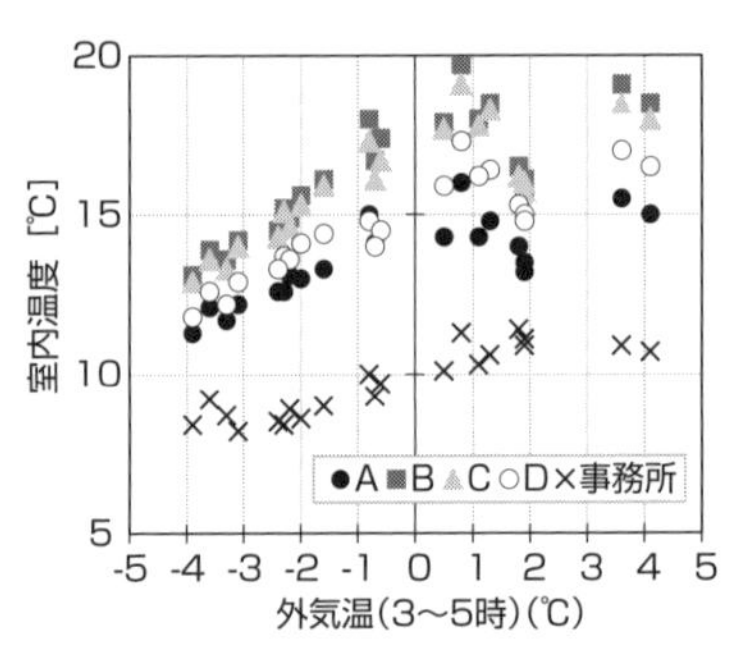

図4　朝方室内温度（2020年2月3日～9日）

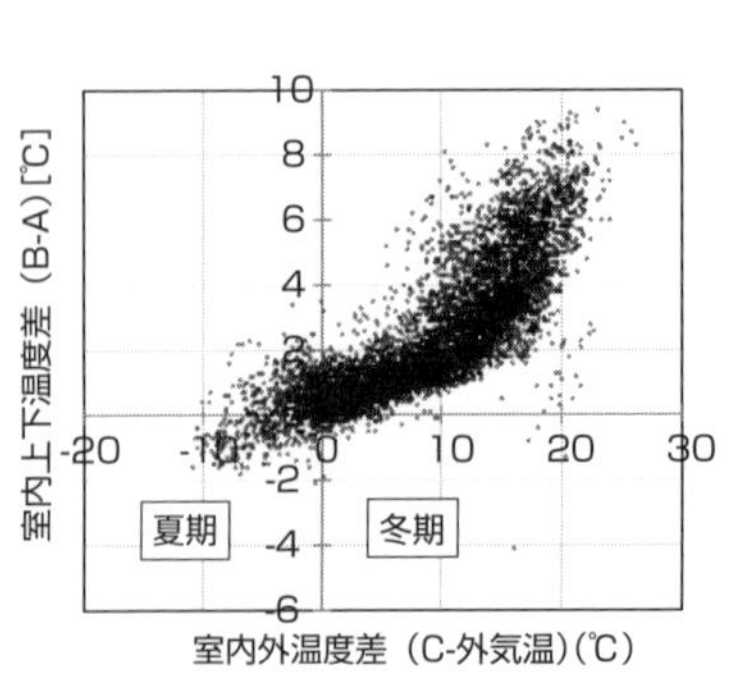

図5　室内上下温度差－室内外温度差関係

（小花瑠香）

《参考文献》

（１）三浦晴美「ティールームとなりのえんがわ修理工事報告書」２０１８年2月

（２）安井妙子あとりえ「ティールーム『となりのえんがわ』用途変更工事契約図面」

（３）独立行政法人 建築研究所『平成25年省エネルギー基準に準拠した算定・判断の方法及び解説（Ⅲ 住宅の設計施工指針）』74頁、２０１４年

21 北海道における断熱改修の現場から

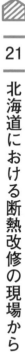

キーワード
築12年の建物、断熱改修が必用、その意外な理由

はじめに

意外にも築10年少々といった新しい家でありながら断熱が全く効かず膨大な光熱費が掛かる家があります。北海道はよく断熱工法に関しては先進地域と言われますが、そんな地域にありながら寒くて光熱費が掛かって仕方のなかった住まいを３００㎜断熱により断熱改修。さらに減築により耐震化しました。ここでは実際に現場に立つなかで見えてきた事柄をレポートします。

山の手の家とは？

「山の手の家」（**写真１**）は２００２年の末に竣工した３階建ての住宅です。最初にご相談をいただいた２０１４年４月の時点では、築12年という新しさで外観のガルバリュウム折板の表情を見ても全く古さを感じさせません。平たく言ってしまえば最近の家と変わらぬ印象でした。構造的には１階ＲＣ造の上に２層分の木造が載る混構造の３階建て。１階は主にカーポートと車庫、屋内としては玄関と階段があり２階から上が居住部分となっています。その内訳は２階が（各寝室＋洗濯干しテラス＋収納＋

写真１ 改修前の「山の手の家」道路側は２階、奥は３階。LDKと水廻りは３階にある。

和室＋WC＋大廊下）。3階が（LDK＋WC＋水廻り）の構成となっていました。間取りの第一印象ですが、残念ながら各部に無駄が多く、特に2階は各居室が雁行した広い中廊下（約8．6畳）に面し、採光不足とともに暗くて寒々しく感じました。3階は一見して採光の良い明るさを感じましたが、住い手曰く、夏場は暑くて仕方ないそうで天井面の断熱不足からくる焼け込み、西日に対して無防備な開口部、後付されたエアコンがその大変さを物語っていました。

●減築がすべてを救う?…かも??

住まい手の要望を実現する最も有効な手段を検討する過程で大きな足かせとなったのが建物規模の大きさでした。「山の手の家」の基準階となる平面形は4間×8間≒32坪／階。1階の内訳は、道路側の14坪がカーポート（半屋外）、残り14坪が屋内車庫と物置、そして4坪が玄関、ホール、階段です。2階は32坪すべてが屋内用途、3階は18坪が屋内用途、残り14坪が屋根でした。要は半屋外のカーポート14坪と屋内分の68坪。合計82坪が今回の工事対象となってしまいます。この計画はさすがに5人家族でも持て余す面積であること、将来的に多世帯化は考えていないこと、なにより用意した工費を大幅に上回ることから早々に廃案となりました。次に2階と3階の50坪のみ断熱化する方法を考えましたが、既存の間取りに不満を持つ住い手側からの反応は芳しくなく、こちらも廃案となってしまいました。そして、最終的にたどり着いたのが3階をすべて減築し2階にLDK＋水廻り＋各人の寝室を集約する案でした。確

かに建物の階数を減じることは断熱施工をするうえでも耐震化を考えるうえでも有利な面が多く、手っ取り早いと言えなくもありません。しかしそれは同時に建て込んだ住宅街の中で、１００％大工の手解体で3階を細かな部品に分解して地上に下ろすということも意味していました。さらには2階の間取りをその外周壁だけ残したまま、中味だけ全く別なものにそっくり取り替えるということでもあります。在来木造の場合は間取り≒構造なのですから、場合によっては既存の間仕切壁はほとんど使えないかもしれません（図1）。

ここで話を少し整理しましょう。3階を減築し解体するということは、2階から見上げると工事中の一時期32坪分の青空が見えるということになります。「14坪の屋根は残して再利用できるん

改修前

改修後

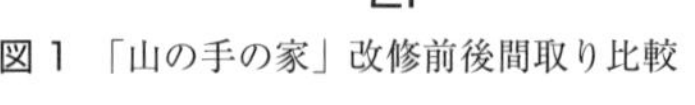

図１ 「山の手の家」改修前後間取り比較

じゃ?」などとも考えましたが、3階の機能を2階に吸収した結果、大きく間取りが変わり、屋根を支える柱の位置もずれるので、そのままでは上部の屋根を下階の構造で上手く支えることが難しくなってしまうのです。こうして屋根も撤去し、「山の手の家」の工事は2階の外壁と若干の間仕切壁・・3階の床梁だけが残り、後は必要に応じて解体時に出た残材を再利用しながら進めてゆくこととなりました。

●新築とはぜんぜん違う改修現場

私たちが学校で学ぶ建築の多くは言うまでもなく「新築」を前提にしたものです。白紙に理想を書き上げるように、労力の大部分は新たに作ることに集約され、実にシンプルといってよいです。当然ながら新築における設計者や施工者の苦労とは、これから作り上げる「もの」や「こと」に対してであって、それらを楽に解決できるか否かの選択肢も当人たちの能力によるところがほとんどです。一方、大規模改修となると事情はかなり違ってきます。多くの場合まずは解体から着手するわけですが、敷地周囲の状況や既存の材の再利用率によって使える機械力は大幅に制限されることになります。例えば、クレーンを現場に持ち込んで重量物である梁や柱をまとめて地上に下ろしたくても、そもそもクレーンの設置場所がない状況では不可能です。意外だったのは、大工の生産性向上のために今では当然のように使われている自動釘打ち機や電動ドライバーは解体となると逆に大きな手間となることです。新築時には心強い見方であるこれら自動工具が、こと解体となると非常に効率の良

写真2　ビスや釘が刺さったままの残材
再利用可能な材はたくさん出るが実際には釘やビスを抜かなくては使えない。搬出時にトラックの荷台にも載りにくく、怪我の心配もあるので困ったことに。

くないものに一変してしまい、遅々として進まない解体作業は現場の空気をさらに重いものにしてしまいます。むしろ改修現場には自動釘抜き機やビス抜き機がほしいと思いましたし、今後の工具開発には新築のみならず改修目線の導入が必要だと実感しました。3階をすべて解体する過程で、大量の柱や梁のみならず貫板や胴縁をはじめとした端柄材が出ますが、それらには大量のビスや釘が刺さったままであり、再利用するためには現場内にこうした金物を除去する工程を組み込む必要があります（写真2）。もう一つ感じた新築との違和感は、大規模改修における解体は料理で言うなら仕込みや下処理にあたる大切な工程であるにもかかわらず、一見すればいつまでも現場が進まず、ぐずぐずした印象に誤解されがちな点です。仮に近くに新築の現場があれば、みるみる家が建ち上がって行くのに対して、こちらは再利用する材まで誤って

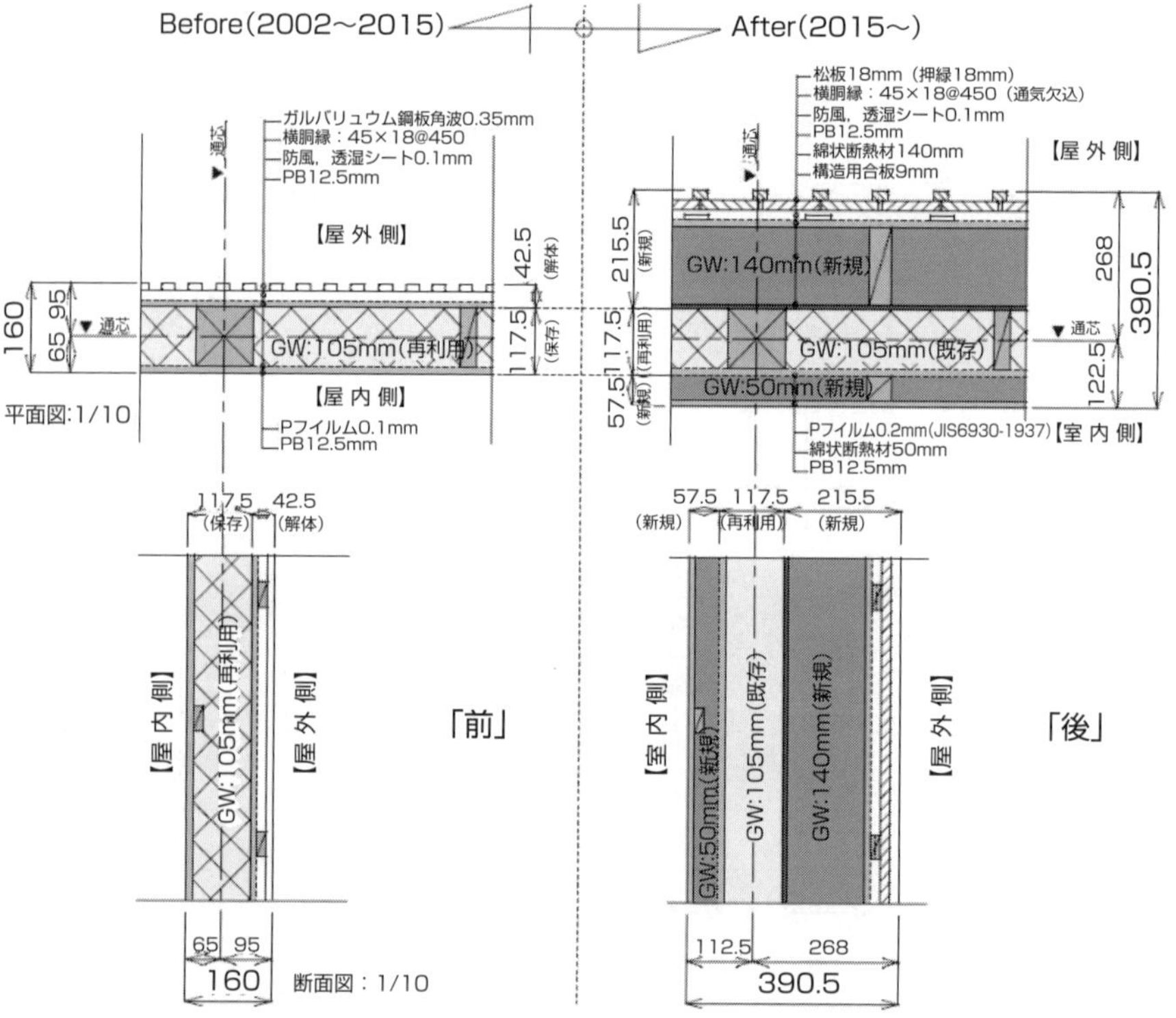

図２「山の手の家」断熱改修の壁構造前後比較

捨ててしまわぬように一つ一つ慎重に進める以外にありません。パッと見、つくるより解体のほうがずっと時間が掛かるという現実は歯痒くもあり新鮮でした。

●３００㎜断熱の壁構造　新旧比較

図1、2は断熱改修の壁構造の前後を比較したものです。解体時に壁内のグラスウールとともに構造材の確認を行い、既存壁の両側を新たな断熱構造で挟み込む構造としました。具体的には既存の外壁の室内側石膏ボード上から直接防湿ビニールを貼り、45×45の間柱材で防湿層を傷つけることなく配線と付加断熱層を設けます。一方屋外側は古い外装と通気層を取り去った後、耐力面材を張り、２０６材を縦方向に設置して１４０㎜厚の付加断熱層を作り石膏ボードを貼って建築基準法22条地域内でも木貼りが可能となるように準防火構造としました。告示（建設省告示１３６２号）による（写真3）。

●まとめ

断熱耐震改修という言葉を最近よく聞きますが、実はすごく奥が深いな、というのが正直な感想です。実際に釘打ち機ではなく「釘抜き機？」が欲しいと思いましたし、非破壊で内部結露がわかる眼鏡や叩くだけで凍害が判定できるハンマーがほしいとも感じました。なにより実態は、まだまだ主流の新築的発想のはるか先に、本当のストック型社会があることを実感しました。

（山本亜耕）

写真３　改修後の「山の手の家」
３階を減築し２階建て木貼りの外装となった。

22 省CO_2に貢献する百年建築のはなし

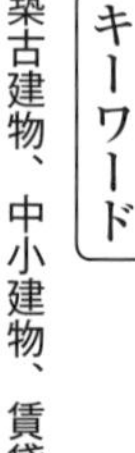

築古建物、中小建物、賃貸経営

●百年建築のコンセプト

建物の耐久性は概ね構造物の物理的耐久性によって決まります。鉄筋コンリート造は、施工精度、その後の周囲環境、メンテナンスなどに特に問題がなければ耐用年数は１００年を超えます。鉄骨造はそれ以上の耐用年数があります。「百年建築」は本来１００年以上の耐用年数を持つ建築の寿命を全うしようとする取り組みです。

35年ごとに建替える場合と１００年維持する百年建築を比較すると図1に示すようにライフサイクルＣＯ$_2$（ＬＣＣＯ$_2$）は17％低減され、地球温暖化対策に貢献します。それ以上に百年建築は、地球の有限性に気づいた人類や、豊かになった私たち先進国が目指すべき哲学的価値ではないでしょうか。人はほとんどの時間を建築という環境に囲まれて生活しますが、その建築が30年余りで建替えられるような街や都市が魅力的と言えるでしょうか。もう少し長い時間を建築と都市が人に寄り添うべきでしょう。

百年建築（住宅）が新築物件のキャッチコピーになっていますが、いま取り組む

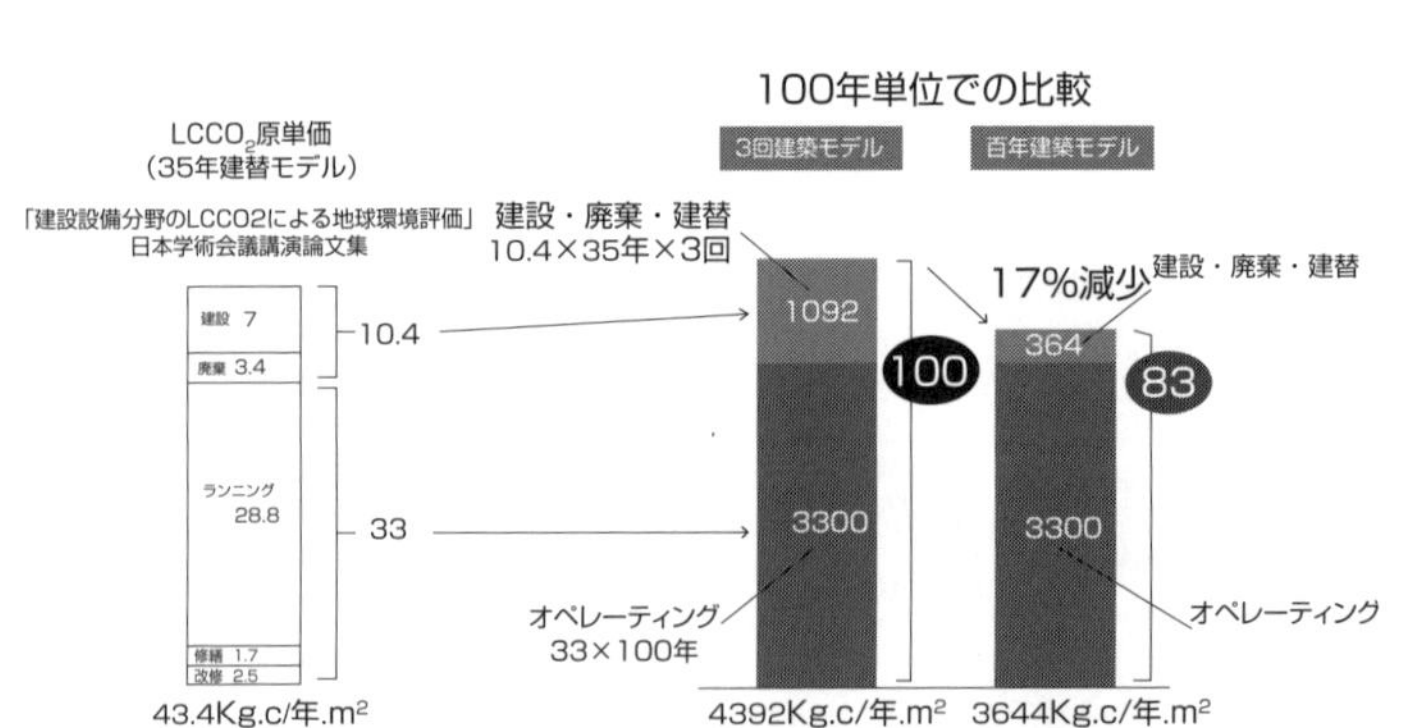

図１　百年建築のCO_2発生量

べき課題は既築建物の耐久性をいかにして１００年に延ばし百年建築を実現するかということです。それが、私たちが目指す百年建築のコンセプトです。

●中小建物

建物全体に対して中小建物はどのような位置づけになるでしょうか。中小事務所ビルの延床面積についていえば、図２のように２０００㎡の建物は全体の35％、５０００㎡以上で54％となります。中小建物は都市の重要な要素であり、市場としても大きな数値といえます。

「ビルオーナーの実態調査（ザイマックス不動産総合研究所・早稲田大学小松教授）」によると、所有ビルの床面積は図３に示すように３００坪（１０００㎡）未満が半数に近く、図４に示すように築年数は20年以上が８割以上となっています。多くのビルオーナーが今後のビル経営に不安を持っていると報告されています。

●ビルオーナー

今後、老朽化してゆく建物が増えて、不安を持つビルオーナーも多くなります。このオーナーに対して、計画的に改修をして百年建築を目指すという提案をする不動産・建設の関係者は少ないと思います。面倒な改修より建替えたほうがビジネスになる、修理より取替というような発想から抜け出していません。中小建物に限定するとその状況はさらに厳しく、百年建築を目指したいと思うオーナーがいても支援の体制

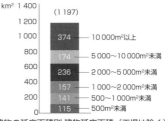

図２　中小ビルの床面積の分布

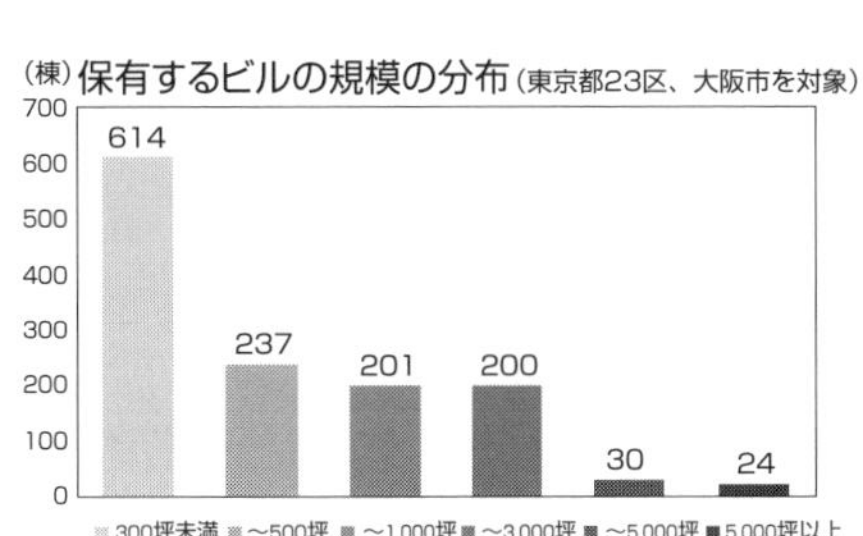

図３　中小ビルの規模分布

がありません。

●百年建築を実現する

百年建築を実現するためのハードとソフトの手法について述べます。実績に基づいたデータにより百年建築実現をイメージする手法です。

ハード面では百年建築改修プログラムを作成します。重要改修工事12項について100年間の過去の実績と今後の計画を作成し、実績の工事金額、計画の概算金額を書き込み、「すぐに実施」「不備が出たら実施」「数年のうちに実施」などの緊急度を表します。実際の現場の改修事例の情報に基づいて計画を作成し、合理的で無駄のない投資を目指します。25年ごとを節目に大きな改修を計画し、1年、5年、10年、25年、50年、100年と毎年計画を修正しながら百年建築を確実に実現します。

ソフト面では、多額の改修投資に対して、改修前の収益実績と改修後の収益目標を作成します。長期改修に対しては長期収益計画を立てます。改修による賃料アップ、改修投資と償却年数、収益・キャッシュフローなど当たり前の検討内容ですが、普段の準備がないと突発的事故などには速やかに対応ができません。突発事故で処理されるようなトラブルも改修プログラムの中で事前に予測し、実際に大きな改修工事に移行しなければならない場合は、今までの事例を参考にして収益改善計画を速やかに作成します。

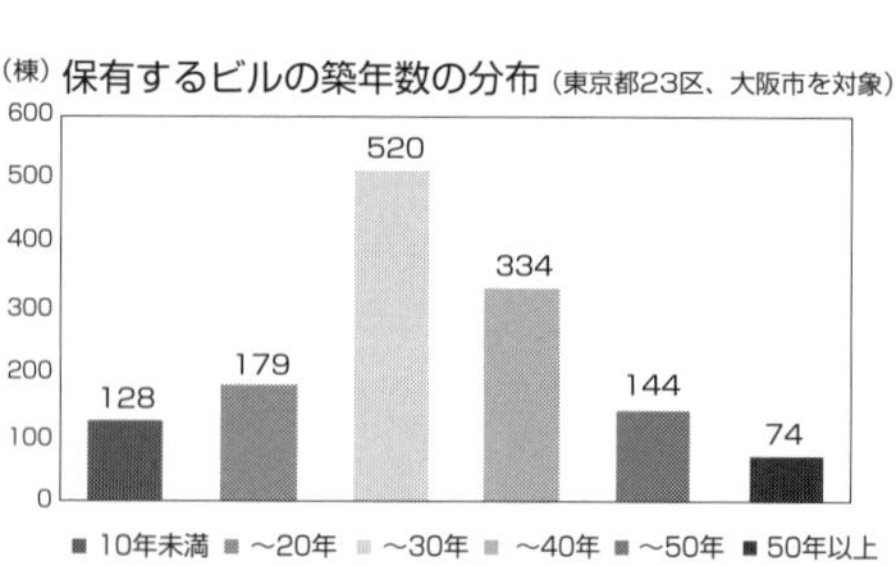

図４　中小ビルの築年数の分布

●改修工事のデザイン

賃料アップにつながるような魅力的な改修、10年20年後でも耐えうるデザイン性能、メンテナンスの掛からない仕様など、正当なデザインを基本とします。改修は新築の建物に近づけるようなデザインを求めがちですが、改修には改修に相応しいデザインを目指すべきでしょう。建築・建設の関係者は新築工事に慣れているので、既存建物の良さを生かすような改修デザインへの転換が意外に難しいです。基本的な設計方針と事例を紹介します。

◎天然素材を主体に経年劣化にも輝きを増すような素材を用いる。

◎経年劣化に部分補修で耐えうるような素材を用いる（**写真1、2**）。

◎躯体を現しにするスケルトン仕様で天井高の確保とメンテナンス性の良さを目指す（**写真3**）。

◎自然素材を多用するなど、ＶＯＣ低負荷仕様を目指し、健康な空間を創造する。

◎快適で健康な温熱環境（上下温度差解消、ヒートショック防止）を実現する。

◎建物を使いながら改修をする。

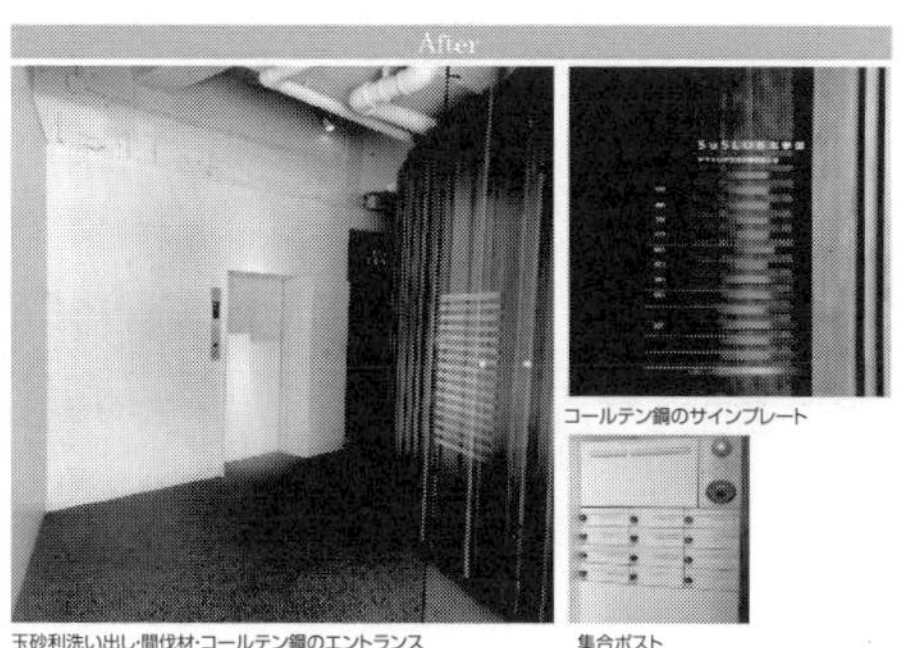

写真1　北参道エントランス
（玉砂利洗い出し・木（間伐材）・コールテン鋼（耐候性の高い特殊鋼材））

●施工とコスト

テナントが入居のまま改修工事をする場合は、普段からその建物をメンテナンスしている業者とチームを組んで工事を行います。特に設備に熟知している設備業者は必須です。5～10年の長期間共に改修工事に参加できて、工事後のメンテナンスもできるようなチームがよいでしょう。

改修工事は既存の天井や壁の中などの見えない部分が未確認のまま設計を行い、かつ現場をよく知る業者とチームを組むとなると、合見積や競争入札でコストを下げることは勧めません。工事金額をとにかく安くしたいという要望をよく聞きますが、現時点でその要望に応えるのは難しいです。工事は安かったが見た目は同じでも隠れた部分の材料や設備がそのままというのが多いです。それがわかるのが5年10年後となるので安物買い自体に気がつきません。目指すのが百年建築ならば長期の評価が必要です。今後コストを下げるために

共用玄関　改修後

木材・高畠石
劣化に強い天然素材

写真２　山形エントランス（杉材・高畠石）

照明器具のレイアウトが自由にできる

写真３　北参道室内（天高・配管露出のスケルトン天井）

は次のような課題があります。

◎改修専門チームをつくる。

◎工事の職種が少なくなるように設計をする。

◎多能工を育成する。

◎出来高精算方式を採用する。

◎オーナーが根拠ある予算を提示する。

●事例による説明

〈都内オフィスビルの築35年の改修〉

築50年前後に行うべき大改修を前倒しして改修した事例です。収益は見通しがあったわけではありませんがよい結果となりました。改修プログラムを簡易に表現したのが**図5**です。他ビルとの賃料比較したのが**図6**です。

〈都内14戸マンション築50年の改修〉

築50年のマンションで耐震補強を含めて大改修をした事例です。管理組合で建替えの検討を始めてから8年が経過しており、耐震補強工事が終了、内装工事もほぼ終っていますが、給水方式や外装の工事が残っています。改修プログラムと収益改善比較表があります。改修プログラムを簡易に表現したのが**図7**です。

●：実施

改修項目		'10	'11	'12	'13	'14	'15	'16	'17	'18	'19	'20
1986竣工/2006取得												
①基準階 全面改修	901											●
	801		●									
	701							●				
	601		●									
	501					●						
	401											●
	301	●										
	201	●										
	201	店舗										
②玄関・外溝		●										
③屋上防水												●
④外壁					●		●		●	●		
⑤給水方式変更		●										
⑥受変電設備						●						
⑦ELV				●								

図５　百年改修プログラム（オフィス・北参道）

〈地方都市（山形）41戸マンション築40年の改修〉

築37年の地方都市のマンション改修事例です。最近管理を始めて、改修に取り組み始めました。改修プログラムは未作成です。賃料単価は都内の半分以下で収益上は大変に厳しい状況です。厳しい条件で収益結果を出せば百年建築の可能性が拡がり、地方創生の成功事例ともなりえます。また、10年以上の長期計画となる予想です。

（武藤　清）

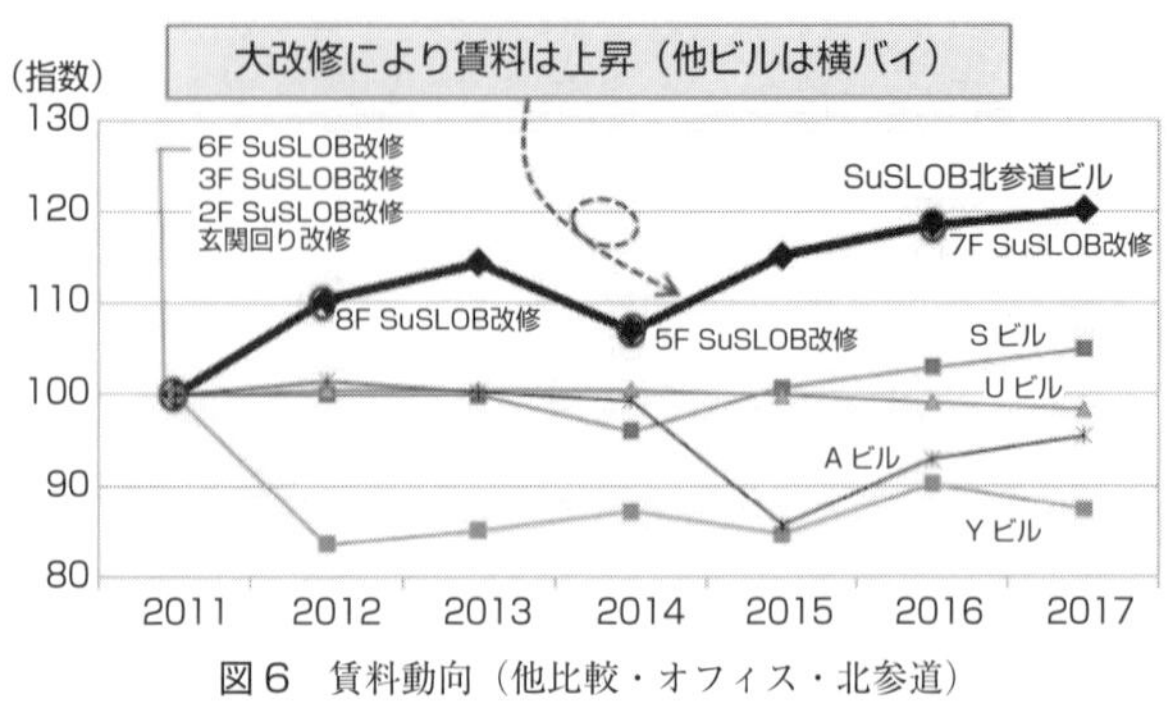

図６　賃料動向（他比較・オフィス・北参道）

改修工事内容

内容	今回実施	今後の計画
耐震補強	○	
玄関回り改修	○	
外壁改修		○
給水方式改修		○
電気引込改修	○	
ELV改修	○（実施済）	

① 「住みながら工事」では、耐震ブレースをバルコニー側に設置が望ましかった

② 中央に耐震ブレースを設置するために店舗出入口の移動や設備配管の切り替えが必要だった

③ 「工事期間中の対応」ではバルコニー内の設置の使用の確保

図７　百年改修プログラム（マンション・恵比寿）

23 省CO_2型住宅の設計支援ツール「涼暖ナビ」

キーワード
復興住宅、環境性能、経済性、性能向上ナビゲーション

東日本大震災被災者のための住宅建設が始まろうとする2012年度に、住まいと環境東北フォーラムは、「地域の特性を活かした省CO_2型復興住宅の環境設計（主査：吉野 博）」に着手しました。そして、省エネルギーおよび省CO_2に関するパッシブ手法やアクティブ手法の典型的組合せを示す復興住宅の地域モデルを提示しました。

このモデルの普及を目的に、比較的低コストでコンパクトな復興住宅を対象に、被災地の工務店などの住宅供給者が使いやすい、簡易で実務負担の小さい環境設計支援ツールを開発しました。設計段階で、躯体および設備に関する基本条件を入力すると、年間エネルギー消費量などの環境性能指標、イニシャルおよびランニングコストが即時に示されます。さらに、効率的に環境性能を向上させるためのナビゲーションシステムが組み込まれています。

●設計支援のフロー

住宅の形状や各部寸法・面積など専門的な知識を要する入力箇所には、記入枠にカーソルを近づけると注釈が表示され、比較的短時間に記入することができます。断

熱気密性能については、特に断熱性能ばかりではなく冬期の太陽エネルギー利用、夏期の日射遮蔽など暖冷房エネルギー消費の重要な要素である開口部（窓およびドア）の枠の種類およびガラスの種類、面積を入力し、その後に、断熱性能として、その他の外皮（屋根、天井、屋根、外壁、階間、張出部床、最下階床、外周基礎、スラブ）の断熱材の種類および厚さを入力します。開口部の枠およびガラス、断熱材の種類は、省エネルギー基準で示されている名称のリストから選択し、気密性能については、省エネルギー基準に準じて気密仕様に対応したレベルを入力します。

設備・パッシブ技術については、はじめに換気方式、暖房方式、冷房方式に関して入力します。次に、通風と日射遮蔽に関する入力を行います。設備は、暖房エネルギー消費の計算に最低限必要な入力内容に留め、冷房方式および通風などのパッシブ技術については、自立循環型住宅のマニュアルに準じて、冷房エネルギー消費の計算を行います。

暖房エネルギーの計算は、デグリーデイ法*を基本にし、窓からの太陽エネルギー取得を方位ごとのガラスの仕様および面積を考慮して算出する方法を用いています。従来のデグリーデイ法による暖房エネルギー計算では、窓からの太陽エネルギー取得を無視したり、あるいは簡易に考慮したりしますが、このツールでは、方位ごとの開口部に関するデータを入力し、方位ごとの日射量を地域の気象データを用いて算出します。これによって、開口部面積の方位バランスの影響を瞬時に考慮することができるようになりました。

*デグリーデイ法
暖房が必要とされる期間中における毎日の日平均外気温と暖房温度との差を積算した値（デグリーデイ）を用いて、暖房エネルギー量を算出する方法

以上によって、外皮全熱損失、UA値（2013年度改正省エネルギー法）、Q値（床面積当りの熱損失係数）などの、断熱性能に関する指標を示し、さらに、暖房および冷房の一次エネルギー消費量、二次エネルギー消費量、暖冷房のランニングコストが示されます。このほかに、入力した開口部、その他の外皮、気密に関する仕様のイニシャルコストが示されます。この計算では事例を元に得られた各性能値とイニシャルコストが用いられていますが、この数値は使用者が独自に変更することができます。これらによって、入力した住宅の暖冷房に関する省エネルギー性能とその性能に必要なイニシャルコストが瞬時に得られます。

●効率的性能向上のナビゲーション

このツールの特徴は、入力建物および入力仕様に対する単なる計算結果を示すのみではなく、ナビゲーションを行うことです。省エネルギー基準を超えるレベルを、より効率的に実現するためのナビゲーションが組み込まれています。3モデル（α：入力建物＋入力仕様、β：復興モデルA＋入力仕様、γ：復興モデルA＋等級4超仕様）の計算を同時に行って、図1に示すように、3モデルの結果の比較から改善の手段を提示します。なお、復興モデルAは、効率的に環境性能を得られる典型的な建物形状の地域モデル（1）の一つです。ある入力に対する例を図2に示しますが、3

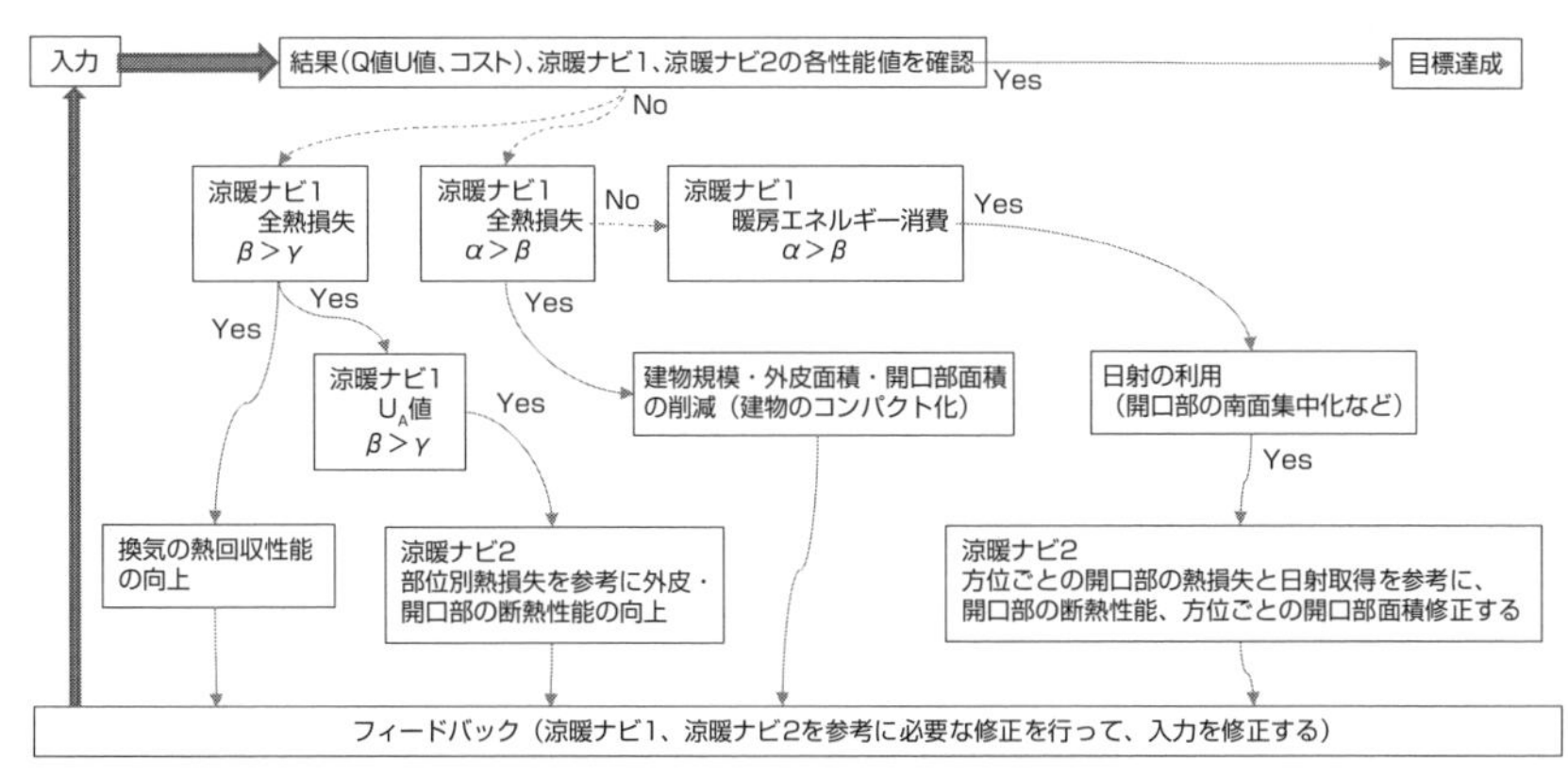

図1　効率的性能向上のためのナビゲーションのフロー

モデルの全熱損失、UA値、暖房エネルギー消費は、それぞれ異なります。これらの比較から、どの部分の仕様を向上させる必要があるのか、開口部の総面積を変える必要があるのか、開口部の方位バランスを変える必要があるのか、などの改善方法の中で最も効果的なものを確認することができます。一般的には、復興モデルのように、外皮面積を抑えられる単純形状で、日射取得が得られる南面に開口を集中させることが望ましくなります。しかし、例えば南側隣棟の影響が大きく南窓からの日射が得られないなど、敷地条件によってこの典型的モデルでは対応できない場合があります。このツールを用いると、このような個別条件の下でも、暖房エネルギー消費を効果的に削減することができます。また、イニシャルコストの計算結果を参考に、経済性の確認も行うことができます。

●まとめ

これまでは、住宅の省エネルギー性能を実現するために、各部位の断熱性能の向上や、暖冷房換気などの設備の効率向上などの、要素ごとの性能が注目されてきました。しか

物件名　ATEP邸　地域　4地域　省エネ・環境性能を向上させるための、ヒントです。　涼暖ナビ

建物形状＋断熱など仕様	全熱損失	平均外皮熱貫流率 U_A値	Q値	年間1次エネルギー消費（GJ）	
	W/K	W/(m²K)	W/(m²K)	暖房	冷房
α　入力住宅＋入力仕様	395	0.84	2.84	64.48	2.47
β　復興モデルA＋入力仕様	275	0.93	2.51	25.09	1.08
γ　復興モデルA＋等級4超	159	0.67	1.45	6.68	1.08

復興モデルA：復興モデルA（「復興モデルA概要」を参照）で、基礎断熱を採用した場合です。
等級4超：一つ北側の省エネ地域区分の等級4の断熱仕様で熱回収効率0.8の第1種換気（0.5回/h）を行った場合です。

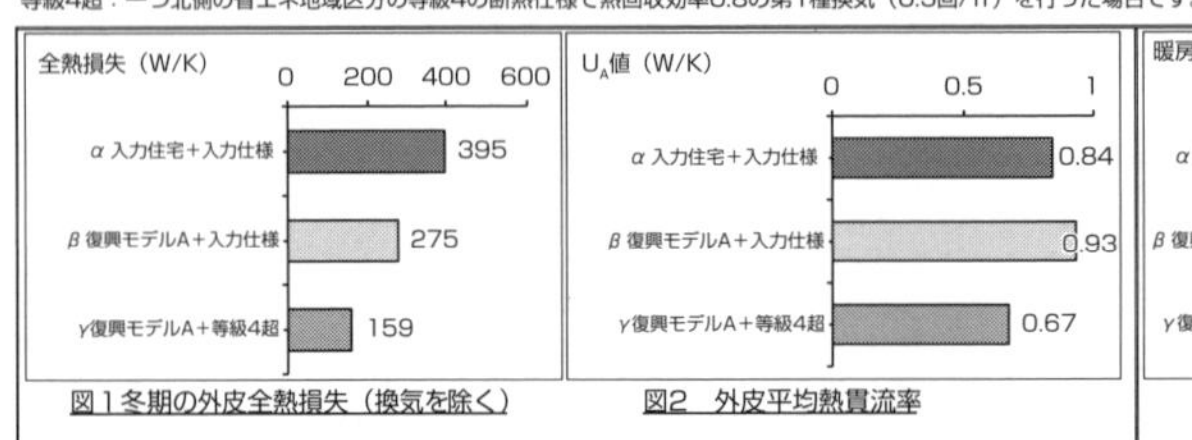

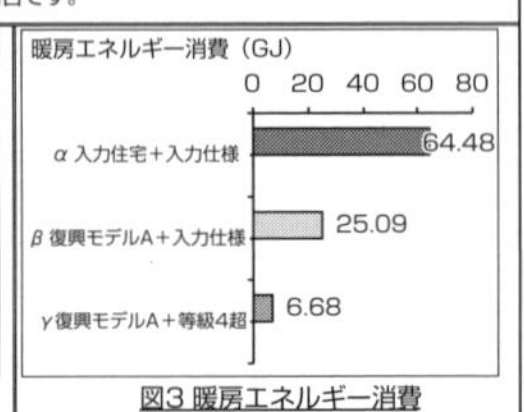

図１冬期の外皮全熱損失（換気を除く）　図2　外皮平均熱貫流率　図3 暖房エネルギー消費

上図は、外皮の全熱損失と外皮平均熱貫流率を示しています。α、β、γの3つの関係を参考に、次のような省エネ性能向上が考えられます。

① 図1で、αがβよりも大きい場合は、建物の規模、開口部面積を含む外皮面積の削減のために、よりコンパクトな建物形状にする。

② 図1で、βがγよりも大きい場合には、開口部を含めて外皮の断熱性能を向上させ、換気の熱回収性能を向上させる。

③ 図2で、βがγよりも大きい場合には、開口部を含めて外皮の断熱性能を向上させる。

注）　部位ごとの断熱性能の改善方法は、「涼暖ナビ2」を参考にしてください。

上図は、冬期の暖房エネルギー消費量を示しています。図1と合わせて比較することで、以下の検討が可能です。

④ 全熱損失で、αがβに近いにも関わらず、暖房エネルギー消費でαがβより大きい場合には、日射の利用（南面への開口の集中など）を検討をする。

⑤ 冷房ついては、[6.入力（設備・環境）」で改善を図る。具体的には、冷房機の効率、開口面積、高窓、日射遮蔽で、改善を図る。

図２　ナビゲーションのための３モデルの計算結果例

し、エネルギー消費を削減するためには、それらの部分ごとの性能向上だけでなく、建物形状や開口部バランスの考慮が重要です。これらを総合的に評価した結果が得られるこのツールによって、復興住宅において、経済的に省エネルギー性能を向上させることができれば、居住者の経済負担の軽減と健康維持に貢献することが期待されます。このツールが、さらなる省CO_2につながるゼロエネルギー住宅、プラスエネルギー住宅の普及に活用されることが望まれます。

（林　基哉）

《参考文献》

（1）住まいと環境 東北フォーラム「地域の特性を活かした省CO_2型復興住宅の環境設計」２０１２年３月
（2）吉野 博・林 基哉「［断熱・遮熱］東北の省エネ指標」特集「改正省エネ基準と省エネ住宅計画言論」Ⅳ章 省エネ住宅の設計計画、『建築技術』２０１３年１月号第７５６号、１４６-１４８頁

24 災害時にも機能する建築設備のあり方

キーワード
災害、建築設備、安全

●はじめに

地震などによる大きな災害時にも耐えられるインフラストラクチュア（生活や経済活動を支えるために必要な社会基盤である。以下インフラと表記）や建築設備、またそれらを利用した社会活動の継続性が重要視され、ＢＣＰ（事業継続計画、Business Continuity Plan）という言葉が一般的に使われるようになりました（1）。そのためにはインフラや、生活と業務の環境を支える建築設備、業務に応じた機器・システムなどにより、平常時のみならず災害などの緊急時にも中核となる業務を継続できる仕組みが必要とされます。ここでは２０１１年の東日本大震災の特徴を踏まえて、安全・安心な室内環境を平常時・発災時・復旧時において継続して提供できる建築設備のあり方を述べます。

●建築設備の被害と対応

〈東日本大震災におけるＩＣＴ関連設備〉

２０１１年の建築設備の被害調査では、１９７８年の宮城県沖地震に比べて、電気設備の被害が占める割合が多くなっていました（2）。その結果、通信・制御設備（インターネットなど）が使えない状況がしばらく続きました。ＩＣＴ（情報通信技術）関連の設備は、業務・生活上で広く浸透し、緊急連絡などにおいても不可欠になっていますので、そのためのインフラを強靭なものにする必要があります。

〈発災後における室内環境の問題〉

電気や上下水道などのライフラインが地震直後から長期にわたり停止し、津波被災地では6週間も復旧しない地域がありました。停電に伴い、信号などの交通管理が極端に滞り、地震で道路が寸断されたことも加わって燃料・エネルギーも供給されなくなりました。ライフラインが停止した直後から、在宅患者の生命維持装置の運転停止による生存の危機や暖房・空調の停止による老人・子どもへの健康影響が深刻度を増し、一方では津波により運ばれてきた土壌から発生する病原菌などの感染を防ぐための対策も必要となりました。

〈建築設備を稼働するための代替エネルギー供給〉

病院などの非常用電源が備えられていた施設では、電力や給湯の供給がしばらくは可能でしたが、3日間を超える停電に対する対応は難しかったようです。発災時に建築設備を稼働するためのエネルギー（電気・燃料）が復旧しない場合に備えて、代替エネルギーの供給が可能なシステムの導入を考える必要があります。

〈実現すべき室内環境の水準の確保〉

停電による暖房設備の停止により、人々は被災直後から東北の3月という気候のも

と耐え難い寒さに見舞われました。雪が降るなか、多くの家庭では電気を必要としない開放型燃焼機器を持ち出して暖房を行いました。その場合には、発生した二酸化炭素や窒素化合物によって室内空気が汚染されないように換気が必要となります。オフィス・住宅などとともに、被災した方々が何も持たずに来る避難所の環境については、健康を維持するうえでの水準を確保することが特に重要であり、その水準の設定とそれを実現する方策の議論が重要です。

●これからの建築設備について

〈室内環境について〉

大災害時において建物自体が壊滅したり流失したりした場合には、まずシェルターの確保が必要となります。津波の被災地などではすべてがなくなり、シェルターとしての避難所などでも、建築設備が機能しなかったり、エネルギー源が確保できなかったりという状況が見られました。東日本大震災以前の災害ではライフラインが比較的早く復旧したので、機器が不完全ながらも稼働できれば室内環境も従前に近くなりましたが、東日本大震災では１か月以上建築設備が使えない状態が続いた地域もありました。

いずれにせよ、被災地では、適切なシェルター性能をもつ建物を用意し、生命の安全を確保しなければなりません。そのうえで、実現すべき室内環境の水準やそれを満たすべき建築設備の性能を検討しておく必要があります。

〈要求水準と考慮すべき項目〉

要求水準については、安全・安心を考える際のレベル別（生命維持、健康維持、快適性）に取り扱う必要があります。すなわち被災者は多くの場合、被災地、避難所、仮設住宅、自宅での居住へと経過をたどりますので、その時々の状態に応じて要求水準は異なるからです。また年齢、性別、職業、健康状態、被災時の状況（服装、海水を浴びた状態など）に対応して、衣料や食物の確保、建物の必要環境条件、職業、育児の支援内容なども異なり、きめ細かな援助や協力が必要となります。表1には、発災後に被災者が滞在する場所に対応して、居住環境上の課題、実現すべき室内環境の目標、目標を実現するための建築設備の機能について、環境要素ごとにまとめました。

●まとめ

快適性・健康性の実現や低炭素化といった課題についての研究・開発やその技術の適用は、従来までは多くの場合、災害のない平常時を前提として進められてきました。したがって、災害の発生時とそれに続く復旧時においては、それらの技術を必ずしも適用できない状況も出てきます。そこで発災後も対応できるように、ＢＣＰを実現するための新たな課題に向けた多様な機器・システムの開発が必要となります。

これらのシステムの多くはＩＣＴを利用したものであり、ＩｏＴ*が浸透しつつある現在では、スマートグリッド*とも親和性があります。住民が参加する持続可能な社会システムを構築するうえでも、このようなＢＣＰ対応のＩＣＴシステムの開発が

＊ＩｏＴ
Internet of Thingsの略。モノが通信機能を持ってインターネットとつながっている状態。

＊スマートグリッド
情報通信技術（ＩＣＴ）を活用した次世代の電力ネットワークつながっている状態。

表1　被災後の屋外・室内の要求水準・建築設備の関係 [(3)]

経過時間	直後〜4週間			4週間〜2年			2年〜	備考
居住する場所	震災時の居場所	→	避難所	→	→ → → 仮設住宅	→	借上げ住宅・復興住宅などの住居	仮設住宅の供与期間は2年、最長で5年の場合がある
			→	→	→ → →			
実現すべき環境レベル	レベル1 （生命維持）	⇔	レベル2 （保健・衛生）	⇔	レベル3 （通常生活） 延べ面積制限	⇔	レベル3 （通常生活）	借上げアパートから以前の居住地に近い仮設住宅に移る場合がある
(1)　居住環境上の課題								
温熱	シェルター機能が不十分		体育館などの公共施設の熱的性能の不足		一般的な熱的性能が確保されない		一般的な住宅についてこれまで扱ってきた事柄	各建物の性能差が大きい
空気	安全とは限らない外気		ゴミ・トイレの臭気		不十分な換気			換気設備が完備していることは少ない
音	余震の音、TV・ラジオの音声		他人の会話		隣室からの音			就寝時の騒音が課題
光	照明がない 避難路が不明		避難路が不明		夜間照明の不備			避難、防犯の対策
水	飲料水がない		トイレの洗浄水の不足		中間季・冬季の結露			配水には多人数が必要
心理	被災直後の混乱、安全に関する情報提供		避難所のプライバシーの不足		孤独化防止のためのコミュニティが確保されない			機器・資材とともに担当者を用意する必要
(2)　実現すべき室内環境の目標								
温熱	寒さ、暑さから生命を安全に保つ		熱中症や風邪などについて健康管理を行う		一般住宅と同じ環境の実現		一般的な住宅についてこれまで扱ってきた事柄	高齢者の健康・快適
空気	安全な室内空気の提供		ゴミ・腐敗物の臭気の除去		必要換気量の確保			多様な汚染源の混在に対応すべき
音	災害情報などが明瞭に聞こえること		安全情報が明瞭に聞こえる		隣室からの音の防音			心理に関係
光	生活・防犯用の照度の確保		避難誘導を可能にする照度		十分な夜間照明の確保			防災と安全のための照明
水	飲料水の確保		衛生器具用水		生活用水の確保、結露の防止			生命維持と衛生・防疫
(3)　目標を実現するための建築設備の機能								
空気調和	生命の安全を確保する暖冷房		健康を確保する暖冷房		できるだけ一般住宅に近づける		一般的な住宅についてこれまで扱ってきた事柄	電源不要の開放型燃焼機器が便利だが、廃ガスに要注意
換気	新鮮空気の提供、外気の汚染物質除去の機能		健康を確保する換気		できるだけ一般住宅に近づける			放射性物質を除去するフィルタ
衛生	浄水器、 無水トイレ		洗浄用の水の確保		できるだけ一般住宅に近づける			屋上水槽、夜間電力利用の給湯器
電気	非常用発電、 蓄電池		非常用発電、携帯電話の充電		できるだけ一般住宅に近づける			自然エネルギー利用、2週間程度の確保必要
通信・制御	電源自足型の非常用通信機器、災害情報の提供		災害・安否情報・交通手段などの情報提供		できるだけ一般住宅に近づける			クラウド、インターネット、GIS などの利用、広域での対応

期待されます。熊本地震が起き、東南海トラフなどの太平洋岸への震災が懸念される状況のなかで、今後の建築設備のあり方を見直さなければなりません。

（内海康雄）

《参考文献》

（1）例えば、http://www.chusho.meti.go.jp/bcp/contents/level_c/bcpgl_01_1.html （2016.6.23）
（2）日本建築学会災害委員会「２０１１年東北地方太平洋沖地震災害調査速報」日本建築学会、１５４～１６８頁、２０１１年７月
（3）内海康雄「B‐10災害時を含めた室内環境・設備の考え方について」空気調和衛生工学会東北支部、第１回学術技術報告会、２０１２年３月

25 原発事故による建物内の放射能汚染

キーワード
原発事故、放射能汚染、空間放射線量率、放射線解析

福島第一原子力発電所の事故に伴う放射能汚染は東日本の広範囲に広がり、発災直後には福島県内の12の市町村が避難指示区域に指定されました。発災から10年が経過し、住宅や学校をはじめとする生活空間の除染作業によって避難指示解除は大詰めの段階に入っていますが、山林など手付かずの地域も残っています。放射能が残る地域で事故由来の放射線が建築空間にどのような影響を与え、また、どのような緩和策があり得るのか検討することは建築環境のテーマであり、私たちは建築環境工学の立場で、被災地に建築を新築あるいは改修しようとする際に参考となる情報を提供したいと考えて取り組んできました。そして、建築空間の線量率の調査や地表面の汚染調査および建築による遮蔽効果などの解析方法について研究し、建築計画時に建築内の空間放射線量率を予測可能にすることを目指しています。

●建築内部の空間放射線量率を形成する放射線と環境評価

原発事故由来の放射能汚染は屋内外ともに考えられますが、閉め切った屋内の汚染は比較的小さく、清掃や内装の模様替えで除去できます。屋内の空間放射線量率は主に建物周りの屋外に沈着した放射性物質によります。発災後数年後にも残存する事故

由来の放射性元素にはセシウム134（半間期約2年）と137（半間期30年）があり、これらはβ崩壊してバリウムに壊変した後にγ線を放出して放射性のないバリウムの同位体になります。β線はγ線よりも人体への影響が大きいものの、空気中での飛程は10cm～数mと短く、かつ建築外皮で簡単にブロックされます。一方のγ線は飛程が200m程度と長く、遮蔽されにくいことから建築の外壁を透過して室内に空間放射線量率分布を形成します（図1）。放射線量率の単位はμSv／h（マイクロシーベルト毎時）で表され、これは1時間当たりに人体が吸収する放射線のエネルギー（G：グレイ、J／kg）に放射線の種類による人の感受性を掛け合わせたものです。また、放射線事故後の環境評価に用いられ、一般にサーベイメータ（小型可搬型の放射線測定器）で測定されるのはγ線による1cm線量当量と呼ばれる体内への影響を評価するための値です。建築空間内の環境評価では屋外から建物に入射するγ線を対象にした空間放射線量率を評価することになります。

●空間放射線量率分布と予測

屋内の空間放射線量率分布を形成する屋外から入射したγ線は光になぞらえるとイメージしやすくなります。地面などの放射線源面が放射するγ線という透過性の光が半透明の建築を透過・散乱して室内で形成する明るさが空間線量率分布です。屋外の放射線源である地面もまたγ線にとっては半透明です。そ

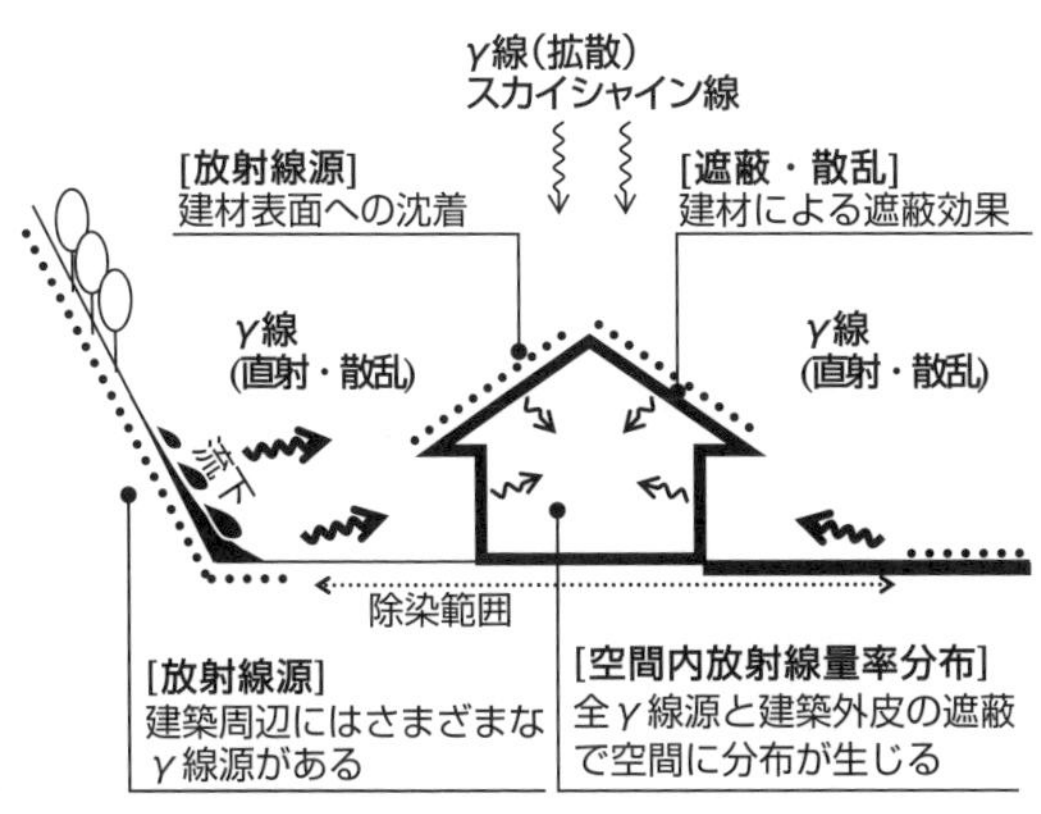

図1　放射線源と空間放射線量率分布の関係

の表面から50㎜程度の範囲に無数のγ線源（セシウム）が沈着して、地面がうっすら光っているような状況です。また、天空からも散乱線が到来します。放射線量率分布の予測は放射線の挙動を正確に解析できるシミュレータを用いて、照明シミュレーションと同様に解析されます。このとき、地表など線源面の放射特性と建材その他透過・散乱特性が把握できていれば正しく予測・評価可能です。そのためにはさまざまな地表面の放射特性や建築外皮の遮蔽性能を再現する解析用の建築モデル作成法の確立などが必要になります（表1）。

●住宅におけるγ線空間線量率の測定

住宅内の空間放射線量率分布の把握を目的に福島県浪江町の住宅で実施した除染前後の測定による空間放射線量率分布について紹介します。この測定は2014年3月24日（除染前）と2014年8月7日（除染後）に実施しました。空間放射線量率の測定にはNaIシンチレーション式サーベイメータ（日立アロカメディカル社製TCS‐172B）を用いています。当該住宅周辺には著しい起伏はなく概ね平坦な地形です。空間放射線量率は、住宅内は床面から1㎝、50㎝、1m、1.5m、2mおよび天井下1㎝の高さ、住宅周辺は地盤面から1mおよび2mの高さで測定しました。**写真1**に測定時の様子を示します。除染作業前後の住宅内の空間放射線量率分布を**図2**に示します。除染前の空間線量率は1.10～3.15μSv／hに分布し、上下方向では天井下1㎝の測定点が最も高く、床面に近づくに従って低くなります。また、宅

写真1　測定状況

表1　建築空間の空間線量率評価の取り組み

① 建築内の空間放射線量率分布の調査・把握
② 建築を取り巻くγ線源（主に地面）の放射特性の調査・把握
③ 建材の集合体である建築のγ線遮蔽性能の調査・把握
④ 放射線の輸送計算を行う解析プログラムと建築3Dモデラーの連生（ソフト開発を含む）

内は平面的に周辺部が高く、住宅中央付近が最も低くなる傾向が見られます。屋外の測定点での最大値は雨樋の直下で4．30μSv／hであり、雨水が集まる部分では高い値が確認されました。住宅内に生じる空間放射線量率分布は、建築物の床下が汚染されていないことおよび屋外の放射線源との位置関係、線源の放射特性と建物の遮蔽性能によって生じると考えられます。除染作業は屋根、外壁、軒樋、竪樋、塀については高圧水洗浄、ブラシ洗浄、拭い取りなどで行われ、住宅周辺（庭）については表土の削り取り、植栽の枝払いなどの後に、砂利による表土被覆が行われました。その結果、除染後の測定値は0．61～1．30μSv／hに分布し、屋外の測定点での最大値は1．65μSv／hであり、除染で空間線量率が大きく低減したことがわかります。住宅内の線量率分布の傾向は除染前後で変わりませんが、屋内外の線量率の比など細かい点で差異が認められました。

こうした空間線量率分布も除染前後の放射線源を適切に設定して解析すれば予測可能になると考えられます。

●地面のサンプリング調査とγ線放射特性の把握

放射線解析を行う際の与条件になる地表面の放射特性は正確に実

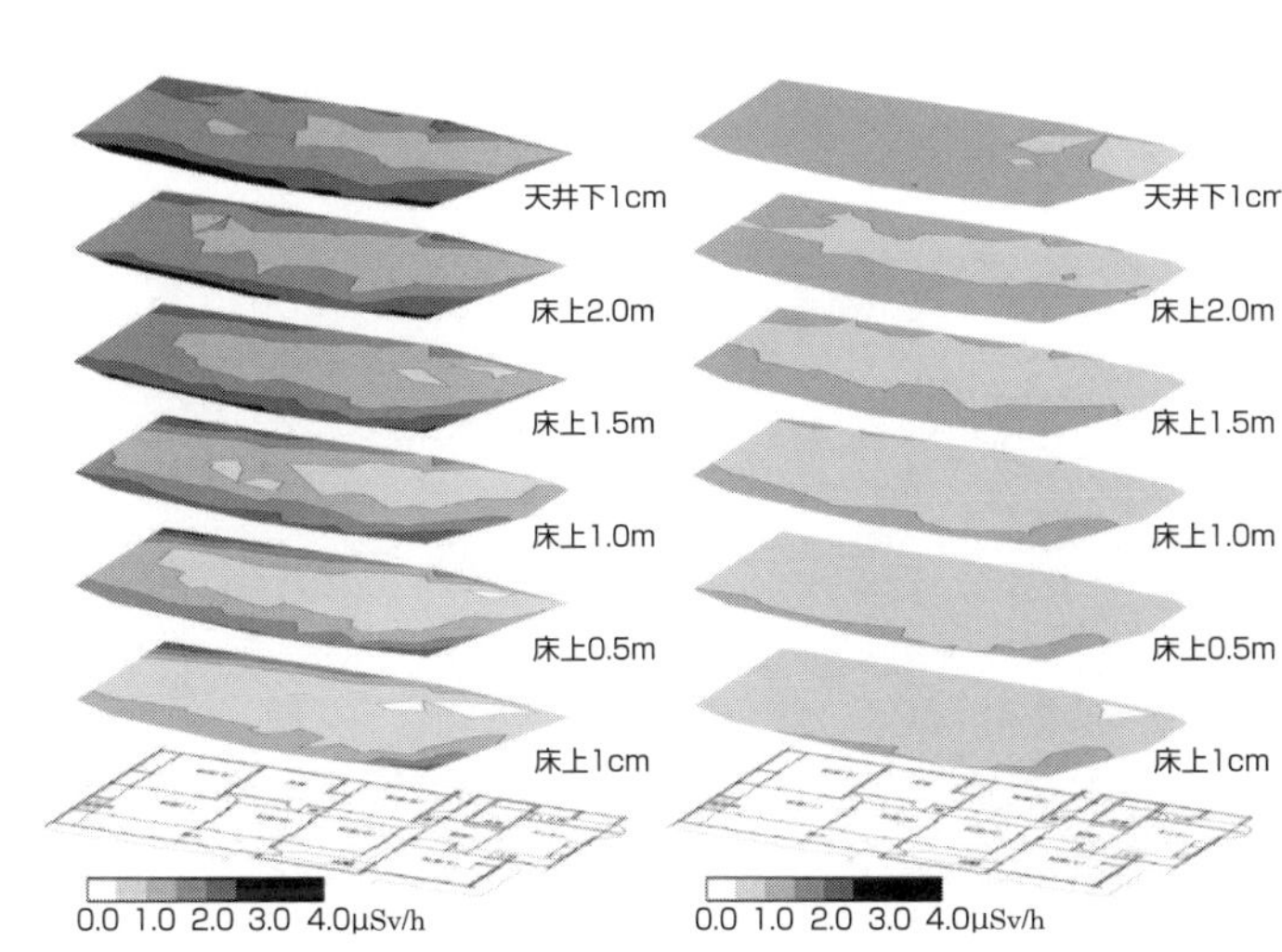

図２　除染作業前後における空間放射線量率（左：除染前，右：除染後，単位：μSv/h）

測できないので、地表面に沈着した放射性セシウムの深度分布を把握し、放射線解析によって地上に放射されるγ線の特性を明らかにする必要があります。特にアスファルトやコンクリートなどの人工被覆面のセシウムのデータが不足しており、現在人工被覆面のサンプリングと精密な切削、γ線スペクトル分析、放射線解析を用いた検討を進めています（写真2、3）。市街地から農村部まで、人が活動する空間の地表面は主にアスファルト面、コンクリート面、土壌面の組み合わせで構成されます。土壌に関する既往研究と、現在進行中の人工被覆面の調査結果を総合することで、さまざまな生活環境の解析が可能になります。

●建築を対象とした放射線解析

放射線解析は日本原子力開発機構（ＪＡＥＡ）によるＰＨＩＴＳ（放射線挙動計算コード：Particle and Heavy Ion Transport code System）など、各国の研究機関によって開発された複数のソフトがあり、研究施設計画、宇宙開発、医療用途などで利用されています。研究レベルでは原発事故後の建築空間を対象としたＪＡＥＡによる解析例（1）もありますが、実際の建築空間を対象とする場合、複雑な建物形状の入力が困難なため、建築計画の評価は実質不可能でした。そこでＢＩＭ（建築物情報モデリング：Building Information Modeling）とＰＨＩＴＳを連携するデータ変換プログラムを開発し、ＢＩＭ

写真２　人工被覆面のサンプリング作業

で設計すればＰＨＩＴＳで解析できるようにしました。建築を対象とした解析を実現するための取り組みと調査を同時に進めることで実空間の評価が可能になると考えています。

●おわりに

広域の放射能汚染は、これまで日本の建築分野が経験したことのない公害であり、我々には十分な知識がありませんでした。放射能、放射線は目には見えず、体感もできないので、少なくとも建築分野では、何をしたらどれほど効果があるのかも十分に解っていませんでした。建築環境工学の視点で我々が知識を身につけるとともに、発災から復興期にかけて、人を守る建築空間、或いは周辺対策の方法などを検討することは、今後の復興への貢献にとどまらず、防災拠点の計画などにも資する知見になると考えられます。原発事故は大変深刻な公害ですが、発災後の多くの知見を踏まえて、復興からさらにその先に至る次の一手を検討することが建築環境工学に求められていると考えています。

本稿の一部は、（一財）住総研による研究助成「建築物における空間放射線遮蔽率の分布性状と建築工学的低減対策に関する研究」（研究代表者：野﨑淳夫）、ＪＳＰＳ科研費16H04459（研究代表者　小林　光）の助成を受けて実施したものです。また、現在進行中の調査は環境省委託事業「令和２年度放射線健康管理・健康不安対策事業」（主任研究員　小林　光）にて実施しています。

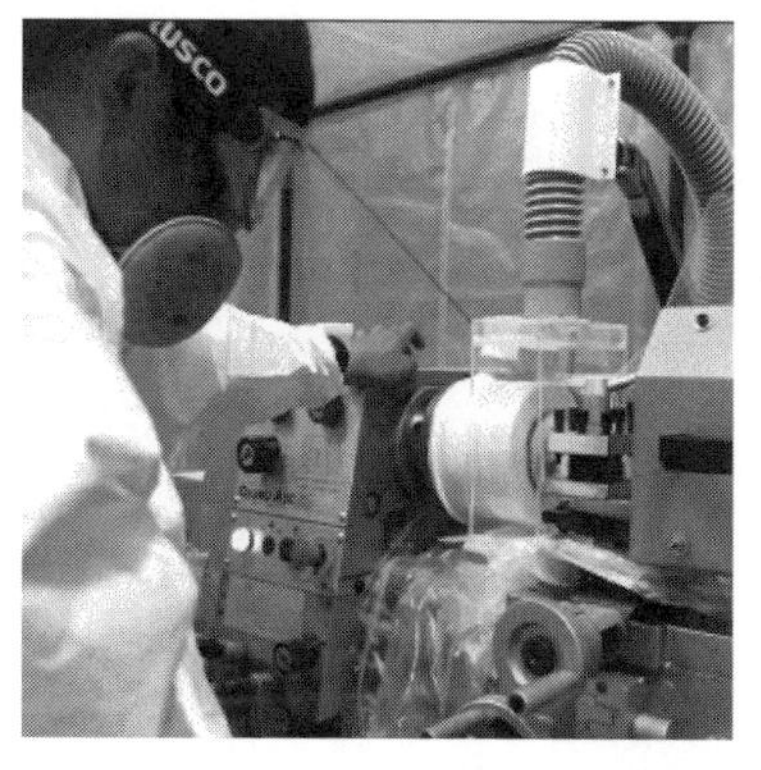

汎用旋盤を用い、人工被覆面のサンプル（不透水性アスファルト、透水性アスファルト、コンクリート）を地表面側から0.5㎜単位で切削している状況

写真３　精密切削中の筆者

（小林　光）

《参考文献》

（1）古田琢哉・高橋史明「環境に沈着した事故由来の放射性セシウムからのガンマ線に対する建物内の遮蔽効果及び線量低減効果の解析」JAEA-Research 2014-003

26 災害に強いシェル構造の魅力

キーワード
地震、津波、災害、シェル構造、強さ、美

●はじめに

過日、子ども向けの教育番組を制作しているという会社から1時間余りの取材を受けました。やり取りは、新型コロナウイルス感染症の影響により、先方からの提案でパソコンやスマートフォンにてセミナーや会議などをオンラインで開催するために開発されたアプリを利用して行うこととなりましました。幸いここ数か月、私は幾つかの団体の委員会・理事会・総会などで、この種のツールを数種類用いて会議などに参加していました。これまで上手くいっていたことから多少自信が付きつつあったので、このツールを用いることに応じた次第です。こちらはマイクとスピーカーのみでカメラなしでしたが、幸い先方にはカメラが付いていたので、モニターを通して相手が持っている紙を曲げたり引っ張ったりしてもらい、かなり意思の疎通ができたように思います。その後は、ゆっくりですが未だ電子メールでやり取りが続いています。

話が多少それますが、日本大学大学院の講義に際しては、諸事情により対面講義ができなくて、メディア講義を命じられています。受講する大学院生側もメディア講義は苦痛で大変らしいですが、講義の動画を作成せねばならない教員側の労力は誠に甚

大なものです。情報技術使用環境がここ数か月で激変しました。めったに経験することはないでしょうが、ちょうど時代の節目にいることを痛感しています。ひょっとしたら、有難い貴重な経験をさせていただいているのかもしれないと前向きに捉えています。

さて、件の企画の目的ですが、「アーチ構造やシェル構造がどうして強いのかを実験などを通してその構造物の挙動を観察させることで、子どもたちに楽しみながら理解してもらう」とのことです。そのために私に相談として取材を申し込んできたということです。子ども向けの番組なので、もちろん前述した専門用語は使用しないのでしょうが、内容はとても高度であり、すごい企画だなと感心しました。当の企画担当者は、ご本人が言われるには理工系出身ではないので色々と勉強しているとのことで、とても研究熱心に感じました。私が子どものころ（終戦直後）の出雲地方の多くの家庭では、あまり玩具もなかったので自分自身で作っていました。身近にある竹（通常竹藪から切ってくる）・金属片・針金・板切れなどを工夫して、弓矢を作って矢を飛ばす、杉鉄砲や紙鉄砲を作って打ち合って遊ぶ、新聞紙を丸めて刀もどきを作り（一種の「シェル構造」を作成していたことになる）チャンバラごっこを行う。あるいは斐伊川の河川敷に大きな穴を掘って柳の枝や葉で屋根を作り（建築物らしいものの作成）、その洞穴のようなところの内や外で、ビー玉やメンコなどで遊んだりする（剛体や弾性円板の動力学の勉強をしていた？-）。その程度のことでした。当時は、テレビは未だあまり普及していない時代でした。前述の会社で企画されようとしている内容・環境とは、まさに天と地の違いです。前置きが随分と長くなってしまいました。ここらで、本題に入りましょう。

●シェル構造（1）について

〈シェルの定義〉

まずタイトルの中の専門用語として解りづらいと思われる言葉を定義あるいは説明しておきます。シェルとは、板厚がほかの寸法、例えば曲率半径やスパン（径間）に比してとても小さい湾曲した板のことです。（図1参照）。ここで、曲率半径が無限大（すなわち曲率が零）になった場合は「平板」と呼ばれるものとなります。なお、曲率とは、曲率半径の逆数です。図1ではあまり滑らかな曲面となっていませんが、本来は滑らかなものであると想像していただきたいと思います。**写真1**は筆者が大学院生のときに、西村敏雄先生（筆者の師匠、当時日本大学教授、元日本大学名誉教授、元日本建築学会副会長、故人）のお手伝いをして解析や実験に関わり、完成しました。思い出深いシェル構造の一例で、筆者の研究の原点といえるものでもあります。

〈シェルの応用分野〉（2）

先ほどシェルの一例を写真1で紹介しましたが、応用分野は、身近なものも含めて以下のとおりです。

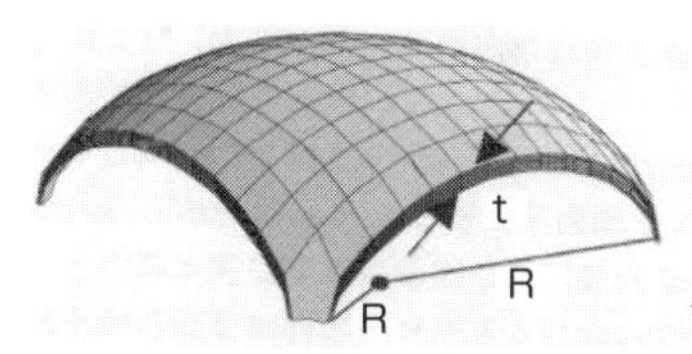

図1　シェルの定義説明（R：曲率半径、t：板厚）

写真1　千葉県総合スポーツセンター体育館鉄骨円錐形シェル（1972年竣工、応力変形解析担当：新宮ほか）、筆者撮影

①自然のもの、身近なもの：鶏や鶉の卵、貝、爪、頭蓋骨、茶碗、コップ、花瓶など

②地上の構造物：建築物の屋根（まれには基礎も）、ダム、サイロ、石油タンク、ガスタンクなど

③海中・海上の構造物：海中展望塔、石油備蓄タンク、船、潜水艇、海中・海底調査船など

④空中・上空の構造物：飛行機、ロケット、宇宙船など

●東日本大震災の被災地視察

２０１１年３月11日（金）14時46分ごろに東北地方太平洋沖地震が発生し、大津波を生じさせたことは記憶に新しいですね。当時、私は日本建築学会副会長であり、６月１日から東日本大震災調査復興支援本部副本部長になることが比較的早い段階でわかっていました。そのため、後日、吉野博・東北大学教授（当時）に被災地視察に関して相談をして、色々と段取りをしていただきました。４月16日には、田中礼治・東北工業大学教授（東北支部長、当時）や源栄正人・東北大学教授（当時）をはじめ多くの先生方に協力していただき、東北大学構内・仙台市内・仙台空港・仙台港・名取市等々の被災状況を東北大学の特別車両で視察することができました。写真２と写真３は、その翌日の視察時に撮影したものです。**写真2**は宮城県女川町での被害状況

写真２　宮城県女川町での被害状況（2011.4.17、筆者撮影）

です。転倒した鉄筋コンクリート造か鉄骨造の建物がご覧いただけるでしょう。これは、大きな地震動によって被害を受けた杭が液状化現象で抜けやすい状態になり、さらに津波が追い打ちをかけて襲ってきて杭ごと抜けて転倒してしまったようです。付近には同様の建物が数棟ありました。これはまことに衝撃的な光景で、今でも忘れることができません。

写真3は、石巻市内の河川流域（北上川、石巻市中瀬）における被害状況です。この写真左上方にシェル構造と思われる建物（石ノ森萬画館）をご覧いただけるでしょう。これは、地震動により多くの建物が崩壊した後に津波が押し寄せてほとんどの建物が流されたなかで、ちゃんと立っている稀有な建物です。この建物の室内は１ｍくらい浸水したようですが、建物全体としての被害はさほど大きくはなかったようです。シェル構造が災害に強い実例の一つといえましょう。なお、東日本大震災では膨大な構造物などの被害調査が行われています。シェル構造などの被害状況の詳細は文献をご参照ください(3)。

●シェル構造はなぜ強い？―割り箸と卵の破壊実験を通して―

割り箸は、引きちぎることができないのに、曲げるとなぜ簡単に壊れてしまうのか？　卵は2本の指（例えば親指と中指）ではなぜ押しつぶすことが困難なのか？　私は講演の際、このような簡易実験を通してシェル構造の強

写真３　石巻市内の河川流域での被害状況（2011.4.17、筆者撮影）

さの秘密を探り、学んでもらうようにしています。詳細は文献（２）に譲りますが、皆様も是非とも、割り箸のほかに卵の破壊実験に挑戦して戴きたいものです。なお、その際、加力を鉛直方向にする場合、卵を縦置きにするのが強いのか、それとも横置きかを考え、さらに中身が飛び散った場合を想定して台所の流しなどで行うと、思い切り実験ができるのではと思います。

●熊本での思い出

熊本地震（２０１６年4月14日／4月16日）発生年の翌年、熊本城、益城町などの被災地視察の後、阿蘇ファームランドというところで宿泊の機会がありました（**写真4**、２０１７年7月）。このシェル構造らしい建物の構造をキチンと確認したわけではありませんが、ＰＣコンクリートなどで建造すれば、比較的短期間に被災者への宿泊施設として提供可能かと思います。短期間の滞在ならば、ワクワクした生活があるかもしれません。

●おわりに

古代ローマの建築家であるマルクス・ウィトルウィウス・ポッリオ（Marcus Vitruvius Pollio）は、「建築物は用・強・美を備えなければならない」と言っています。シェル構造は、一般的に美しいうえに、前述のように強いものが多いのです。私がシェル構造に引き付けられたのは大学3年生のころからであり、研究の道を志した

写真４　阿蘇ファームランドの建物群
（写真提供：吉野 博）

大学院入学から勘定すると、本書の刊行年には五十余年もの歳月が経過することになります。この魅力的なシェル構造に、もう少々関わりを持っていきたいと考えています。

（新宮清志）

《参考文献》

（1）西村敏雄・新宮清志・登坂宣好ほか『構造用教材』日本建築学会編、丸善、4-5頁、1985年4月
（2）新宮清志「シェル構造の研究者の立場で『理解』を考える」『知能と情報』（日本知能情報ファジィ学会誌）、第17巻第1号、46-48頁、2005年2月
（3）新宮清志・竹内徹・山下哲郎・川口健一ほか『東日本大震災合同調査報告 建築編3 鉄骨造建築物／シェル・空間構造』日本建築学会編、丸善出版、225-352頁、2014年9月

27 「COOL CHOICE」をご存じですか

キーワード
COOL CHOICE＝賢い選択、地球温暖化防止、エコロジカル・フットプリント

●はじめに

近ごろ、海水温の上昇で猛烈な台風が頻発し、大規模な風水害が発生しています。このことはかなり前から警告されていましたが現実のものとなったようです。

仙台市では「気温が上昇しています！」とホームページで訴えています（図1）。

仙台の年平均気温は１９２７～２０１０年の数値を換算して百年当たり２.26度の割合で上昇。日本全体では、百年当たりで約１.15度なので都市のヒートアイランド現象の影響も大きいと考える。最低気温が25度以上の熱帯夜が、１９８０年代後半から毎年のように観測されるようになった。また、最低気温０度未満の冬日は、１９５０年ごろと比べると30～40日減少している。桜の開花時期が１９８０年代では4月中旬であったのが、近年では4月上旬に、秋はイチョウの黄葉が遅くなっている。

この記述は、仙台市に五十数年住んでいる筆者の実感と一致します。環境省

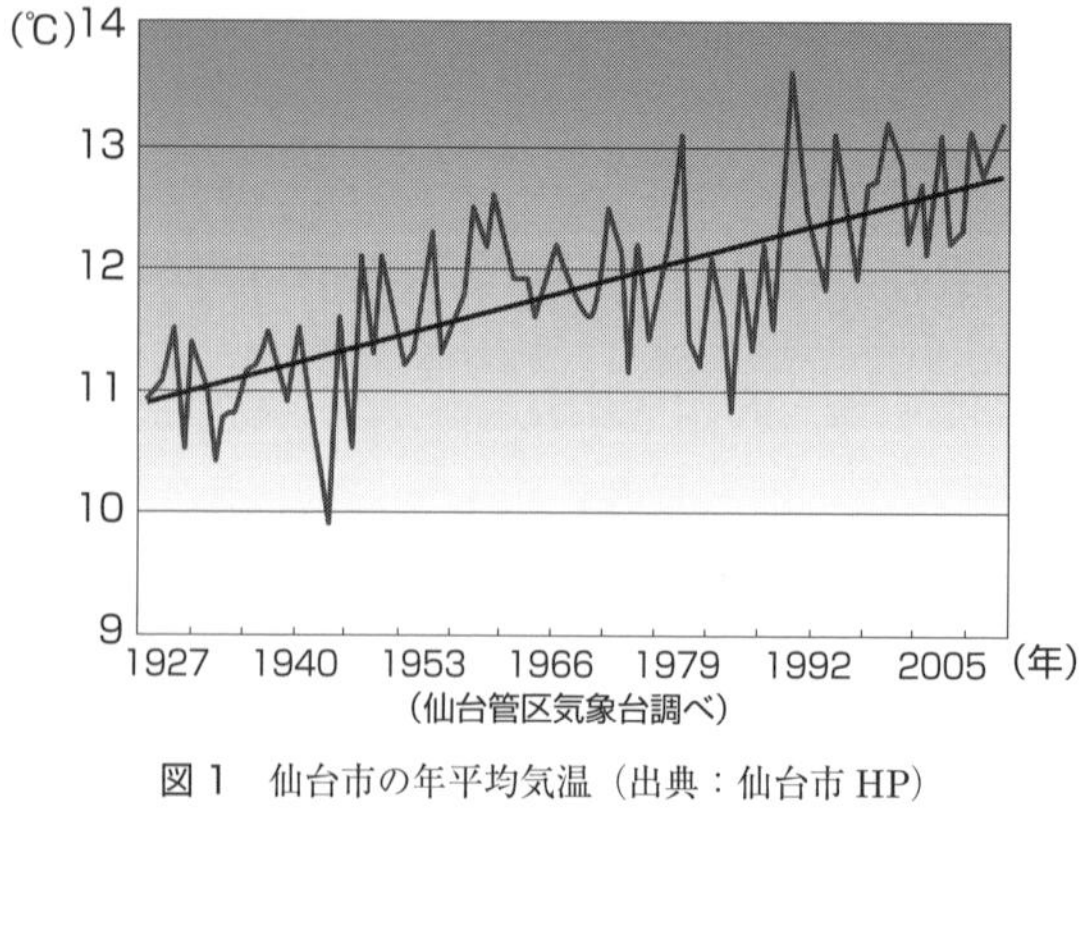

(℃) 14 13 12 11 10 9
1927 1940 1953 1966 1979 1992 2005 (年)
(仙台管区気象台調べ)

図１　仙台市の年平均気温（出典：仙台市 HP）

では「２１００年の天気予報」という動画を公開して拡散を要望しているので興味があれば是非ご覧ください。（https://ondankataisaku.env.go.jp/coolchoice/2100weather/　）

●賢い選択その１（つまりCOOL CHOICE）

筆者は個人として今すぐにできることは何かと考えて、環境省のホームページを開くと次のように記述されていました。（1）

ゼロカーボンアクションとは。できることから始めよう、暮らしを脱炭素化するアクション！「２０５０年カーボンニュートラル、脱炭素社会の実現」（２０５０年までに温室効果ガスの排出を全体としてゼロにすること）を目指しています。この高い目標の達成に向けて、社会の仕組みを大きく変えていくことに加えて、日常生活の中で、一人一人のライフスタイルに合わせて、できることがあります。暮らしを脱炭素化することで、快適やおトクといったメリットにつながることもあります。

サイトは賛同登録を求めているので早速登録をすると、「身近な生活の中で、未来のために、今選択できるアクションの取り組みをお願いいたします。」という依頼のメールが届いたので少しだけ良いことをしたような気になりました。

●賢い選択その２

筆者の家は１９７４（昭和49）年建築です。２００５（平成17）年に行った高断熱高気密補強の際に「予算の都合」で「いい加減な設計」をし、後悔していました。そこでアルミ枠の外側と内側の間に樹脂を挟み込み断熱強化した複層硝子入りサッシの硝子のみを２０１８（平成30）年に取り換えました。

取り換えに使用した低放射複層硝子アルゴンガス層16㎜の熱貫流率は、およそ1.2（W／㎡・K）、一般的な単板硝子3㎜は熱貫流率6（W／㎡・K）です。既設は複層12㎜普通硝子で乾燥空気封入だったので熱貫流率は2.9（W／㎡・K）でした。取り換えにより硝子から逃げる熱は今までの6割減で、硝子表面温度も上昇しました。複層硝子の空気層は16㎜が最も性能が良く18㎜になると封入したガスに対流が生じて性能が悪くなってしまうようです。（**図2**）大小4か所の引違サッシの硝子取り換えにかかった時間は、作業員2名で3時間でした。その上ガス層12㎜だった古いサッシにガス層16㎜の硝子が挿入可能なことを知りました（**写真1**）。取り換えは賢い選択でした。何事も経験が大事です。加えて「予算の都合」に反省することしきりです。

●賢い選択その３　エコロジカル・フットプリントとは

筆者は「住まいと環境　東北フォーラム」が２００５年に受託した「環境省平成17年度主体間連携モデル事業（省エネ住宅①）」の主幹として、地球温暖化防止の普及

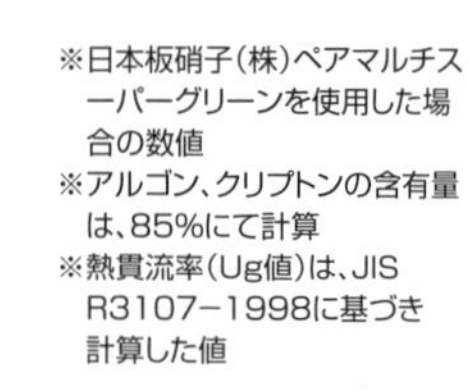

図２　ガラス中空層別熱貫流率（出典：エクセルシャノンHP）

活動資料を作りました。その資料から一部を抜粋します(2)。【注1】

【前略】エコロジカル・フットプリントは我々が暮らしていくのに必要な土地の面積をグローバル・ヘクタール(G・ha)として表現したもので、人口やエネルギー/資源の消費が減少すれば、小さな値となる。その値は現在(2004年当時)135億G・haで、一人当たり2.2G・haとなる。残念ながら、地球の生産能力は110億G・haで、1.82G・ha・人となり、これは我々の活動が地球の再生産能力を0.4G・ha、22%も超えていることを示している。すでに我々は地球の貯金を食いつぶしながら生きているのであり、今のままでは地球が1.2個なければ暮らせないことになる。そしてもし世界の人々が日本人やアメリカ人と同じ生活をするならそれぞれ2.4個、5.6個もの地球がなければ生活を維持できないのが現実である。【後略】

この意見から、筆者らの消費の仕方を地球を物差しにした単位で考えることも、かけがえのないただ1個の地球の住民として、賢い選択の一つでしょう。

【注1】当時本会の会員で、元東北大学大学院環境科学研究科教授石田秀輝氏の原稿から引用。

●ついでに賢くない選択

各物質の熱伝導率は温度20度近辺で、鉄鋼は約50、アルミは約200、フェノールフォーム断熱材は0.02です【単位はいずれも(W/m・K)】。断熱材に比べて単位面積当たり鉄は2500倍、アルミは1万倍の熱を伝えることになるのです。

筆者の家は鉄骨造です。2018年断熱補強工事の折、屋根の庇を支える鉄骨が断

写真1　アルミ建具枠を外して新しい硝子に入れ替える。ガス層16㎜なので二重に映っているのがわかる。

熱材を貫いている部分が熱橋*になることを知りながら「予算の関係」で対策をしませんでした。融けた雪で熱橋がはっきりわかるのです（**写真2**）。これを見るとがっかりしますが、大学で講義をしていたときは「熱橋の見本としてはわかりやすいですよ。」と学生に負け惜しみを言っていました。サッシの硝子は取り換え可能ですが、この熱橋はどうにもなりません。

●おわりに

「仙台市環境ｗｅｂサイトたまきさん」(3)では大手飲料メーカーのピークシフト自販機について記述しています。保温材を真空断熱材に切り替え、飲み物自体を蓄熱材として使用することで待機電力のみで最大16時間運転することにより、なんと日中の電力使用量の95%を削減したそうです（**写真3**）。

当会は30年以上にわたり、高断熱高気密化による快適住宅の普及啓発に努力しましたが、なかなか進みませんでした。これを憂いている筆者自身が「予算の都合」などと、性能不十分な改修をしました。普及を阻んでいる大きな理由は筆者と同じく「予算の都合」でしょう。断熱の材料費は全体工事費に比して少ないものの、厳密な高断熱高気密をするための工事費は予算を圧迫します。特に改修工事は新築に比べ割高になります。

そこで住宅建築より身近な自販機に置き換えて説明すると、高断熱高気密にすることにより、住宅の省エネ化が実現することをわかってもらえるのではないでしょうか。

＊熱橋
熱が伝わる場合、周囲の部材より熱伝導率の高い鉄などの熱の伝わりやすい経路を通ること。川に架かる橋に見立てて英語でヒートブリッジという。

写真２　熱橋の鉄骨貫通位置が明らかな屋根の融雪

「95％削減」は信じられないほどの数値です。一般の人々に対し目に見えない高性能の空間の快適さを、実感できる電気料金に変えられないものでしょうか。熱橋も融雪により見えるからこそ学生にわかってもらえるのです。そうだ、見えないものを「見える化」してみよう。これが筆者の「ＣＯＯＬ ＣＨＯＩＣＥ」の目標です。

（安井妙子）

《参考文献》

（１）環境省ＨＰ「ＣＯＯＬ ＣＨＯＩＣＥ：カーボンニュートラルの実現に向けて、未来のために、今選ぼう。」http://ondankataisaku.env.go.jp/coolchoice/

（２）『長寿命住宅遊佐家三百年の風格』住まいと環境 東北フォーラム、２００５年

（３）仙台市の環境ウェブサイト「たまきさん」（省エネ型自販機）https://www.tamaki3.jp/common/tamaki3_coca-cola.php

写真３　立ち並ぶ省エネ型ピークシフト自販機（左）と記されている省エネ大賞などの受賞のロゴ（右）(3)

28 近世民家にみる江戸時代のサステナビリティ

キーワード
近世民家、放射性炭素年代調査、利根川東遷、合掌造り

日本の伝統的な農村景観に欠かせない茅葺民家は、いつ建てられ、どんな樹種でつくられているか、最新の自然科学調査法で調べたところ、茅葺民家は江戸時代の環境変動をよく映し出していることがわかってきました。そして、17世紀の開発による自然破壊と、19世紀の停滞期循環型農業という環境問題を、日本社会が経験してきたこともわかりました。一周回って、我々はふたたび環境と人間社会の共存を模索しています。持続可能な開発目標（ＳＤＧｓ）という現代の課題について、江戸時代の民家から学べることがあるのではないでしょうか。

●利根川流域の民家とスダジイ

利根川流域に寄棟屋根の茅葺民家が分布しています。表側に大きな板敷間、上手に書院座敷のある間取りで、正面中央の格子窓が特徴的な民家です（図1）。

利根川流域民家の放射性炭素（Ｃ14）年代調査を行った結果、利根川流域の古民家は１６７０～１７００年ごろに一斉に建築されたことが判明しました。これは、利根川流域に新田開発が行われた時期です。古来この地域は香取海と呼ばれる湖沼湿地帯でしたが、江戸幕府の利根川付け替え事業により水田地帯へと変貌しました。利根川

図１　利根川流域民家の立地（左）白：微高地　灰白：水田　灰黒：水路
茨城県指定旧土肥家住宅主屋（右）国営ひたち海浜公園に移築・公開

流域民家は新田用水の水番を担った幕府の役屋民家で、利根川氾濫原に面した微高地に立地しています（図2）。

利根川流域民家に使われている木材の樹種を木材組織学で鑑定すると、年代が古い民家ほどスダジイの良材が多用され、次第にスダジイの質が悪くなり、江戸時代も半ばを過ぎるとスダジイが使われなくなったことがわかりました（1）。

現在、この地域のスダジイ群落は神社林に残されているだけです。利根川東遷と新田開発という大規模事業の建築用材として伐採されたため、スダジイの天然林が消滅したと思われます。江戸時代初めに行われた、開発による環境破壊の証拠が民家に残されていたのです。

●諸国山川掟と里山

江戸幕府は日本各地で河川治水事業や沖積平野の新田開発を進めました。徳川御三家の紀州藩主徳川吉宗は、治水

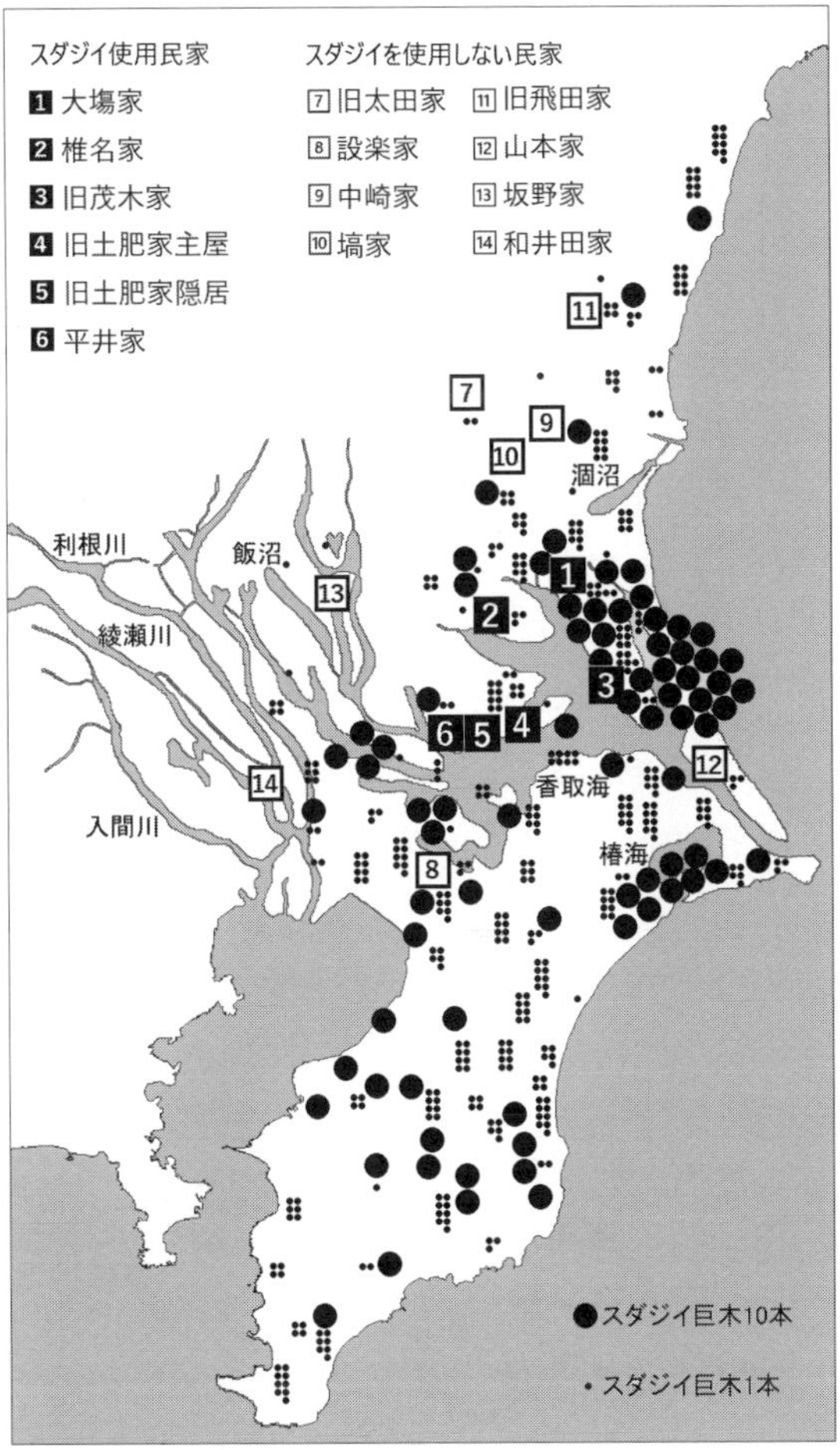

図２　旧香取海とスダジイおよび古民家の分布

と利水を組み合わせた「紀州流」の土木技術で、紀の川流域の開発を行いました（図３）(2)。重要文化財増田家住宅は、紀の川開発の用水管理を担った役屋民家です。そして吉宗は第八代将軍に就任してからは享保の改革で、見沼代用水など関東平野の大規模灌漑工事を行いました。大阪の大和川付替え、愛知の木曽川宝暦治水、岡山の備前旭川水系百間川開削、新潟の紫雲寺潟などの潟湖開発、瀬戸内海の干拓、九州有明海の干拓など、各地の大改造が行われたのです。こうして今日に至る日本の土地利用が形作られました。

一方、これらの河川開発は、環境破壊による災害をもたらしました。当初は代官見立（みたて）新田など行政管理下で行われましたが、儲かるとなれば、次第に村請新田や町人請負新田が、開発に適さない場所にまで開発を広げていきました。千葉県の椿海（つばきのうみ）干拓・干潟八万石は町人請負新田の例で、水害と干ばつを引き起こしたのです。結局、１９７１年の利根川河口堰完成により、この環境問題は３００年以上かかってようやく解決しました。

短期的利益を求める河川開発の結果、山林は荒廃し、土石流が起こり、土砂流出による下流の河床上昇は氾濫に直結しました。むやみな開発による水害の発生を防止するため、江戸幕府は治水政策としての草木保護を打ち出しました。寛文６（１６６６）年に出された「諸国山川掟」は、下流域の治水を目的に、上流域の森林の開発を制限する法令です。

こうして、17世紀の大開発から、18世紀の持続・停滞期への転換が行われました。

図３　紀の川流域開発の大規模灌漑用水として建設された藤崎井堰用水

新田開発が制限され、現状維持の農業システムが構築されたのです。周辺の地付山（里山、農用林）での刈敷（採草肥料）と耕作を一体とした循環農業です。里山では雑木が伐採され、アカマツが育ちました。肥料に使うため落ち葉も積もらない明るい里山には、マツタケが良く生えました。このような耕作地と里山からなる近世農村景観が形成されたのです。

●立木統制と合掌造りの成立

江戸幕府の環境保護から生まれた民家の例として合掌造りを見てみましょう。切妻茅葺大屋根の合掌造りは岐阜県白川村と富山県南砺市五箇山に分布しています。白川郷・五箇山の合掌造り集落は世界遺産に登録されています。

これらの合掌造りのC14年代調査を行いました。その結果、柱や壁などの軸部は中世末から近世前期の木材が使われていました。一方、叉首（さす）など屋根の小屋組部材は、ほとんどが元禄期（18世紀初頭）に伐採された木材とわかりました（図4）(3)。つまり合掌造りの大きな茅葺切妻屋根は、元禄期に一斉に作られていたのです。これまで合掌造りの広い屋根裏を用いる養蚕の発達に伴い、「次第に」合掌造りが発達したと考えられてきました。しかし、白川郷と五箇山で、建物の屋根が「一斉に」合掌造りにつくり替えられていたのです。その背景には人為的な政策や強制があったと思われます。

古記録によれば、江戸初期の五箇山・白川郷に合掌造りは存在せず、民家は榑板

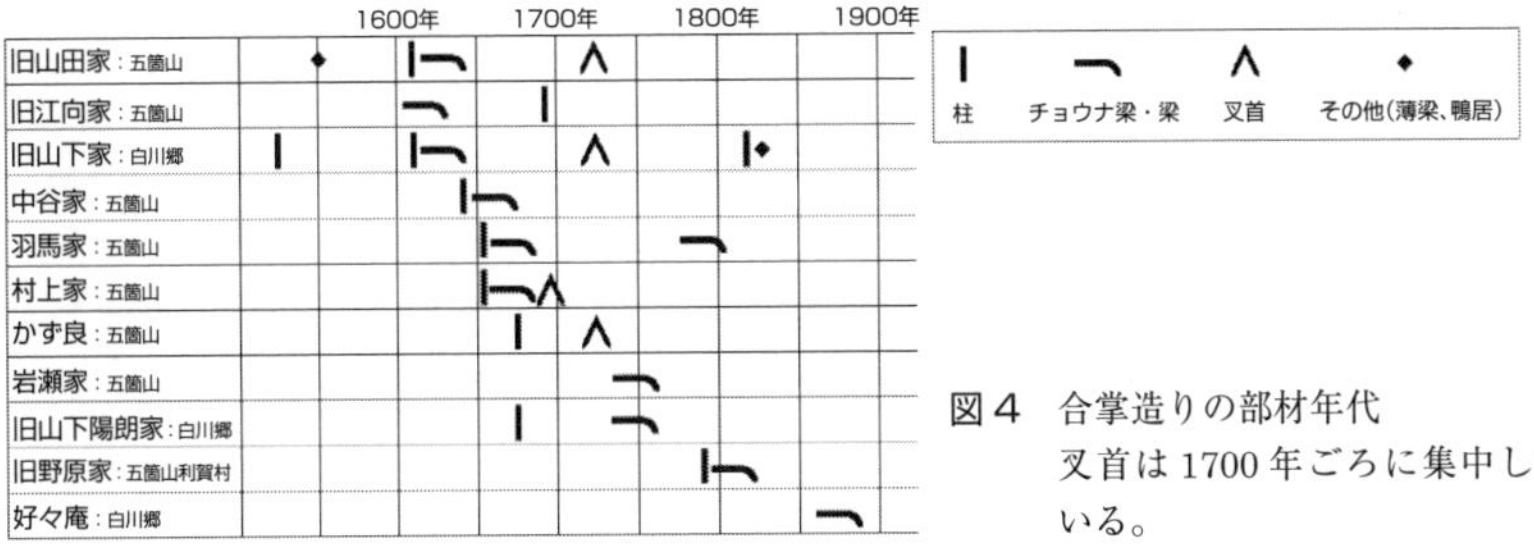

図４　合掌造りの部材年代
叉首は1700年ごろに集中している。

（くれいた）葺きだったそうです（4）。元禄5（1692）年に白川郷は幕府の直轄領（幕領）となり、御用林の保護が進められました。幕府代官伊那氏と加賀藩主前田氏が共同で在地支配にあたり、立木統制が飛騨と加賀をまたいで実施されました。樹木の伐採などの山稼ぎから、養蚕へと生業転換が促進され、政策推進の役目を担った有力者の家屋は、合掌屋根に改造が行われたと思われます。この地域は、戦国時代以来浄土真宗が信仰されてきました。元禄に作られた合掌造りの大屋根は、寺院庫裏を茅葺で表現した、真宗道場のスタイルと考えられます（**写真1**）。

合掌造りが荘川村や利賀村に広まったのは、18世紀後半の大原騒動がきっかけです。周辺地域への伐木禁令拡大に反対した一揆の鎮圧に際し、養蚕奨励などの慰撫支援策がとられ、合掌屋根の民家が広まりました。このように、合掌造りは飛騨の立木統制が生み出した民家だったのです。ちなみに、合掌造りが大量に建てられ合掌集落を形成したのは明治以降です。

●SDGsと江戸時代―開発と停滞のサイクル

17世紀の大開発・好景気・環境破壊から、18・19世紀の循環型農業にいたる歴史を見てきました。国内の開発は行き詰まり、鎖国のため開発地を海外に広げることも、交易を拡大することもできず、列島内で社会経済が完結した江戸時代。その閉じた循環型社会には、地球という閉じられた環境における我々の今日と共通する局面が見いだせます。

写真1　左：清白寺庫裏（山梨県）、右：瑞巌寺庫裏（宮城県）
中：合掌造り旧山下家（旧所在地：白川郷）　川崎市立日本民家園に移築・公開

私たちは里山や用水に囲まれた持続する田園世界の美しさと良さを知っています。そして技術と経済と人口が停滞し、封建的身分制度に社会発展が阻まれた近世閉鎖社会の息苦しさも知っています。江戸時代の環境史や開発と停滞の歴史から、今日の持続可能な開発目標の実現がいかに困難かを知ることができます。そしてまたその困難を克服するヒントがあると思えます。

江戸時代の日本列島における循環型閉鎖社会という得難い歴史経験を、世界の多くの人々と共有することで、持続可能な開発目標（ＳＤＧｓ）という難題を、共に考える一助となるでしょう。

（中尾七重）

《参考文献》

（1）中尾七重・坂本稔・箱﨑真隆「利根川流域の17世紀民家のスダジイについて」日本文化財科学会第37回大会研究発表要旨、２０２０年9月
（2）中尾七重「重要文化財増田家住宅と紀の川流域開発について」日本建築学会近畿支部研究発表会、２０１９年6月
（3）中尾七重「合掌造りの謎を解く―14C年代法を古建築に適用したら、歴史の新しい見方が生れた―」『国立歴史民俗博物館研究叢書8 樹木・木材と年代研究』朝倉書店、２０２１年3月
（4）伊藤ていじ『民家は生きてきた』美術出版社、１９６３年1月

編　集：住まいと環境 東北フォーラム（理事長：吉野　博）

健康で快適な住まいとは何か、どのようにしたら環境に負荷をかけないかを、生活者や住宅建設関係者とともに考えていくことを目的に１９９２年に設立した団体。なお、編集にあたっては、編集委員会（安井妙子（委員長）、吉野　博、石川善美、柴田まりこ（事務局））を設けて作業を行った。

執筆者（五十音順）

安藤敏樹　（有）フォーラ一級建築士事務所
石川恒夫　前橋工科大学
石川善美　東北工業大学（名誉教授）
石原英喜　（株）北洲
一條佑介　東北文化学園大学
内海康雄　舞鶴工業高等専門学校
小花瑠香　旭化成建材（株）
後藤伴延　東北大学
小林　光　東北大学
新宮清志　日本大学（名誉教授）
中尾七重　阿部和建築文化研究所
西方里見　（有）西方設計
西川竜二　秋田大学
長谷川兼一　秋田県立大学
林　基哉　北海道大学
北條祥子　尚絅学院大学（名誉教授）
本間義規　国立保健医療科学院
三田村輝章　前橋工科大学
武藤　清　ＮＰＯ環境持続建築
安井妙子　安井妙子あとりえ
山本亜耕　（株）山本亜耕建築設計事務所
吉野　博　東北大学（名誉教授）

サステナブルな住まいを目指して
プロフェッショナルからの提言 Part2

定価はカバーに表示してあります。

2022年6月1日　1版1刷発行

ISBN 978-4-7655-2632-6　C3052

編　　者　住まいと環境 東北フォーラム
発 行 者　長　　滋　　彦
発 行 所　技報堂出版株式会社
〒101-0051　東京都千代田区神田神保町1-2-5
電話 営業（03）（5217）0885
　　 編集（03）（5217）0881
FAX　　 （03）（5217）0886
振替口座　00140-4-10
http://gihodobooks.jp/

日本書籍出版協会会員
自然科学書協会会員
土木・建築書協会会員

Printed in Japan

装幀　浜田晃一　印刷・製本　三美印刷